掌尚文化

Culture is Future

尚文化·掌天下

本书是云南省院省校教育合作人文社科重大项目"经济新常态下
云南增长新动力研究"（SYSX201703）的成果

受国家自然科学基金项目（71563059）经费资助

Study on the new dynamic of
Economic growth in
Yunnan

云 南
经济增长
新动力研究

赵果庆　周文　张莅黎　吴雪萍　等
著

经济管理出版社
ECONOMY & MANAGEMENT PUBLISHING HOUSE

图书在版编目（CIP）数据

云南经济增长新动力研究／赵果庆等著. —北京：经济管理出版社，2021.12
ISBN 978-7-5096-8224-1

Ⅰ.①云…　Ⅱ.①赵…　Ⅲ.①区域经济—经济增长—研究—云南
Ⅳ.①F127.74

中国版本图书馆 CIP 数据核字（2021）第 260035 号

策划编辑：宋　娜
责任编辑：宋　娜　张鹤溶　李光萌
责任印制：张莉琼
责任校对：王淑卿

出版发行：经济管理出版社
　　　　　（北京市海淀区北蜂窝 8 号中雅大厦 A 座 11 层　100038）
网　　　址：www. E-mp. com. cn
电　　　话：(010) 51915602
印　　　刷：唐山昊达印刷有限公司
经　　　销：新华书店
开　　　本：710mm×1000mm /16
印　　　张：19.75
字　　　数：303 千字
版　　　次：2022 年 6 月第 1 版　　2022 年 6 月第 1 次印刷
书　　　号：ISBN 978-7-5096-8224-1
定　　　价：98.00 元

目　录

第一章　导　言 ……………………………………………………… 001

　第一节　研究背景及意义 ………………………………………… 001

　　一、研究背景 …………………………………………………… 001

　　二、研究意义 …………………………………………………… 002

　第二节　研究思路、方法与技术路线 …………………………… 003

　　一、研究思路 …………………………………………………… 003

　　二、研究方法 …………………………………………………… 003

　　三、技术路线 …………………………………………………… 005

第二章　文献综述 …………………………………………………… 006

　第一节　经济增长的微观动力相关研究 ………………………… 006

　　一、劳动与经济增长关系的研究 ……………………………… 006

　　二、资本与经济增长关系的研究 ……………………………… 007

　　三、财政赤字与经济增长关系的研究 ………………………… 008

　　四、贫困与经济增长关系的研究 ……………………………… 009

　　五、时空视角下经济增长动力的研究 ………………………… 010

　第二节　经济增长的中观动力相关研究 ………………………… 011

　　一、产业集群识别研究 ………………………………………… 011

　　二、产业结构与经济增长关系研究 …………………………… 015

三、产业结构与外商直接投资关系研究 ·············· 016

第三节 经济增长的宏观动力相关研究 ·············· 018

一、消费、投资及出口需求与经济增长关系的研究 ·········· 018

二、外商直接投资与经济增长关系的研究 ·········· 020

第四节 城市化与经济增长相关研究 ·············· 021

一、城市化与经济增长相关性研究 ·············· 022

二、城市化影响经济增长的传导机制 ·············· 023

三、城市规模的经济增长效应 ·············· 025

四、云南城市化与经济增长相关研究 ·············· 026

第五节 能源与经济增长相关研究 ·············· 027

一、能源约束与产业结构调整研究 ·············· 028

二、能源约束与 GDP 最优增长路径研究 ·········· 031

第三章 理论基础 ·············· 035

第一节 经济增长相关理论 ·············· 035

一、古典经济增长理论 ·············· 035

二、新古典经济增长理论 ·············· 036

三、内生经济增长理论 ·············· 039

第二节 产业发展相关理论 ·············· 039

一、主导产业理论 ·············· 039

二、动态比较优势理论 ·············· 043

三、产业生命周期理论 ·············· 046

四、产业集群相关理论 ·············· 047

第三节 城市化相关理论 ·············· 049

一、城市化概述 ·············· 049

二、城市化的基础理论 ·············· 052

第四节 能源约束相关理论 ·············· 059

一、能源对经济增长的作用 ·············· 059

二、能源对经济增长的约束 ·············· 060

第四章　云南经济增长的微观时空新动力 ·················· 062

　第一节　数据来源及特征事实 ····················· 062

　　一、数据来源 ···························· 062

　　二、特征事实 ···························· 063

　第二节　模型与研究方法 ······················· 065

　　一、面板模型的形式 ························ 065

　　二、研究方法 ···························· 067

　　三、时空动力模型设定 ······················ 068

　第三节　模型结果及分析 ······················· 070

　　一、实证结果 ···························· 070

　　二、结果分析 ···························· 075

第五章　云南经济增长的中观新动力 ·················· 076

　第一节　云南产业集群识别与集聚动力机制 ············· 076

　　一、相关方法介绍 ························· 076

　　二、实证结果及分析 ························ 082

　　三、小结 ······························ 100

　第二节　云南增长的工业动力结构识别与新动力 ·········· 100

　　一、区域优势产业识别指标体系 ·················· 101

　　二、研究对象界定 ························· 106

　　三、基于二分位产业的云南优势产业集群识别 ·········· 113

　　四、基于三分位产业的云南优势产业集群识别 ·········· 118

　　五、小结 ······························ 124

　第三节　能源约束下云南产业结构调整的增长动力 ········· 124

　　一、数据说明及特征事实 ····················· 125

　　二、模型的建立及求解 ······················ 132

　　三、实证结果及分析 ························ 143

　　四、小结 ······························ 153

第四节　能源双控约束下云南工业的结构最优化与增长动力 …… 154

一、模型构建思想 …………………………………… 154

二、目标 ………………………………………… 155

三、线性优化模型 …………………………………… 158

四、优化结果 ……………………………………… 159

五、小结 ………………………………………… 162

第六章　云南经济增长的宏观新动力 ……………………… 164

第一节　云南经济增长的宏观动力因素研究 ……………… 164

一、数据说明及特征事实 …………………………… 164

二、模型与研究方法 ………………………………… 167

三、实证结果及分析 ………………………………… 170

四、小结 ………………………………………… 184

第二节　能源约束下云南省 GDP 最优增长路径研究

——基于新古典增长理论和 DSGE 模型 …… 185

一、数据说明及特征事实 …………………………… 186

二、DSGE 模型建立及政策模拟 …………………… 193

三、模拟结果及分析 ………………………………… 203

四、小结 ………………………………………… 212

第七章　基于城市化的云南经济发展新动力 ……………… 214

第一节　云南省县域城市化的经济增长效应 ……………… 214

一、数据说明及特征事实 …………………………… 214

二、云南省县域经济增长的空间自相关分析 ………… 217

三、实证结果及分析 ………………………………… 223

第二节　云南地州经济增长与城市化研究 ………………… 228

一、数据说明及特征事实 …………………………… 228

二、经济增长与城市化关系统计分析 ………………… 232

三、实证结果及分析 ………………………………… 236

第三节　云南 GDP 倍增与城市化的匹配性研究 ·················· 245

　　一、云南省 GDP 倍增对城市化率的需求 ·················· 245

　　二、云南省城市化率的预测 ····························· 246

　　三、云南省城市化率的缺口 ····························· 249

第四节　小结 ··· 250

第八章　云南经济增长 3M 动力系统及对新动力的响应 ··········· 252

第一节　M³NLDS 模型与均衡解 ····························· 252

　　一、一般动力系统模型 ······························· 252

　　二、三元非线性动力系统模型（M³NLDS）·············· 253

　　三、均衡点 ······································· 254

第二节　数据说明及特征事实 ································· 255

　　一、数据说明 ····································· 255

　　二、特征事实 ····································· 255

第三节　云南 M³NLDS 非线性动力系统模型 ················· 256

　　一、变量的平稳性检验 ······························· 256

　　二、M³NLDS 模型 ································· 257

　　三、M³NLDS 图形解 ······························· 259

　　四、M³NLDS 模型均衡解与稳定性 ·················· 260

第四节　云南 M³NLDS 模型对新动力的响应 ················· 261

　　一、恒定脉冲实验 ································· 262

　　二、渐变冲击实验 ································· 264

　　三、持续冲击实验 ································· 266

第五节　小结 ··· 268

第九章　结论及政策建议 ····································· 270

第一节　主要结论 ··· 270

第二节　结论含义 ··· 273

　　一、调整优化产业结构 ······························· 273

二、培育优势产业集群 ·· 277

三、合理利用能源 ·· 279

四、加快城市化进程 ·· 279

五、积极引进外资 ·· 282

六、加强空间集聚 ·· 284

第三节 对策建议 ·· 285

一、产业转型新动力 ·· 286

二、空间重塑新动力 ·· 286

三、基础设施催化新动力 ·· 287

四、开放再造新动力 ·· 287

五、微观激活新动力 ·· 287

六、创新驱动新动力 ·· 288

七、改革释放新动力 ·· 288

参考文献 ·· 290

后　记 ·· 308

第一章

导　言

第一节　研究背景及意义

一、研究背景

改革开放以来，云南高端制造业持续衰退，新增长点缺失，导致云南经济发展动力不足，人均 GDP 在全国 31 个地区（不包括香港、澳门、台湾）中的排名由 1992 年的第 21 位降至末位，与全国平均水平差距日益扩大。主要原因是发展动力不足。2015 年习近平总书记考察云南时，对云南提出"三个定位"的战略目标，并指示云南要闯出一条跨越式发展的路子。这是全省 4700 多万群众的共同期盼。这意味着云南必须寻求新的发展动力。

然而，在新常态背景下，云南经济增长下行压力更大，主要是云南主导工业及支柱工业大多数能源消耗强度高、能源消耗规模大、产能严重过剩，导致产业结构的不合理，结构刚性而升级缓慢。寻求云南发展新动力，关键在"闯"和"新"上下功夫，就是要抓住"一带一路"倡议新机遇，培育新发展动力点，促进经济发展动力的转换。这是决定云南跨越式发展成败的关键性问题。

经济新常态的本质是发展动力转换。关于经济发展的新动力究竟是什么？理论界的认识并不统一。就云南来说，究竟云南发展的原动力是什么，出现什么问题，新常态下云南经济发展的新动力又是什么，体制机制如何，这是云南跨越发展中的根本性和全局性问题，是云南经济增长质量和增长速度协同提升的战略问题。

基于此，本书采用理论分析和实证分析相结合的方法，探讨在新常态下，以供给侧改革为推力和以需求侧拓展为拉力的相配合新动力，并作用于云南经济发展宏观、中观和微观三层新动力体系，形成供需两协同，宏观、中观和微观三元协同的动力机制体制，为云南闯出一条跨越式发展路子提供可靠的新动力、理论与最优稳定政策。

二、研究意义

本书不仅对解决当前云南发展动力不足所面临的各种问题和未来云南经济社会与生态一体化发展新动力模式具有战略的实践指导意义，同时对经济学（特别是发展经济学和区域经济学）的理论创新具有显著的影响。我们相信，它必然是一项高瞻远瞩、视角宽泛、内容丰富和意义重大的研究项目。

第一，通过反思云南省经济发展的道路，揭示云南边疆多民族地区经济—社会—环境一体化运行机理和条件，融合民族团结、生态示范、辐射南亚和东南亚三个新动力要素，丰富和完善发展经济学、区域经济学及增长理论等相关学科的理论体系。

第二，从国家总体发展战略布局的视角，明确云南战略定位，大力培育云南高端制造业、高原生态产业、民族文化及养生产业，为云南经济调结构、转变增长方式注入新的内生动力；建立云南边疆多民族地区宏观—中观—微观三元新动力一体化发展的制度创新和政策体系，为云南经济跨越发展提供决策依据，对实现云南战略重任具有重要而深远的现实意义。

第三，深刻认识新常态下经济发展新动力和新增长点培育的相关联系，探讨新增长点的触发机制，有利于消解实现云南经济发展的方针政策制定和执行过程中的错误认识，避免在政策制定和执行过程中的偏差，对加快云南区域经济一体化跨越式发展与产业结构升级的进程具有重要的指导意义。

第二节 研究思路、方法与技术路线

一、研究思路

笔者在梳理文献与调研的基础上，分五大部分研究新常态下云南经济发展新动力。第一部分为新常态下云南发展微观新动力，该部分主要从微观视角（供给侧）来对云南经济发展动力进行分析。主要是以云南省129个县域为样本，选取相关变量，运用相关计量及空间分析方法对其进行分析，以找出影响云南经济发展的动力因素。第二部分为新常态下云南发展中观新动力，该部分主要从产业视角对云南经济发展动力进行分析。第三部分为新常态下云南发展宏观新动力，该部分主要从"三驾马车"（需求侧）视角对云南经济发展动力进行分析，以省域数据为样本，并将云南与全国、上海和贵州的发展动力进行了比较分析，以找出云南经济宏观增长动力的优势及不足之处。第四部分为基于城市化的云南经济发展新动力，该部分主要从城市化视角来分析其对云南经济增长的影响，从县域、地州和省域三个样本视角进行了分析和比较。第五部分为经济新常态下云南发展动力系统研究，该部分主要研究新常态下云南经济发展宏观、中观和微观三元新动力耦合系统，通过模拟得出政策。重点在于通过模拟，制定宏观新动力、中观新动力和微观新动力均衡的最优稳定政策体系，优化新动力结构，促进云南经济跨越发展。

二、研究方法

云南经济发展新动力是一项关于云南实现"三个定位"战略目标的复杂新动力系统工程，动态系统分析方法将是贯穿整个研究的基本方法。

（一）理论分析方法

基于供给的增长理论，研究云南经济发展内生增长的新动力，包括创新、新技术、新业态、新人才和新资本新动力要素分析，基于需求的投资、消费和进出口"三驾马车"对云南经济发展的新动力进行分析，主要是分析内需与外需的扩大，突出扩大消费对云南经济发展的动力效应。

（二）计量经济方法

一是应用 EG 两步法建立计量模型，以 GDP 为解释变量，研究不同时期云南经济增长传统动力因素以及变迁。二是应用空间计量经济方法对云南主导产业和支柱产业的空间依赖性和异质性进行研究，揭示中心—外围结构，优化空间布局，提升集聚集群新动力。

（三）统计分析方法

一是以微观经济学理论，结合投入产出表，建立产业比较规模优势与比较增长优势指标，以平均比较规模优势与比较增长优势为坐标原点建立四象限产业集群指标体系，从中识别云南主导产业、支柱产业、先导产业和劣势产业，明确产业结构合理化与高度化方向。二是以 Tim Padmore 和 Hervey Gibon 提出的 GEM 模型和邓宁—波特"钻石模型"，建立云南经济发展新动力的综合评价指标体系。

（四）中观分析方法

中观是介于微观和宏观之间的一个概念。它的内涵和外延比微观要大，而又小于宏观，具有承上启下的作用。经济系统可从两个角度划分成宏观（Macro）、中观（Meso）和微观（Micro）系统，一是从要素、企业及产业、整体系统角度，二是从县域、地州和全省角度。对于动力系统，微观新动力难以直接过渡到宏观，形成宏观新动力，必须通过若干中间层次，以多条正的或负的反馈回路来沟通，以中观的产业及产业结构与地区为研究对象，研究产业集聚、新业态、产业链结构优化。

三、技术路线

将采用提出问题—分析问题—模型求解—结论建议的思路来对云南经济发展新动力展开研究（见图1-1）。首先，根据研究背景及文献，提出本书要研究的问题；其次，从微观、中观、宏观和城市化视角分析和实证云南经济发展动力因素；再次，构建微观—中观—宏观三元新动力耦合的超循环系统模型，对云南经济发展的新机制的形成进行分析；最后，在前述研究基础上，总结结论，并提出云南以新动力推进经济高质量发展的措施以及新动力培育机制的政策建议。

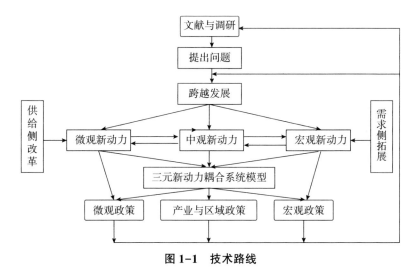

图1-1 技术路线

第二章

文献综述

本章将从不同视角来对经济增长的动力因素相关研究进行综述，主要包括经济增长微观动力相关研究、经济增长中观动力相关研究、经济增长宏观动力相关研究、城市化与经济增长相关研究、能源与经济增长相关研究五个方面。

第一节 经济增长的微观动力相关研究

劳动、资本是经济增长的基本生产要素，此外，财政收支、贫困和滞后期也是影响经济增长的重要因素，基于此，本节将对劳动、资本、财政收支、贫困和滞后期与经济增长的关系的相关文献进行综述。

一、劳动与经济增长关系的研究

Bloom 和 Williamson（1998）发现少儿抚养比的下降和劳动年龄人口比重的上升是地区"增长奇迹"发生的重要因素，并提出"人口红利"学说。Roy 等（2009）的研究表明，考察长期的历史数据，劳动生产率和人口变化是日本、美国、法国、英国、韩国及土耳其经济增长的重要动力。国内学者陈安平和李勋来（2004）在研究我国经济增长与就业之间存在长期稳定的均衡关系时，提出 GDP 增长率是影响我国就业水平的重要因素。陈桢（2008）研究 GDP 的增长率与就业增长率之间的关系，认为在就业弹性的影响下，经济增长率与就业增长率之间存在一定的非一致性，我国经济运行规律并不符合"奥肯定律"。刘振涛（2017）分析就业预期、失业预期对宏观经济的影响时，提出失业预期与就业预期受经济发展前景、劳动力市场供求、经济政策、通货膨胀预期等诸方面的影响，认为政府的作用是判断、把握就业与失业预期，并设法调控和改变。常进雄等（2019）研究发现劳动力转移是中国经济高增长的重要原因之一，并深刻影响了投资率与劳动收入份额的变化。

二、资本与经济增长关系的研究

关于资本与经济增长关系的研究，主要集中在固定资产投资、人力资本和经济增长的关系方面，基于本书的研究目的，这里仅对固定资本投资与经济增长关系进行综述。关于固定资本投资与经济增长关系的研究，在学术界已有相当多的经典理论。亚当·斯密早在其著作的《国富论》一书中就提出，资本积累是国民经济增长的决定性因素；凯恩斯在对国民收入分析时提出了乘数理论，其指出投资的增加会使得 GDP 成倍增长；哈罗德—多马模型及索洛模型均表明资本是经济增长的直接影响因素。张腊凤（2011）研究发现中国固定资产投资和 GDP 之间存在长期均衡关系，且存在双向因果关系，短期 GDP 受近五年固定资产投资的影响较大，固定资产投资是山西经济增长的主要推动力。周雪峰（2011）对内蒙古自治区固定资产投资与其经济增长的关系展开了研究，研究指出固定资产投资不仅能够通过项目的实施直接带来税收收入的增加，而且能够通过增量的投入，促使产业结构升级，提高工业企业经济效益。王荣森和吴涛（2013）对中国各省城市及农村的固定资产投资对经济发展的影响进行了研究，结果表明东部城市固定资产投资效率高于农村，而中西部则差异不大。张娜（2016）基于全国不同省份研究了农村固定资产投资与农民收入增长的关系，结果显示农村固定资产投资能使农民收入增长，且增收效应存在显著的区域差异。杨长汉（2017）研究表明固定资产投资和经济增长之间存在相关关系。曾兆祥和朱玉林（2019）以省级面板数据为基础建立回归模型，分析了不同地区的固定资产投资对经济发展作用效果的大小和差异。结果表明，固定资产投资是我国经济发展的主要驱动力。具体而言，固定资产投资对经济发展影响最大的地区是北京和上海，其次是重庆、内蒙古自治区、吉林，再次是四川、西藏自治区以及大部分东部沿海地区，又次是广大的中西部地区，最后是河北、黑龙江、海南以及西北部的一些地区。

根据上述固定资产投资与经济增长文献可知，固定资产投资对经济增长有促进效果，但同时由于地区存在差异，对经济增长的推动作用大小又有所不同。史丰铭（2019）对中国 31 个省区市 1985 年至 2016 年的面板数据采用面板向量自回归模型进行处理和分析，研究发现中国经济已经步入新常态，经济增长方式已由要素驱动转为创新驱动，人力资本是实现内生增长的重要方式，且人力资本的积累对经济增长有着显著的促进作用。

三、财政赤字与经济增长关系的研究

Michael 等（1994）利用 1970~1979 年和 1980~1989 年近 70 个欠发达国家数据回归，发现预算赤字对欠发达国家经济增长的影响很小或统计不显著，但事实上有些增长较快的国家还有较大的赤字，这意味着对欠发达国家的经济发展而言，赤字本质上无所谓"好""坏"，重要的是赤字资金的使用，用于改善公共设施和促进私人投资的赤字，可能会促进经济增长。Adam 和 Bevan（2005）对 45 个发展中国家的赤字与经济增长之间的关系进行了研究，他们发现在将赤字降低的过程中，经济增长速度将会加快，而当赤字比率继续降低，这种作用效果就会消失甚至产生反作用。

在国内，周丽琦（2006）利用计量经济模型对我国财政赤字率与经济增长率之间的关系进行了实证研究，得出长期以来，我国财政赤字和经济增长之间有明显的互为因果关系和长期均衡关系。从财政赤字对经济增长的影响来看，财政赤字的滞后期对经济增长有较大的影响，这说明了财政政策具有一定的滞后效应。王珺威等（2011）实证发现财政收支与经济增长负相关，相对于财政收入，财政支出对经济增长影响更大；财政收支分项建模表明财政收支分项对经济发展有负效应。黄璟莉（2012）运用 31 个省份 1998~2010 年财政赤字和经济增长数据探讨了两者之间的 Granger

（格兰杰）因果关系。结果表明：我国地方财政赤字和经济增长序列是一阶单整序列，且存在长期均衡的协整关系。短期来看，地方经济增长是地方财政赤字的格兰杰原因，但地方财政赤字不是地方经济增长的格兰杰原因；长期来看，地方财政赤字与地方经济增长互为格兰杰因果关系。陶伟（2013）对我国经济增长与财政赤字的关系展开了分析，结果表明：我国经济增长与财政赤字之间存在正向相关关系。由协整关系检验可以看出两者存在长短期关系，长期中财政赤字与 GDP 之间存在每单位财政赤字拉动GDP 增长 0.66 的关系，短期关系中存在每单位财政赤字带动 GDP 增长0.04 的关系。长期关系要比短期关系更能拉动经济增长，说明从长期来看，财政赤字有利于经济增长；短期来看，由于负债可能带来的风险会影响经济产出的效率。赵旭明（2015）研究发现财政收支与经济增长在长期均衡方面不相关，但是在短期均衡上存在相互关系。财政收入能够促进经济的增长，经济的增长能够促进财政支出的增长，但是这种积极作用是逐渐形成的，并不能迅速发生效果。张晓晖和张传娜（2020）利用东北三省111 个县（市）2015~2017 年的面板数据，通过构建双门槛面板回归模型进行研究发现：县域层面地方政府债务对经济增长有显著的门槛效应，且存在 8.82% 和 24.34% 两个门槛值，当地方政府负债率低于 24.34% 时，增加地方政府债务能促进经济增长，而当地方政府负债率高于 24.34% 时，增加地方政府债务不能有效地促进经济增长。

四、贫困与经济增长关系的研究

目前主要分析经济增长对贫困的影响。Ravallion 和 Datt（1999）在考察印度 15 个主要地区 1960~1994 年的数据中，一些地区的经济增长与贫困减少的相关度是其他地区的 3~4 倍；他们还发现经济增长的脱贫效果基于初始状况的不同而呈现出差异：在具有较低知识能力、农业生产力和居民生活水平的地区，经济增长对脱贫的贡献比较小。

陈绍华等（2001）考察了中国 1990 年以来的贫困和分配不均问题，并对贫困的减少进行了分析以显示经济增长的最大受益者。研究发现：经济增长显著促进了贫困率的下降，而同时不断增长的分配不均又使贫困率上升；穷人在经济增长中的获益少于富人。郑艳民等（2013）对创新能力、贫困和国家经济增长的关系进行了实证分析，实证检验结果发现：创新能力对国家经济增长具有显著的正向影响；贫困是国家经济增长的阻滞因素；创新能力在贫困与经济增长之间的关系中具有显著的中介效应，即贫困通过创新能力间接影响到国家经济增长。刘建民等（2018）分析了财政分权、经济增长对贫困的作用，研究发现：农村贫困和城镇贫困存在空间依赖关系，且农村贫困的空间相关系数略高于城镇贫困的空间相关系数；财政收入分权对农村贫困减少和城镇贫困减少产生了显著的负向作用，财政支出分权对农村贫困减少和城镇贫困减少产生了显著的正向作用，经济发展水平对农村贫困减少和城镇贫困减少具有显著的正向作用；财政收入分权集群对农村贫困减少产生了显著的负向作用，财政支出分权集群对城镇贫困减少产生了显著的负向作用，经济集聚对农村贫困减少和城镇贫困减少产生了显著的负向作用。陈济冬等（2020）指出在消除绝对贫困之后，为了避免返贫，只有不断地创新经济发展模式，推动经济持续稳定增长，才是真正解决贫困和相对贫困的关键。

五、时空视角下经济增长动力的研究

关于经济增长时空动力方面的研究，现有的文献主要是从单方面来分析经济增长的时间滞后动力和空间动力，目前还很少有文献同时涉及时间和空间的。虽然张伟丽（2011）通过中部 83 个地市 1990～2008 年的经济增长相关数据，考察了中部地市经济增长的时空滞后分布及其影响，结果发现中部地区经济增长不仅受相邻地区空间单元的影响，同时还会受到自身滞后期的影响。马国霞等（2012）构建了京津冀都市圈的区域经济增长的时空诊断模型，对京津冀都市圈经济增长的内在机制进行分析，通过研究分析发现技术在经济增长中起到了关键作用，但因技术溢出程度不同，导致对经济的拉动作用也不同，与此同时，投资和需求也在不同的区域内有重要作用。欧向军和顾雯娟（2016）从经济增长的要素分析出发，分别以江苏省域及其所辖的 58 个县市为单元、1991～2013 年为时序，运用柯布—道格拉斯生产函数、熵值法和回归分析等方法，对江苏省经济增长要素及其动力的演化过程与空间类型进行定量分析，通过研究分析发现江苏省经济发展的动力因素，以及在动力、空间上显现的地域差异特征。徐贝贝等（2018）以淮海经济区 108 个县市为研究单元，以 2001～2016 年为时序，在研究经济发展及其空间集聚特征的基础上，对淮海经济区经济增长动力演化过程及其空间类型进行定量研究，发现在经济区内经济增长动力存在显著的地域差异。但目前还没有文献从时空动力视角对云南经济增长进行研究。

第二节　经济增长的中观动力相关研究

本节将从产业结构视角对经济增长的动力相关文献资料进行综述，包括产业集群的识别、产业结构与经济增长、产业结构与外商直接投资相关研究。

一、产业集群识别研究

（一）国外研究现状

18 世纪后期，英国社会的劳动分工越来越深化，专业化经济得到了非常大的发展，产业集聚现象也开始逐渐形成。同时，这种新生的经济发展力量也吸引了很多经济学家甚至地理学家的关注及研究。这间接地表明，产业集群对提高产业竞争力以及促进区域经济的增长发挥着重要作用。

在产业集群的基础研究方面，国外的有关研究已经比较成熟。1990 年，经济学家 Michael E. Porter 在其著作《国家竞争优势》中最先提出产业集群一词，并提出了著名的钻石模型对其进行分析。他通过构建新竞争经济理论，认为要素条件，需求条件，相关及支持性产业，企业的战略、结构、竞争是构建国家竞争优势的四个基本因素，除此之外再加两个附加要素——机遇和政府。通过不断的相互作用，地理集中使四个基本因素整合为一个有机整体，即产业集群。他认为产业集群一方面会降低生产交易成本、提高经济效益；另一方面它改进了激励方式，增加了信息共享、共同制度、品牌名气等集体财富，并且由此加强了企业集群整体的竞争优势。美国经济学家 Krugman（1991）分析了技术创新、经济增长以及贸易，综合应用了不完全竞争经济学、递增收益、路径依赖和累积因果关系等相关理论，解释了产业的空间集聚。这一研究使产业集群理论体系更加完善，是产业集群理论发展的一大进步。

在产业集群识别方法的研究方面，国外学者对各个地区的产业集群都有较为广泛的关注和深入的研究。Czamanski（1971）用主成分分析法对区域或产业的集群进行分析。该方法借助了投入产出表，通过投入产出模型得到直接消耗系数矩阵，由此以主成分分析法处理提取出主成分并解释生成的因子，最终得到了产业间的互补关联性。Campbell（1975）和 Slater（1977）利用图论法分析了区域产业之间的关联并将联系程度超过一定值的每对产业用箭头连接，用来辨识区域产业集群。当各产业之间的联系被表示为有向图和无向图时，图论就给我们提供了产业之间联系的依据。但是，识别的产业集聚不是相互独立的，特定产业也可能属于不同的产业集群。Feser 和 Bergman（2000）运用主成分分析法判断某个行业的相对强度因子，关注于产业与产业之间的联系，运用这种识别方法识别出了美国的23 个制造业产业集群，并且将这些产业集群作为分析其他美国地区制造业集群的模板，参照模板检验美国各州的产业集群。Viitamo（2001）对产业集群识别方法进行了总结，指出产业集聚识别方法主要有比特案例分析法、区位熵法、投入产出法和图论分析法等。Jote 等（2014）提出了一种基于模糊层次分析法的产业集群识别模型，以解决现有的集群识别方法存在的缺陷，并以埃塞俄比亚鞣制工业的产业识别为例，验证该模型的有效性。Rybnikova 和 Portnov（2015）在识别产业集群方面另辟蹊径，运用了现代科学技术来实现这项研究。他们通过对卫星测量的夜晚光进行重构，得出区域经济集中的地理数据，根据这些数据识别了欧洲产业集群，这种方法是突破传统识别产业集群方式的一种新型识别方法。

（二）国内研究现状

国内学者在 20 世纪 90 年代开始对产业集群进行相关研究，虽然相较于国外起步较晚，但是对产业集群理论和实践的研究都有较为深入的研究，并且为培育产业集群提出相关的政策建议和理论支撑。

在产业集群的基础研究方面，仇保兴（1999）对有关产业集群的形成过程、制约因素以及演化趋势进行了比较系统的研究。王缉慈（2001）在其著作《创新的空间：企业集群与区域发展》中比较全面地综述了国外产业集群研究的主要流派，为国内产业集群的研究提供了良好的参考。由于波特对产业集群的边界并没有界定清楚，国内部分学者提出企业集群与产业集群两个概念是不同的，应当加以区分。具体而言，企业集群一般要求在地理上邻近，但是产业集群则对地理上的邻近没有硬性要求，可以扩大其地域范围，在经济全球化的今天产业集群甚至可以跨国家而存在。

在产业集群的识别研究方面，国内学者主要从以下方面来对其进行研究：

一是对产业集群识别方法进行文献综述。王今（2005）对产业集聚识别理论与方法进行综述，指出常用的产业集聚识别方法有：区位熵法、主成分分析法、多元聚类法和图论法。刘彬和陈圻（2006）介绍了产业集群界定识别的研究方法，并对波特式产业集群的鉴别方法、区位熵法和投入产出分析法做出了简述和评价。姚云浩（2014）在对农业产业集群的概念和内涵进行辨析的基础上，评价了当前农业产业集群的识别方法和划分标准，并在反思中提出了研究农业产业集群的新路径和未来的研究方向。

二是利用经典的集群识别方法对相关产业进行识别。王今等（2004）运用区位熵法对我国汽车产业的产业集群现象进行识别。贺灿飞等（2005）采用主成分分析法对北京制造业的产业集聚进行了定量辨识。李广志等（2007）以陕西省为例，利用区位熵和基于投入产出表的主成分分析法相结合，对区域产业集群进行识别与选择研究。结论显示 LQ 法和基于投入产出表的主成分分析法可以很好地体现产业集群的"空间联系"和"功能联系"。张会新等（2009）在钻石模型和 GEM 模型的基础上，构建了基于"资源集聚—产业网络—服务体系"的"RIS 模型"，以此对资源型产业集群进行定性识别。郭立伟和沈满洪（2013）综合运用了区位熵法、NESS 模型、层次分析法和模糊数学综合评价法，识别和评价浙江省新能源产业集群水平。王腊芳等（2015）从行业聚合度和区域集中度两个方面，综合识别了我国高耗能行业的产业集群现状，并对所识别出来的产业集群的产业链关系、发展趋势及区域分布状况进行了分析。王士轩等（2016）利用《新疆统计年鉴》（2009～2013 年）数据，遴选排名前十位规模以上的优势产业作为研究对象，运用区位熵法对新疆资源产业进行测算并判断资源产业集聚程度，对形成产业集群的行业进行识别。

三是基于投入产出表，利用投入产出分析法对产业集群进行划分，即通过产业关联系数，其中常见的是感应力系数和影响力系数。如：魏峰（2011）基于 2002 年和 2007 年安徽省投入产出表，利用感应力系数和影响力系数对安徽产业集群进行了分类。

此外，还有一些学者利用投入产出表的结构分解式，来计算区域间各个产业的各种经济效应，然后根据效应的大小来划分产业集群。如：潘文卿（2006）通过投入产出分析框架对区域间溢出效应与区域间反馈效应做了较为详尽的探讨，进一步解释了区域内乘数效应、区域间溢出效应与区域间反馈效应的经济含义，考察了这三种乘数间的相互关系以及关于它们的乘法分解与加法分解的一致性问题，并在此基础上提出统一以最终使用为出发点的测度。潘文卿和李子奈（2007）通过投入产出分析技术，总结了区域内乘数效应、区域间溢出效应与区域间反馈效应的经济含义，进一步探讨了它们的相互关系、乘法分解与加法分解的一致性问题，以及统一以最终需求为出发点的测度方法问题。余典范等（2011）通过静态结构分解技术将产业结构效应分解为乘数效应、反馈效应和溢出效应三部分，并利用投入产出表对 2002 年和 2007 年的中国 51 个产业的关联状态及其变化进行了详细分析。

（三）国内外研究评述

通过对国内外有关产业集群研究现状的梳理，发现国外有关产业集群的研究历史较长，学者的关注度较高，研究的理论框架比较完整。国内的相关研究虽然起步晚，但是也受到越来越多学者的关注，研究范围涉及产业集群的概念、产生机制、演化阶段、经济绩效等方面，研究内容越来越深入。综合来看，国外和国内有关产业集群的研究都是处于一个不断探索的过程当中。由于国内外的经济环境与经济结构不一样，对很多集群问题，国内外学者都尚未达成共识，尤其是对于产业集群识别问题的研究。虽然国外在识别方法与识别标准上都已经有一定的研究成果，但是国内的经济情况更为复杂，国外很多数据与指标对于国内经济并不一定适用。因此，我国产业集群理论与实证的研究发展，不仅要参考国外的成熟的理论，更应当根据我国产业集群发展的实际状况多进行实证方面的分析，这样才会具有更加深刻的指导意义。

虽然现阶段关于产业集群识别的文献很多，但是以云南省为例，对云南省产业进行集群识别的研究还很少。同时，基于投入产出表，将主成分分析法和投入产出分解式技术相结合来对产业集群进行分类的文献也很少。基于此，本书利用相关投入产出表，采用相关产业集群分类方法对云南产业集群进行识别分类，并为今后云南产业集群的发展提供一些对策建议。

二、产业结构与经济增长关系研究

关于产业结构和经济增长的研究，Kuznets（1957）对美国等18个国家的经济增长率和各个产业劳动力比例的关系进行了分析，得出劳动力从农业向生产率更高的行业转移有助于经济增长的结论，初步分析了产业结构与经济增长的关系。Michael Peneder（2003）运用实证方法研究了工业结构对国民经济总收入和经济增长的影响。

国内，刘伟和李绍荣（2002）研究发现，在一定的技术条件下，一国经济通过专业化和社会分工会形成一定的产业结构，而产业结构在一定意义上又决定了经济的增长方式。余娟和吴玉鸣（2006）以产出函数模型测算了河南省1978~2002年产业结构的经济增长效应。王琳（2008）用协整理论和格兰杰因果检验方法对长江三角洲16个城市产业结构与经济增长之间的动态关系进行了实证研究。研究结果发现，长江三角洲地区的产业结构变动与经济增长之间存在长期稳定的均衡协同关系，产业结构的调整能够显著提升经济增长的水平。李倩和李红云（2009）通过建立VAR模型，运用脉冲响应函数和方差分解，得出产业结构的变动对广东省的经济增长有着重要的影响，但存在一定的滞后期。郑若谷等（2010）从产业结构的高级化和合理化的角度入手，考虑了两者对经济增长的影响，认为"结构红利"随改革的推进逐步减弱，因此，不能盲目追寻产业结构的升级，产业结构的合理化对经济增长具有重要意义。干春晖等（2011）在测度产业结构合理化和产业结构高级化的基础上，构建了关于产业结构变迁与经济增长的计量经济模型，进而探讨了两者对经济波动的影响。王锋等（2018）运用中介效应模型对金融集聚与城市化在产业结构对经济发展作用过程中的传导和作用效应进行检验，结果表明：金融集聚和城市化均在产业结构至经济增长间表现为正向部分中介效应；金融集聚、城市化的并行总体中介效应不显著；存在产业结构—金融集聚—城市化—经济增长以及产业结构—城市化—金融集聚—经济增长的传导路径。

周建军等（2020）基于我国省级面板数据，利用空间动态面板模型分析了产业结构变迁和房价波动的经济增长效应，并对其增长路径进行深入剖析，结果表明：产业结构的调整能在一定程度上发挥出促进经济增长的作用，能促进经济规模扩张，推动规模经济效应的发挥，但过度的服务化倾向会造成经济的结构性减速。张亚新和宿雪莲（2020）以中国 31 个省份（不包括中国香港、中国澳门、中国台湾）为研究对象，通过建立动态空间杜宾模型研究中华人民共和国成立 70 年以来产业结构、全要素生产率对中国经济增长的影响，研究发现：产业结构调整和全要素生产率提高均能显著地促进经济增长，但中国目前还存在产业结构不合理和全要素生产率较低的问题。

三、产业结构与外商直接投资关系研究

外商直接投资和产业结构理论发展至今已建立起比较完整的理论体系。国内外学者更多地在理论研究的基础上，从实证研究角度，探究外商直接投资与产业结构之间的相互关系，但对于两者之间关系的研究得到的最终结论并不一致。一些学者认为外商直接投资对东道国的产业结构优化有明显的促进作用。江锦凡和韩廷春（2004）运用因果关系检验方法，用第一产业、第二产业和第三产业产值占国民生产总值比重的变化情况来衡量产业结构的变化，构建了关于外国直接投资与产业结构的因果关系的模

型，来确定外商直接投资的变化是否为产业结构变动的原因，通过 1978 ~ 1999 年的统计数据进行参数估计，检验结果发现，外国直接投资在中国经济增长中存在产业结构效应。陈迅和高远东（2006）采用 1982 ~ 2003 年度全国的时间序列数据，运用现代协整理论，对中国的产业结构变动和 FDI 之间的长短期关系进行 Granger 因果关系检验。结果表明，中国的产业结构和 FDI 之间存在长期的双向因果关系；然而短期，中国的产业结构变动对 FDI 的变化则具有单向的 Granger 因果关系，中国产业结构的变动对 FDI 的增长率具有正的影响。庄丽娟和陈翠兰（2008）针对广州市的实证检验结论表明，处于不同的经济发展阶段，服务业外商直接投资对经济发展和结构调整的作用截然不同，服务业外商直接投资对广州服务业具有很强的结构调整效应。张争妍（2014）通过实证分析，证明了外商直接投资的流入会提高新疆维吾尔自治区三大产业的产值，对新疆维吾尔自治区产业结构有一定的积极影响。John 和 Dylan（2015）利用加拿大的产业数据，分析得出外商直接投资可以促进东道国的产业结构合理化。

　　但另一些学者在 FDI 与东道国产业结构升级研究中却得到了相反的结论，他们认为外商直接投资在一定程度上抑制了东道国的产业结构转型。李雪（2005）根据我国 1983 ~ 2003 年的时间序列数据，应用 Granger 因果关系检验和协整关系检验，得出我国外商直接投资存在着产业结构效应，但外商直接投资与产业结构变动间长期稳定的关系并不存在的结论。黄日福（2007）认为，由于外商直接投资的质量不高，不少三资企业（特别是以中国香港、中国澳门、中国台湾资金为主的三资企业）缺乏核心能力，无法进入技术壁垒、规模经济壁垒、资金壁垒较高的高新技术产业和重化产业，各个地区的外资企业只能挤在一些传统产业和加工装配行业，实行低层次产业外延扩张，不仅没能充分引导新兴行业和基础产业发展，反而在一定程度上加剧我国产业结构同构化现象。当地区吸收能力不强，与外企差距太大，则不仅不能吸收国外技术，还很有可能产生外资挤出内资现象，从而导致产业升级受阻。方燕和高静（2010）指出了外商直接投资在三大产业上不均衡分布的现象，并且这一现象导致了产业结构发展的不协调。吴华煜（2010）通过对北京市的产业结构进行分析，认为外商直接投资具有双向效应，积极效应体现在加速产业资本的积累，促进第三产业和第二产业的发展；消极效应体现在对于产业高度化的发展，反而加剧了北京三大产业的结构偏差。Tajul 等（2012）利用马来西亚 1999～2010 年的制造业数据，分析了外商直接投资的溢出效应，他认为外商直接投资对马来西亚的制造业产生积极影响的同时，也对某些行业起到了消极影响，因此合理引入外商直接投资，引入质量更高的外资会减少其消极影响。

近年来国内学者研究也有新进展。王宇昕等（2020）利用长江经济带 110 个城市 2011～2016 年产业相关数据，运用空间计量模型分析 FDI 对产业转型升级的效应，重点考察 FDI 对不同区域产业结构变迁的影响，其研究结果表明，FDI 对各区域产业转型升级的影响具有显著的差异性，且空间溢出效应差异明显。肖琬君等（2020）利用 1998～2007 年《中国城市统计年鉴》和中国工业企业数据库，从制造业内部生产结构调整角度，较为全面地考察了外资进入对中国城市产业结构升级的影响。研究结果表明，外资进入对中国城市产业结构升级有显著促进作用，且 FDI 在城市间、产业间和企业间的三种资源配置形态具有不同的影响机制。

第三节　经济增长的宏观动力相关研究

消费、投资和进出口是促进经济增长的"三驾马车"，对经济增长的作用不言而喻，随着中国加入世界贸易组织，国际投资对经济增长的影响也越来越大。本节将从"三驾马车"和外商直接投资方面对其相关文献进行综述。

一、消费、投资及出口需求与经济增长关系的研究

Qiao Yu（1998）采用 1982～1994 年的月度数据，运用共积与误差修正模型方法论证了资本投资、国际贸易与中国经济增长之间的关系，认为固定资产投资和出口显著影响总产出，但反向的因果关系不显著。韩永文（2007）对改革开放以来中国经济增长过程中的投资率、消费率及净出口

率进行了国际比较分析，认为中国消费率明显低于世界平均水平，投资率、净出口率在国际上处于较高水平，中国经济增长应坚持扩大消费需求的方针。李占风和袁知英（2009）基于1978~2006年的年度数据，通过建立联立方程模型的方法对中国经济增长中投资、消费及净出口需求的影响进行了实证分析，认为居民消费、投资和政府消费是影响中国经济增长的重要因素，同时经济增长也会对居民消费、投资和净出口产生正向影响。潘明清和张俊英（2010）通过建立结构向量自回归（SVAR）模型，实证比较分析消费、投资及出口需求对中国经济增长的动态冲击效应，研究发现：消费需求的动态冲击效应最大、出口需求的动态冲击效应较大、投资需求的动态冲击效应最小。因而，中国过去经济增长的"低消费、高投资、高出口"的方式很不合理，调整内需中消费与投资需求结构有助于提高经济增长的质量与效率，调整内外需求结构有助于减少经济增长的不稳定性与潜在风险。杨洋（2015）基于多变量的UC趋势周期分解模型，探讨GDP、消费、投资、货物和服务等的周期性波动，认为共同周期因子能够解释GDP周期性波动的绝大部分，共同周期因子可以解释消费周期波动的75%以及投资周期波动的56%。

近期也有文献探讨消费、投资及出口需求与经济增长关系。陈家清等（2017）通过建立广义条件异方差双门限自回归模型，并运用贝叶斯方法估计模型参数，以此考察三大需求贡献率的非线性波动特征，其中，投资贡献率波动最大、货物和服务净出口次之、消费最小；三大需求贡献率存在门限效应，只要把握好门限控制条件，就有可能保持经济稳定持续发展。李卫华（2019）研究发现我国三大需求对国内生产总值增长的贡献率和拉动具有比较明显的波动性和互补性，我国经济增长因而也呈波动性增长的态势，合理调控三大需求，才能够推动经济稳定增长。李金叶和徐俊（2019）利用重心模型和探索性空间分析法对1978~2017年我国30个省份（不包括西藏自治区、中国香港、中国澳门、中国台湾）经济增长动力的时空演变特征及相关性进行研究，投资和消费作为经济增长的主要动力，对我国各省份经济贡献差异明显。

二、外商直接投资与经济增长关系的研究

外商投资可以让发展中国家的经济逐渐摆脱资金稀缺的约束，对经济增长、技术进步、产业升级、就业扩大也做出了重大贡献。但大量流入的外商直接投资（FDI）对东道国的经济增长究竟产生了何种影响？国内外学者关于 FDI 对经济增长影响的研究大都集中在国家和行业层面上。Buckley 等（2002）利用中国 29 个省份的数据进行实证研究，结果表明：FDI 与经济增长的关系受东道国（省）环境的影响，经济越发达，FDI 的经济增长效应越大。Chyau 等（2009）利用改革开放以来的相关数据，在城市层面上建立面板数据模型，对 FDI 在区域经济发展中的作用和促进经济增长的传导机制进行研究，得出 FDI 促进了长三角和珠三角两个地区的经济增长。高珊珊（2009）采用北京地区 1987~2006 年相关数据，对实际 GDP 和实际利用 FDI 总额进行了协整检验和 Granger 因果检验，得出 FDI 与北京地区的 GDP 增长是相互影响的，两者呈高度的正线性相关关系的结论。但 Jimmy 等（2007）基于中国 19 个行业和 30个省份的相关数据，建立面板数据模型进行研究，得出 FDI 的增长和经济增长并不一定成正比，虽然 FDI 的地区效应是积极的，但是区域差距一直在增长。

FDI 进入东道国后，会对同一产业内东道国的国内企业及其投资产生多种影响。关于 FDI 是挤出了国内投资还是带动了国内投资，学术界持有不同的看法。从东道国角度来看，FDI 的流入将会带动国内投资，即 FDI的流入可以通过资本效应、技术溢出效应（关联效应、示范效应、竞争效应和扩散效应）、就业效应和产业升级效应等使国内总投资的增量超过 FDI本身的增量，或者说 FDI 与国内投资存在互补关系，则 FDI 将会对国内经济产生溢出效应。Kui-Yin 和 Ping（2004）利用 1995~2000 年的省级层面数据，研究发现 FDI 对中国国内专利申请数量产生了积极影响，利用时间序列和截面数据的估计以及面板数据模型，对不同类型的专利申请进行实证检验，表明 FDI 技术溢出效应突出表现为"示范效应"。苏莉（2016）采用 1995~2013 年中国 30 个省区市（不包括西藏自治区、中国香港、中

国台湾、中国澳门）的面板数据，对 FDI 与经济增长的关系进行回归分析，研究发现 FDI 对中国经济增长有直接的正效应。甘星和印赟（2016）以 1990~2013 年中国 FDI 和国内生产总值的时间序列为研究样本，构建了动态分布滞后模型分析 FDI 对中国经济增长的影响效应，得出了 FDI 对中国经济增长有着显著的促进作用，同时具有较强的时滞效应的结论。但 FDI 也可能存在着对国内投资的挤出效应，如果跨国公司的投资"挤出"了国内投资，那么外商直接投资的流入非但没有增加一国的总投资或资本形成，反而挤掉了部分国内投资，使国内总投资的增量小于 FDI 流入量，即外商直接投资会对宏观经济造成不良影响。

在国外，Mencinger（2003）选取欧盟国家作为样本进行实证分析后发现 FDI 阻碍了当地经济的增长，他认为可能的原因有两个：一是欧盟国家的 FDI 是以兼并的形式进入，会在一定程度上削弱相关领域的竞争性；二是所获得的收益没有用于再投资。Nicholas 等（2006）使用面板数据协整方法，研究了 30 个国家的 FDI 和国内投资的关系，发现外商直接投资在发展中国家产生了挤入效应，而在发达国家产生了挤出效应。Miguel（2010）利用拉丁美洲 1980~2002 年的面板数据研究了 FDI 和私人资本形成之间的关系，结果发现：FDI 通过先进技术和管理能力的转让，提高了私人资本的边际生产率，从而促进了私人资本的形成。Chintrakarn 等（2012）通过建立面板数据模型研究了 44 个国家和地区的 FDI 与经济增长的关系，最终发现 FDI 并不一定会促进经济增长，FDI 要发挥作用会受到诸多因素的限制，在某些地区还可能会对经济产生负向的作用。综上可知，FDI 与内资之间存在着错综复杂的关系，即使是处于同一地区的不同省份和城市，也会因不同的引资模式、引资政策及各自特有的产业结构而导致 FDI 对国内投资产生不同影响，大量的实证研究并没有得出一致的结论。

第四节　城市化与经济增长相关研究

诺贝尔经济学奖得主斯蒂格利茨（Stiglitz，2001）曾提出，21 世纪影响世界的两件大事，一是中国的城镇化，二是美国的高科技，并认为城市化将使中国成为世界领袖。基于此，本节将从城市化视角对经济增长的相关研究进行综述。

一、城市化与经济增长相关性研究

变量间分析的基础是相关性，相关性是建立模型的基础。关于城市化与经济增长的相关性的研究有：Lampard（1955）发现，在不同的阶段，美国城市化与经济增长之间都存在显著的正相关性；国内学者周一星（1982）也持类似的观点，并进一步指出城市化水平和人均生产总值的对数大致成正比。Henderson（2002）以国家层面的数据计算得出，城市人口与国内生产总值之间的相关系数高达0.85。Mccoskey 等（1998）通过模型估计也表明，从长期来看，无论是发展中国家还是发达国家，城市化对经济增长都有重要推动作用。Henderson（2003）通过1960～1995 年的跨国面板数据研究指出，尽管城市化和经济增长之间存在正相关性，但城市化本身并不会直接推动经济增长，另外他也说明了准确衡量城市化的经济增长效应的困难之处：各国对"城市化（Urbanization）"的定义不完全相同，使得城市化很难统一量化；考虑到城市化有终点而经济增长没有终点，在某个时点会出现城市化完成而经济增长继续的现象，如已经高度城市化的发达国家；非洲地区存在特殊情况，一些非洲国家在快速城市化的同时反而伴随着低收入和生产总值负增长。换而言之，城市化对经济增长的影响在不同国家之间差别非常大，无法准确度量影响的大小，甚至难以确定符号的正负（Mccoskey 等，1998）。对于非洲国家城市化与经济增长之间的异常关系，Fay 等（1999）认为这不足以推翻城市化对经济增长有正向影响的结论，城市化伴随着经济负增长可以用外生因素的影响来解释，如收入结构、城乡收入差距和种族冲突等。他们还发现，越是缺乏民主的国家，城市化和经济增长之间的相关性就越弱。

改革开放以后，中国的城市化开始真正起步，有学者分析了当时世界各国的城市化与经济增长的关系，并进一步分析了中国的数据，认为在工业化的不同发展时期，城市化水平和经济发展之间有高度的一致性，两者呈共同增长趋势；一个国家在正常发展过程中，城镇人口比重的增长，一般来说与人均生产总值的对数大致成正比（周一星，1982）。也就是说，人口城市化水平和经济增长之间存在正相关关系。王金营（2003）认为，人口城市化对经济增长的作用可分为两个阶段：线性拉动阶段和指数增长型推动阶段。线性拉动阶段一般出现在城市化到达高水平阶段之前，城市化到达较高水平后，将进入指数增长型推动阶段，即越高的城市化水平对经济增长的推动作用越大，而1950~1998年的数据表明，中国尚处于城市化增长的线性阶段。实际上，为了经济的长期健康发展，也不能要求城市化与经济发展一直保持同速度，否则城市集聚的规模效益就没有了意义（冯俊，2002）。关于城市化对经济增长更长期的影响，有研究认为只有当年的城市化可以显著促进经济增长，滞后一期或更多期的城市化率对经济增长反而呈现负影响，直至收敛为零（施建刚等，2011）。

二、城市化影响经济增长的传导机制

城市化可以通过多种机制影响经济增长，如集聚经济、规模效应和选择效应等。城市化过程伴随着要素在空间上的集聚，如人力资本、知识、土地、产业等；通过分享（Sharing）、匹配（Matching）和学习（Learning），城市化可以提高经济效率（Duranton 等，2004；Bezemer，2008）。新经济地理学认为，城市通过集聚产生规模经济，减少了地区阻隔和经济发展成本，从而促进经济增长。Bertinelli 等（2004）认为，生产率提高依赖于人力资本，城市较高的生产率吸引更多人迁往城市，使人力资本在城市积累得更多，城市变成经济增长的引擎；由于存在溢出效应，人力资本积累不仅可以作用于单个城市，还能作用于城市数目的增加以后形成的城市群，从而也对经济增长产生越来越重要的作用（吴福象等，2008）。改革开放以来，国内的城市化大大加强了人口的流动，但某些地区由于所谓"准入政策"的存在，实际上阻挡了贫困人口的迁入，这不仅不利于形成人力资本的集聚效应，还会拉大城乡贫富差距（曹裕等，2010）。

在城市化进程中，与城市化相关的产业迅速发展，非相关产业将衰退或者重新进行地区布局（周振华，1995）。城市较高的人口密度是第三产业良好发展所必需的要素，否则第三产业形不成规模效应，难以有大的发展（徐雪梅等，2004）。城市化水平增长对第三产业发展有显著的推进作用（沈坤荣等，2007），随着经济的不断发展，第三产业在经济中所占的比重将越来越大。但中国经济增长前沿课题组（2012）认为，中国目前存在服务业的效率低于工业的现象，所以在中国的城市化水平已经开始迈向成熟阶段的当前要避免盲目推进城市化，否则会导致过度城市化，甚至落入"中等收入陷阱"。另外，服务业尤其是生产性服务业往往较多利用 IT 技术，在互联网迅速发展的现代社会，信息交流和知识溢出效应不再局限于特定的地理空间，因此城市化为服务业提供信息交流和知识溢出的重要性，从而对服务业发展的促进作用还有多少是一个值得商榷的问题（吴敬琏，2004；胡志高等，2018）。合理的产业结构对经济增长有着持续稳定的正面促进作用（干春晖等，2011），而不同的经济发展阶段对应不同的合理产业结构，因此要注意产业结构的适时升级。Henderson（2002）认为，在成熟的城市体系里，标准化生产呈现去中心化的趋势，大城市负责服务、研发和非标准生产，标准化生产则分散到中小城市。

近年来我国土地城市化的经济增长效应逐渐上升，人口城市化的贡献却有所下降（郑鑫，2014）。越是经济欠发达的地区，土地城市化对经济增长的贡献越高，加上政府对土地供应的垄断，经济欠发达地区政府就有足够的动机依赖土地城市化发展经济，促进产出增长。然而土地供应是有限的，一旦土地城市化所依赖的土地贴现总收入无法支撑城市化发展，城市经济将无法持续（中国经济增长前沿课题组，2011）；另外，随着经济的发展，土地城市化对经济增长的贡献会越来越低，过于依赖土地城市化促进经济发展不仅是不可持续的，还会让地方政府背负巨额债务（周光霞等，2017）。陆铭（2011）认为，不同地区的土地利用效率不同，但我国城镇建设用地无法跨区域再配置，这可能导致土地利用效率高的地区城镇建设用地供应不足，从而影响经济效率。

三、城市规模的经济增长效应

城市的发展必然伴随着人口的增加。人口增加一方面带来人力资本和知识溢出，另一方面增加了城市的运行成本。可以合理地假设城市存在规模不经济，但是因为其他方面，如公共服务和基础设施供给等存在规模经济，这种规模不经济到底会不会真正造成负面影响，还需要根据实际情况判断。城市规模是否会达到最优，通常取决于微观主体决策，如果微观主体的行为存在负外部性，那么城市规模一定会偏离最优大小。过度城市化带来的拥挤、污染、通勤时间过长等负面效应还会拖累经济增长。如果以最大化生产总值为前提，理论上存在最佳的城市集聚水平，该最优值随着经济发展状况和国家的大小而有所不同（Henderson，2003）；Henderson 等认为，服务一般难以跨地区运输，随着城市的发展，服务业的比重会增加，因此需要更大的最佳城市规模；如果考虑特定的收入水平，城市集聚和经济增长之间还存在"倒 U 型"的关系，并且无论是否考虑收入水平，偏离最佳城市集聚水平造成的经济损失都很大，这种损失还会随着收入的上升而增加，甚至可能接近人力资本和投资率不足时对经济增长的负面影响（Henderson，2000，2002，2003）。

Hansen（1990）借助 Williamson（1965）的经济发展假说认为，高度的城市集聚在经济发展早期是有帮助的，它可以提升经济设施的利用效率。Brülhart 等（2009）从另一个角度验证了 Williamson 的假说，他们通过对 105 个国家的数据研究表明，城市集聚对经济增长的影响存在上限。以 2006 年价格计算，该上限大约是人均收入 10000 美元，超过 10000 美元以后，城市集聚的作用将逐渐消失，因此随着世界经济的增长，以地区收入差距为代价来发展经济的方法将不再有效。但是他们也指出，在更小的地理尺度上，研究表明城市集聚会持续正向影响经济增长，原因可能是某些集聚效应只能在较小尺度上才得以显现（Rosenthal 等，2001）。

过度城市化的典型例子是拉丁美洲，许多发展中国家城市化水平非常高，甚至超过发达国家，但却陷入"中等收入陷阱"，经济发展长期停滞不前。Poelhekke（2008）认为，拉丁美洲出现这种情况是由于其乡村重度依赖于自然资源生产，在自然资源的国际市场价格剧烈波动的情况下，乡村居民难以承受收入降低带来的冲击，可以规避风险的相应的金融服务又无法到位，因而即使迁往城市也根本不会提高收入，乡村人口依然被迫大量向城市迁移，使得城市人口过多，最后导致经济停滞不前甚至负增长。

过度城市化的反面是城市化发展程度不足。中国在城市化发展初期走的是偏好小城镇发展、抑制大城市规模的城市化道路，小城镇数量从改革开放初期的 2000 多个迅速扩张到 1996 年的 1.8 万个。大力发展小城镇的政策制约了城市的规模，使城市无法正常发挥出应有的集聚和规模效应，到 20 世纪 90 年代后期，城市化布局散乱、小城镇过多、结构性矛盾突出的问题已经显现（周振华，1995）。尽管在小城镇发展的背景下，乡镇企业产出的高速增长曾经使中国的年经济增长率净提高 1.5 个百分点，但乡镇存在企业技术和生产条件落后等先天不足（王小钱，2002）。另外，大城市规模受到了严格限制，农村人口被限制入城，这样虽然能避免城市规模过大带来的负外部成本，但同时也放弃了发展和优化资源配置的机会。数据分析表明，即使不包括人口万人以下的镇，当时的城镇平均人口规模也只有 30 万人左右，由此造成的规模收益损失可能高达全部城市地区生产总值的 10%（王小鲁等，1999）。

21 世纪以来，中国提出新型城市化，改变过去片面强调小城镇优先发展的战略，开始强调大城市与中小城市协调发展的必要性（丁守海，2014）。对大多数省份而言，应该将合适数量的中等城市扩展为大城市，但也要确保首位城市和其他城市保持适当的规模差距，其他大城市的规模则逐渐趋同（谢小平等，2012）。

四、云南城市化与经济增长相关研究

康云海和黄亚勤（2003）对云南经济增长与城市化关系进行了研究，结果指出云南经济增长缓慢或不能继续增长的主要原因是云南的城市化水平较低。许宏和周应恒（2008）对云南省城市化与区域经济增长进行实证分析，运用时间序列数据建立回归模型，得到云南经济增长与城市化两者呈正相关关系。王西琴等（2009）使用1990~2006年丽江市统计数据进行分析，发现丽江城市化进程与一般城市不同，而是有它自身的规律。何镇宇（2010）对云南经济增长与城市化进行了动态计量研究，以人均国内生产总值为解释变量，城市化率为被解释变量，研究结果表明云南经济增长与城市化之间存在着长期协整关系，经济增长是城市化水平的格兰杰原因，经济增长对城市化的作用比城市化对经济增长作用要强。谢霄亭和马子红（2012）从人口城市化的角度，通过建立多元线性回归模型，以城市化率作为因变量，人均国内生产总值、人均消费水平、人均全社会固定资产投资额和人均财政收入为自变量，使用逐步回归和格兰杰因果检验，对云南省城市化与经济增长进行了相关分析，由分析结果可知，城市化与经济增长之间存在相关性。廖颖波和赵敏敏（2012）对昆明城市化和经济增长关系进行了实证分析，结果表明城市化与经济增长具有相互促进作用，相比经济增长对城市化的作用，昆明的城市化对经济增长的作用更大。王智勇（2013）以云南县域经济为研究对象，研究西部少数民族地区经济增长与城市化的关系，结果表明县域经济增长与城市化水平存在显著的正相关，但不同县域的显著关系存在差异，并且只有城市化水平达到21.5%，城市化才会促进经济增长。

上述文献关于城市化与经济增长之间的相关性、城市化影响经济增长的传导机制、城市规模的经济增长效应以及云南城市化与经济增长相关研究，均揭示了经济增长与城市化两者具有密切关系，为以后的研究提供了多方面的理论和实证基础。

第五节　能源与经济增长相关研究

中国"十二五"规划确定了各地区能源消耗的硬指标的约束，在该约束条件下，资本不再是万能的，能源已经成为经济发展过程中不可替代的一种生产要素。同时，产业结构与经济增长是一种相互依赖、相互促进的关系。一方面，产业结构不合理会阻碍经济增长；另一方面，产业结构不断地调整和升级可以有效地改善资源配置，促进经济增长。能源、产业结构与经济增长之间存在密切的联系，国内外相关研究已经取得了丰富的成果。

一、能源约束与产业结构调整研究

（一）国外研究现状

Stone（1964）通过建立宏观计量经济学模型探讨了产业结构优化方法；Leontief（1936）首次阐述了投入产出理论和相应数学模型、编制方法；Leontief（1953）在一些学者研究的基础上提出了动态投入产出模型；Dorfman 等（1958）将线性规划和投入产出方法结合起来，提出"大道定理"；Wright（1974）将能源乘数观念引入投入产出法，定义直接能源系数为商品的能源成本，并比较投入产出分析方法的优劣性；Kalmbach 和 Kurz（1990）提出了变系数动态投入产出模型，突破了原有投入产出模型技术水平一定的假定，但是也增加了投入产出表编制的难度和实际操作的工作量；Karen（1991）将单地区投入产出模型扩展到多地区；Tatsu（1992）认为产业结构的调整对 1980～1990 年中国能源效率的提高起了一半以上的作用，产业结构由高耗能行业向低耗能行业转变促进了能源效率的提高；Dolezal（1995）利用了经济优化方法来研究产业结构优化问题；Tae 和 Tea（2000）在分析韩国 1981～1996 年的能源消费弹性时发现，由于重工业化趋势导致的钢铁、水泥和石油化工等重工业比重增加，韩国该时期的能源消费状况恶化，并对经济增长产生了负影响；Krausmann 和 Haberl（2002）系统回顾了澳大利亚 1830～1995 年的工业化过程和相应的能源消费的结构变化，证实了能源消费的总量和结构都与工业化带来的产业结构变化存在很强的联系；Fisher-Vanden 等（2004）收集了 1997～1999 年中国工业企业的数据，运用面板数据的回归分析方法，发现中国能源消费强度变动的原因包括能源价格的上升、能源研发的支出增加、企业产权改革以及中国的产业结构调整等；Karen 等（2006）对中国能源效率影响因素进行研究，实证显示技术创新、能源价格、科研支出、企业产权和产业结构变动是中国 1997～1999 年能源强度下降的主要原因，使用国内技术与引进技术对节能效果有很大差异；Hang 等（2006）研究了能源价格对能源消费强度的影响，他们利用柯布—道格拉斯函数以及成本最小化原则构建了实证方程，发现中国总体能源消费强度与能源相对价格呈负相关关系，产业结构的升级导致了中国能源消费强度减小；Fredrich 和 David（2009）用中国投入产出表 2002 年、1997 年数据分析中国能源消费与经济增长、产业结构之间的关系，研究表明能源经济内在结构变化、可持续能源需求将对中国经济未来政策提出更新、更重要、更有挑战性的要求。

（二）国内研究现状

冯宗宪等（1991）采用灰色系统建模预测的思路对能源基地的产业结构进行预测，并对发展模式和主导产业的选择进行比较分析；冈本信广（1998）通过 1990 年非竞争型中国投入产出表和 1990 年中国和日本投入产出表建立投入产出线性规划模型，研究结果表明：中国不应该进口农业、矿业、电力、煤气的最终产品，而应该增加这些部门最终产品出口；史丹（1999）使用简单线性回归研究产业结构与能源消费的关系；廖明球（2011）提出了经济、资源、环境的基本框架，从可持续发展角度将经济、资源、环境三者的相互关系连接起来，以经济模块为核心将环境和资源联系起来，并构建了环境污染与治理表；潘文卿（2002）以中国经济社会可持续发展为背景，利用投入产出表和线性规划方法构建了一个经济增长与产业结构调整的优化模型，并以此为基础，对中国在 21 世纪前 20 年的中长期发展中经济增长、就业变化、污染控制以及产业结构的转换与调整的"互动"关系进行了模拟与展望；史丹等（2003）对中国的经济增长和能源消费进行了较为系统的研究，结果发现：中国的工业化和产业结构变动之间存在显著关系，重工业的比重上升将导致能源消费增加；薛声家（2003）建立了产业结构多目标优化模型，在不断加总投入的假设条件下，以极大化国内生产总值、保证三次产业的合适比例等为目标，以广东省为例，对产业结构调整与优化进行实证分析；吴敬琏（2004）认为，国内相对贫瘠的自然资源无法支撑高资源消费的重化工业的发展；徐博和刘芳（2004）通过函数推导和实证检验，证实了产业结构变动对能源消费总量的影响，得出了第一产业和工业比重的变化是影响中国能源消耗总量变化的主要因素的结论；杨念（2005）以珠江三角洲为例，通过能源利用的投入产出模型得出结论：能源与消费对区域经济发展颇具重要影响，区域产业结构影响区域能源消费结构，能源供给和能源消费结构也同时会影响区域经济，因此要实现区域经济的持续发展，必须实现产业结构优化和能源消费结构优化。

马剑和邢亚楠（2011）运用投入产出法对各部门关联度和各产业吸纳就业的能力进行了分析，并利用不同时间段的投入产出表对我国经济进行了实际研究，研究表明：现阶段我国工业、交通运输业、商业餐饮业仍是影响其他产业、吸纳就业人口多的行业，因此要重点发展工业、货运邮电业、商业饮食业；宫清华等（2011）运用投入产出模型和数学规划模型相结合的方法，研究了经济效益最大化和资源利用最小化两种条件下的最优产业结构，探讨产业结构优化和调整的理论最优方向，并以中山市的情况为基础进行案例分析，寻求资源约束条件下的产业结构发展战略，为资源与经济的可持续发展提供科学依据；唐志鹏等（2012）利用北京市1987~2007年的地区投入产出表，在能源消耗总量约束条件下构建了北京市1987年、1992年、1997年、2002年和2007年的投入产出优化模型，力图通过产业结构调整的方式来实现经济效益最大化。

(三) 国内外相关研究评述

目前，国内外对能源约束下产业结构调整的研究主要集中在产业结构与能源消费的关系、产业结构调整对能源效率的影响上，很少有文献将能源作为硬约束指标来考察产业结构调整，值得一提的是，虽然原毅军和董琨（2008）构建了能源约束下产业结构调整模型，但是只用了17个产业进行优化（其中只包含11个工业部门），部门过少使得产业结构调整目标过于笼统，误差较大。本书将能源总量和强度指标作为产业结构调整的硬约束条件，利用合并后的27个产业部门（其中包含23个工业部门），将能源消耗看成是非确定性的，并且引入动态约束，应用动态投入产出优化模型研究云南能源"双控"下产业结构调整方向。

二、能源约束与 GDP 最优增长路径研究

自然资源稀缺性的研究可以追溯到马尔萨斯，Malthus（1798）提出能源资源"绝对稀缺"；罗马俱乐部发表的《增长的极限》延续了马尔萨斯人口论的思想脉络，从人口、资金、粮食、不可再生资源、环境污染等因素出发，建立了全球分析模型，认为 20 世纪末 21 世纪初将达到全球性的增长极；Levin 和 John（2003）既反对绝对稀缺理论，又反对自然环境与能源的无止境的开发，指出经济发展要远离这些资源的开发极限；William Vogt（1948）提出人口、经济与能源、资源、环境应该平衡发展。

20 世纪 70 年代，国外的学术界就已开始对能源消费与经济增长的相关关系进行系统的研究。梅多斯（Dennis L. Meadows）等把整个世界看作他们的研究对象，分析和研究世界人口增长、工业发展、污染加剧、资源消耗和粮食生产这五种因素之间的相关关系，第一次对能源方面的问题进行了系统探讨，最后得出的研究报告表明，如果维持现在的资源消耗速度和人口增长速度不变的话，世界资源将会消耗殆尽。同时，在 20 世纪 70 年代发生的两次石油危机也一定程度上印证了 Meadows 等所得出的结论。此次对能源消费领域的研究引起了经济学家们更多的关注，众多学者和研究人员将视线转移到能源消费和经济增长相互关系的研究上，推动了能源经济学的蓬勃发展。Kraft 在 1978 年利用美国 1947~1974 年的经济增长相关数据研究了能源消费与经济增长之间的复杂关系，研究结果显示 GNP 与能源之间存在着从 GNP 到能源消费的单向因果关系。Chali 等（2004）使用 Johansen 方法研究了加拿大的经济增长与能源消耗之间的关系，研究结果显示经济增长与能源消耗两者存在双向的因果关系。

进入 20 世纪 90 年代，Nordhaus（1992）首次对这个问题做了定量分析，他将自然资源引入到索洛模型，分别建立无资源约束和有资源约束的新古典经济增长模型，将稳态下得到的两个模型人均产出增长率的差值定义为自然资源的"增长尾效"，该模型成为度量土地和其他自然

资源对经济增长影响程度的经典模型；Stern（2000）采用全要素方程对美国的经济增长与能源消耗进行了研究分析，结果表明美国经济存在着能源消耗到经济发展的单向因果关系；Ghali 等（2004）以加拿大经济为样本，采用 Johansen 协整检验方法得出结论：存在着 GDP 增长到能源消耗的双向格兰杰因果关系；Bovenberg 和 Smulders（1996）假定技术进步为内生变量，同时将环境变量纳入内生经济增长模型，研究了环境政策对短期经济发展和长期经济发展之间的影响，并且分析两种影响之间所存在的差异。

进入 21 世纪，André 等（2003）做出假定，用于研发的劳动力和现有的科技创新决定技术进步水平，两位学者将可耗竭能源纳入内生经济增长模型，对最优经济增长路径进行分析，然后在假定简单的内生技术进步的这个前提下，将生产部门划分为研发部门和最终产品部门两部门，更进一步分析了污染水平、技术进步以及经济增长三者之间的关系。

由上述文献可以发现，基于经济增长理论的角度，国内外学者的研究成果正在逐步完善，为了避免由于假定外生技术进步单一部门模型导致的局限性，研究人员采取假定内生技术进步两部门模型来避免这一局限性缺陷，两部门指的是研发部门和最终产品部门，用来分析能源的相关政策对于经济增长的影响程度。

在国内，陈书通等（1996）定性分析了能源消费与经济增长的相关关系，并进一步研究经济结构变化对能源消费所产生的影响；万红飞等（2000）通过节能率建立能源与经济之间的数量关系，从而对能源与经济之间的关系进行分析，并利用上述关系对我国未来能源需求进行了预测；张政伟等（2006）研究了能源消费历史，根据我国现有的能源消费现状解释了能源消耗对于经济增长的促进作用，认为提高能源利用效率能够对中国经济发展产生深远影响；王海鹏等（2006）采用变量参数模型对 GDP 和能源消费进行研究，认为中国能源消费与经济增长之间存在随时间不断变化的长期均衡关系；肖冬荣（2007）用计量经济学的方法研究了上海市 1985~2004 年经济增长与能源消费之间的关系，认为上海市的经济增长与能源消费之间存在着长期的均衡关系；张兴平等（2010）在生产理论框架下，分析了北京市自改革开放以来经济增长、能源消费、劳动力与资本四者之间的协整关系，并认为短期内存在从经济增长到能源消费的单向格兰杰因果关系，在长期内则存在双向的格兰杰因果关系；郑丽琳和朱启贵（2012）通过构建包含环境约束因素在内的动态随机一般均衡模型，分析了生产技术和环保技术冲击对一个国家主要宏观变量的影响。

关于 DSGE 模型的应用方面也有较多文献问世。自 Kydland 和 Prescott（1982）提出参数校准方法估计 DSGE 模型以来，已有多种估计方法被用于估计 DSGE 模型。例如，Christiano 和 Eichenbaum（2005）的 GMM 估计法，Altug（1989）、Kim（2000）和 Ireland（2000）使用的全信息极大似然估计方法，Christiano 等（2005）的最小距离估计方法，Dridi 等（2007）提出的间接推断（Indirect Inference，II）方法等。然而，Hall（1996）、Fernandez 等（2010）和 Dridi 等（2007）分别指出 FIMLE 和 GMM 估计方法施加的一些一阶矩条件容易导致 DESG 模型的误设，而使用 II 估计方法时，DSGE 模型误设程度的检验和 DSEG 模型与数据的匹配性度量依赖于抽样方法。

近年来，关于 DSGE 模型的常用估计方法是基于 Landon – Lane（1998）提出的 Bayesian 分析方法并且因后验分布模拟算法区别，提出了多种 Bayesian 分析方法。例如 DeJong 等（2000）基于随机增长模型的重要抽样算法，Otrok（2002）、Smets 和 Wouters（2007）、Del 和 Schirfheide（2004）分别针对不同 DSGE 模型的 Metropolis – Hasting 抽样算法等；而且，随着 MCMC 模拟器的计算能力增长，Bayesian 方法能够估计和评价中大型规模的 DSGE 模型。一般地，将函数近似的 DSGE 模型（如 DSGE 模型的对数线性化模型）表示成状态空间模型是 DSGE 模型 Bayesian 分析过程的一个关键环节，其中状态空间模型中状态转移方程的形式是相对确定的，而观测方程中观测变量的选择依赖于计量分析的研究目的、经济变量的可观测性和观测方程的随机奇异性。特别地，Guerron（2010）发现观测变量的选择不仅严重影响结构参数的点估计（后验中位数）和参数的后验方差，而且模型的脉冲响应函数关于观测变量的选择也十分敏感。另外，观测变量的选择还与 DSGE 模型的识别有关。

从上面的研究可以看出，目前的研究主要分为两类：一类是通过计量经济回归模型，运用相关数据从实证的角度探讨经济增长与能源消费之间的因果关系和协整关系等；另一类是通过将能源变量纳入传统的经济增长模型，从纯理论的角度去论证能源对经济增长的影响。

第三章

理论基础

本章结合研究内容，将从经济增长相关理论、产业发展相关理论、城市化相关理论和能源约束相关理论进行梳理和阐释，为进一步研究奠定理论基础。

第一节　经济增长相关理论

经济增长通常指国内生产总值（GDP）或人均国内生产总值的增加，它是宏观经济政策的基本目标之一。经济增长理论从经济学诞生之初就伴随经济学发展至今，经济学家对经济增长的理解也随着时代的变化而不断变化。经济增长理论大体可以分为三个阶段：古典经济增长理论、新古典经济增长理论和内生经济增长理论。新古典经济增长理论的出现是经济增长理论走向成熟的开始，一般以拉姆齐发表的《储蓄的数学原理》为标志，它意味着经济学开始以动态视角研究经济增长问题。

一、古典经济增长理论

英国古典经济学的创始人威廉·配第，最早提出了劳动价值论和剩余价值论，将经济研究的方向由流通领域转向生产流域。1776 年，亚当·斯密在《国富论》中提出了众多经济理论，其中主要理论有提高劳动力的分工理论，具有流通功能的货币理论，包括使用价值和交换价值的价值论，根据劳动工资、资本和土地地租决定的分配理论和实现大规模生产要素的资本积累理论等。亚当·斯密的经济思想主张自由交换，用"看不见的手"来调节经济。

大卫·李嘉图以亚当·斯密的价值论为基础，对价值做了更深入的分析。他指出使用价值是交换价值的物质承担者。商品的价值由社会必要劳动时间决定，并把劳动划分为简单劳动和复杂劳动。李嘉图还提出了比较优势理论——如果每个国家或地区只生产占有相对优势的产品，并同别国或其他地区的相对优势产品进行交换，这种交易是互惠互利的，有利于发展相对优势产业，形成竞争优势。同时，李嘉图认为市场自身能够实现资源的合理配置，反对政府干预，提倡自由经济。

马尔萨斯将经济理论与人口理论联系到了一起。他提出了人口陷阱理论——人口增长会受到生活资料的限制，而生活资料水平常用人均收入水平来衡量，因此，可以建立人口增长率和人均收入水平函数，结果发现：人均收入水平是人口增长率的增函数，而人均收入增长率是人口增长率的减函数，即人均收入提高，会带来更好的医疗水平和生活环境，使婴儿存活率提高、人口增加，而人口基数增大，必然使人均收入水平下降。

凯恩斯的《就业、利息和货币通论》一书中提到的投资乘数效应和需求定理在经济理论中占重要地位。投资乘数的作用在于，一个部门投资不仅能带动本部门的经济增长，而且能够通过连锁效应，对其他部门产生正的外部效应。有效需求理论在整个经济理论中具有十分重要的实践意义。有效需求指商品总供给和总需求达到均衡时的总需求，当供给量大于需求量时，价格会下降，而需求量大于供给量会使价格上升。因此，凯恩斯主张政府适度干预的经济政策。

古典经济学理论只考虑了劳动和资本在经济增长过程中的作用，并没有将技术进步考虑到其中，这是古典经济学理论的最大缺陷。

二、新古典经济增长理论

新古典经济增长模型源自于索洛和斯旺等对哈罗德—多马模型的修改和补充。新古典经济增长理论并不认同一国的生产水平与其资本存量大小之间存在确定的关系，在模型中把资本的边际生产率和劳动的边际生产率看作变量对待，而且认为这两个变量不仅取决于劳动力和资本存量的增长速度，同时还取决于技术革新速度。在一系列假定条件下，索洛和斯旺根据柯布—道格拉斯生产函数，提出了一个总量生产函数式，并推导出了表明新古典经济增长模型的基本方程式和经济实现增长的条件式。

总量生产函数为：

$$Y(t) = F[K(t), L(t)] \tag{3-1}$$

式中，$Y(t)$ 代表产出，$K(t)$ 代表资本，$L(t)$ 代表劳动。

新古典经济增长模型的基本方程式：

$$\dot{k} = sf(k) - (n + \delta)k \tag{3-2}$$

经济实现增长的条件式：

$$sf(k^*) = (n + \delta)k^* \tag{3-3}$$

式中，s 代表储蓄率，即收入中储蓄所占份额；n 代表劳动增长比率；δ 代表折旧率；$k = K/L$ 代表人均资本量；$\dot{k}$ 表示单位时期内（通常为 1 年）人均资本量的改变量；$y = Y/L = f(k)$ 表示按人口（或劳动力）平均的产量。

式（3-2）说明经济稳定增长的条件，表明人均资本量保持不变时的状态。一个社会在单位时期内（通常为 1 年）按人口平均的资本的改变量 $\dot{k}$ 等于该社会按人口平均的储蓄量 $sf(k)$ 减去人口增加率及折旧率两者之和与按人口平均的资本量的乘积。

经济实现增长的条件式说明经济稳定增长的条件，表明人均资本量保持不变的状态。图 3-1 表示人均资本变动的情况。在图中，$f(k)$ 表示人均产出，$sf(k)$ 表示人均储蓄曲线，$(n+\delta)k$ 表示人口增长和折旧所需的人均资本。图 3-1 还表明，对于任意的初始人均资本存量，都可以存在经济趋于稳定状态的 k^*。在稳定状态时，经济的人均资本量 K/L 保持不变，所以劳动力与资本的增长率也相同。由于人口增长率 n 保持不变，因此经济的增长率也保持不变，也等于 n。这表明，经济可以保持稳定的增长，经济所具有的增长速度恰好可以吸收人口的增加，以便可以在充分就业条件下长期保持稳定增长。但经济增长率只与人口增长率有关系，与储蓄率和生产的特征无关。所以说长期经济增长由外生因素决定，任何旨在通过增加资本积累来提高长期经济增长的努力都是无效的。

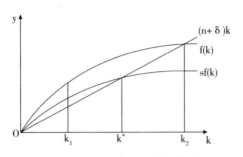

图 3-1　新古典经济增长模型

对于新古典经济增长模型：总量生产函数式为 $Y(t)=F[K(t),L(t)]$，基本方程式为 $\dot{k}=sf(k)-(n+\delta)k$，经济实现增长的条件式为 $sf(k^{*})=(n+\delta)k^{*}$。

不同于古典经济学的物质资本积累决定论，新古典学派经济学家大都属于技术进步决定论者。在这些新兴的经济学家看来，技术进步已经成为社会发展与经济增长的关键因素，技术进步推动了经济的增长和社会的发展。但是这一理论也面临着一个严重的问题，那就是生产函数中关于总体"资本"的衡量问题。虽然这本身会导致生产函数不存在，但是这在价值形态上却是可行的。在实物意义上，资本品是不能加总的，而且从动态经济学的角度来看，不同资本品也并不能迅速且无代价地适应劳动数量变动，从而实现充分就业下经济的持续稳定增长这一点很值得怀疑和推敲。特别是，新古典经济增长模型把不同的资本品抽象为同质的，这种做法忽略了各种资本之间的差异性，存在很大的缺陷。不同的投入品在长期经济增长中的作用也会有所不同，比如，把土地从生产函数中抽象掉意味着资本与土地具有等同的性质，但土地质量降低可能制约着经济的增长。同样地，把能源等自然资源从生产函数中抽象掉也意味着资本与能源等也具有等同的性质，但是能源的耗竭性和稀缺性特性也必然约束经济的长期增长，这也是两个剑桥之争中的一个焦点问题。

新古典学派的新古典经济增长模型引入了技术进步要素，而把资本的边际生产率和劳动的边际生产率都看作变量，认为这两个变量取决于劳动和资本存量的增长速度，同时还取决于技术革新速度；认为技术进步是现代社会推动经济增长的关键因素。所以说，新古典经济学家大多属于技术进步决定论者。

三、内生经济增长理论

内生增长模型致力于改进索洛模型的缺陷，将技术进步看作是内生的，同时引入其他因素研究经济增长机制。内生增长模型的代表人物是罗默（Romer）和卢卡斯（Lucas）。罗默在模型中引入了外部性和知识溢出，从而有生产规模报酬递增，强调创新和技术研发是经济增长和发展的源泉，知识促进投资收益，投资收益的累积反过来又能促进知识积累，最终产生良性循环。后者强调人力资本对维持经济增长和产业发展的重要性，人力资本积累能避免像其他生产要素那样受边际报酬递减的限制，使得以人力资本驱动的经济得以持续增长。人力资本增值快的部门产出也快，人力资本高增长的部门经济产出也高。内生增长模型还尝试用制度等因素解释国家之间的贫富差距和技术落差问题，并在研究过程中逐渐发现了更多与经济增长有关的因素，如金融和政治等。

第二节 产业发展相关理论

一、主导产业理论

主导产业是区域产业系统中处于主要支配地位的优势产业。主导产业具有明显的比较优势，产业规模大，在全国产业体系中具有一定的影响，同时又是区域产业系统中的主体和核心，在区域产业结构中，不仅产值比重大，而且关联效应强，是区域产业增长的发动机，它的发展能够带动区域经济的全面发展，并推动区域产业结构向更高层次演进。

（一）主导产业理论与产业结构升级方向

区域主导产业是区域重要的优势产业，主导产业的培育与续接政策也成为政府促进优势产业发展的关键性政策。一个地区的主导产业选择必须建立在地区比较优势基础上。区域主导产业的选择可以从定性和定量两个方面去分析。定性基准包括主导产业分析法基准、产业关联基准、收入弹性基准、生产率上升基准和比较优势基准等。定量的方法包括产业关联度分析法、市场潜在需求率分析方法等。不同的经济发展时期，由于技术和需求的不同，带动区域经济发展的优势产业发展也是不同的。实际上，区域经济发展的过程，就是由不同时期的主导产业进行着有序交替的过程。

主导产业来自罗斯托（Rostow）的主导产业理论，主要内容是把国民经济的各产业按照对经济增长贡献的不同分为主导增长产业、辅助增长产业和派生增长产业三类，并认为经济增长主要是由一组主导产业或主导产业综合体系带动的。罗斯托的经济成长阶段理论揭示了最完整的主导产业更替规律。罗斯托把经济增长分为六个阶段，每个增长阶段各自存在相应的主导产业（见表3-1）。经济增长总是由某个或几个主导产业率先采用先进技术，该产业降低了成本，扩大了市场份额，扩大了对其他一系列产业的需求，从而带动整个经济的发展。

表 3-1　罗斯托经济发展阶段与主导产业更替表

经济发展阶段	主导产业（群）
传统社会阶段	农业
起飞预备阶段	食品业、饮料业、砖瓦业等
起飞阶段	纺织业
走向成熟阶段	钢铁业、煤炭业、电力业、化工业等
高额群众消费阶段	汽车业
追求生活质量阶段	服务业、城市和城郊建筑业

世界各国的工业化进程经验表明，虽然世界各国具体国情不同，在工业化不同历史时期具有不同的主导产业群，主导产业的更替存在严格的演变顺序。自近代第一次工业革命以来，世界经济发展经历了五次主导产业更替（见表3-2）。前一期主导产业群为后一期主导产业群的发展打下基础，主导产业群的每一次交替都带动了产业结构的升级，促进了国民经济的发展。

表3-2 主导产业及其产业群更替表

主导产业群	主导产业	主导产业群
第一主导产业群	纺织业	纺织产业、冶铁产业、采煤产业
第二主导产业群	钢铁产业	早期制造业、交通运输产业、钢铁产业、采煤产业、造船产业、铁路修建产业、纺织产业、机器制造、铁路运输、轮船运输业等
第三主导产业群	电力产业、汽车产业、化学产业、钢铁产业	电力产业、电器产业、机械制造产业、汽车产业、化学产业
第四主导产业群	汽车产业、石油产业、钢铁产业、耐用消费品产业	耐用消费品产业、宇航产业、计算机产业、原子能产业、合成材料产业
第五主导产业群	信息产业	新材料产业、新能源产业、生物工程产业、宇航产业等

Boschma（1999）研究了比利时从 1770 年到 20 世纪中期工业化发展与主导工业集群的关系，他把工业史分为三次工业革命和两次特殊发展阶段，每一个阶段都有相应的主导产业集群相伴（见图 3-2）。Boschma 的这个研究结论表明，不同的工业化阶段以不同工业集群为驱动力。显然，处在不同发展的国家与其主导产业集群有内在的匹配关系，也就是说，主导产业集群是人均 GDP 的函数，不同工业化阶段有不同的主导产业集群与之相适应。不言而喻，主导产业集群具有层次性和方向性，且一般难以跳跃。例如，日本的主导产业演替顺序是：纺织工业→钢铁、机械、化学工业→汽车、家电工业→电子工业等高技术产业。

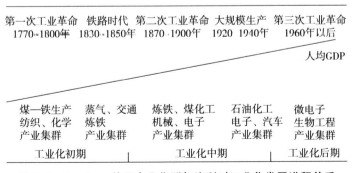

图 3-2 Boschma 关于产业集群与比利时工业化发展进程关系

现代产业结构竞争力实质是主导产业阶段性的替代过程，通过主导产业交替和扩张，优化和提升产业结构竞争力。由于不同产业主导下的产业结构标志着不同的核心竞争力和工业化阶段，所以产业结构升级可以代表竞争力来源和竞争方式的转变。工业群结构升级过程也是工业结构竞争力提升过程，其中主导工业群具有较高生产率和技术进步，对其他工业改造提供技术支持，因而它是一个以工业结构转换促进工业结构竞争力提升的有力的而且是必不可少的发动机。

主导产业群，不仅是具有比较增长优势和比较规模优势的产业，而且它们具有较高的产业关联度、带动作用和新技术的扩散效应，因而它是结构竞争力的核心力量。产业结构升级的方向自然是主导产业由传统产业群向高技术产业群的转变。从熵角度看，工业结构升级方向就是逐步由高熵产业群向低熵产业群尤其是信息密集产业群转变。

区域主导产业具有两个重要的功能，一是它的生产规模大、产品输出率高且在全国同类产品中占有较高的比重，是开展区际分工的主体；二是由于与区域内其他产业的关联效应强，主导产业能够组织和带动相关产业发展，并可能波及整个区域经济活动。在区域经济增长的不同阶段或不同的区域，主导产业是不一样的。区域之间的主导工业群的技术进步能力与关联强度的差异决定区域主导产业的发展差异，决定区域经济增长率、增长方式和增长质量的差异，最终形成区域竞争力差异。

（二）主导产业演化考察

以近代主要发达国家为例观察各国在不同的经济发展阶段的主导产业呈有序替代。美国自19世纪60年代以来，主导产业大致经历了多次重大的更迭，而主导产业每次重大的更迭，都使美国产业结构跃上了一个新的台阶。美国在1840年后的半个多世纪中，农业生产效率有了快速增长，1840~1900年，美国农业生产效率提高了44.1%，而同期经济最发达的英国只提高了28.5%，生产水平居世界第一。20世纪20~40年代，美国的经济主要是由机械工业带动的。但20世纪40~60年代，机械工业的优势地位，很快就让位于钢铁工业、汽车工业和建筑业，这三大主导产业，带动了美国化工工业、公路运输业和服务业等产业的发展，从而壮大了美国的经济。美国新一代的主导产业是信息产业，建立在信息产业基础之上的美国"新经济"，带领美国经济摆脱了长期的徘徊，取得了20世纪90年代以后10多年的稳步增长。

日本在第二次世界大战后曾经有过三次主导产业的变迁：第一次是电力工业，电力工业的发展，为重工业的发展奠定了扎实的基础；第二次是石油工业、石化工业、钢铁工业和造船工业，这些以原材料工业为主的重化工业的发展，为加工装配型工业的发展创造了良好的条件；第三次是一组高附加价值型的加工装配型工业，以汽车工业和家电工业为主要代表。这三次主导产业的有序更替，带动了日本产业结构的不断升级和经济的快速发展。20世纪80年代日本经济高速增长的势头受到了遏制。到了20世纪90年代，日本经济进入了低速徘徊的阶段，其中的原因可能是多方面的，但从产业结构的角度看，缺少一个能够有效替代汽车工业和家电制造业的主导产业，应该是一个重要的原因。

英国是世界上最早完成工业革命的国家，其工业的发展对全球工业化的进程产生过深远的影响。英国的工业革命是在1760~1840年完成的，期间纺织工业的主导作用不可忽视。自1733年发明了飞梭织布机以后，纺织工业的生产效率有了飞速提高。纺织工业的发展，又推动着以煤炭生产为主的能源工业和机械工业的发展。煤炭工业和机械工业的发展，又进一步促进了钢铁工业和铁路运输业的发展。1850年，英国在全世界工业总产值中占39%，在世界贸易总额中占21%。英国的工业化，就是在不同时期的主导产业有序的交替中完成的。直到20世纪50年代以后，英国经济在世界经济中的地位才开始不断下降。在英国工业化进程中，纺织工业、煤炭工业、钢铁工业和机械工业都曾经作为主导产业，充当过工业化的"领头羊"。

二、动态比较优势理论

比较优势理论是区域优势产业发展中的主要支持理论之一。对于如何实现一个地区的工业集群发展问题，许多经济学家长期地进行了理论探索，他们认为遵循比较优势是一种有效的产业发展战略。我国正处在参与全球化浪潮中，国际贸易与国际投资对区域产业结构的支配力量越来越大，开放经济中的动态比较优势理论已成为我国制定区域优势产业发展规划的重要依据。充分利用自身动态比较优势，遵循动态比较优势发展战略，是国际分工或区际分工的基础，是一个地区通过参与产业区域化和全球化，实现自身发展和利益最大化的基础。

（一）比较优势理论的形成与发展

长期以来，比较优势理论是解释贸易存在和贸易收益的主导理论。比较优势理论的发展经历从绝对优势到比较优势，从静态比较优势到动态比较优势，再到静态比较优势与动态比较优势的综合演化。显然，比较优势理论是在绝对成本理论的基础上发展起来的。李嘉图贸易模型以及 H-O 模型实质上是从资源禀赋差异的角度解释比较优势，把国家间先天赋予的生产条件差别作为贸易基础，强调先天因素对比较优势的影响，比较优势无法动态演变，这就是静态比较优势，其理论不仅在贸易理论发展方面，而且在对世界各国的产业发展方面起到了重要的指导作用，但是由于理论的广泛性和适用性，使其无法对当代国际贸易格局的变化做出令人满意的解释。更严重的是以传统的静态比较优势理论做指导，执行比较优势战略的发展中国家出现了贸易条件恶化和"贫困化增长"的现象，落入了"比较优势陷阱"。

一个国家是资本充裕国还是劳动充裕国并不是永恒不变的，而是随着经济的发展和相对贸易伙伴国发生动态变化。在"二战"后，日本凭借其丰富的廉价劳动力积极参与国际分工和贸易，通过发展外贸加工等劳动密集型产业实现资本积累。日本经济学家筱原三代平从动态的、长期的观点出发，把生产要素的供求关系、政府政策、各种可利用资源的引进、开放等因素综合到贸易理论中，从而将传统的比较优势理论动态化。他认为每个国家的经济发展过程都是一个动态过程，在这一过程中包括生产要素禀赋在内的一切经济因素都会发生变化，而生产要素变化的程度和速度在各个国家和地区之间会有很大差异，由此引起一国经济在世界经济中相对地位发生变化。

美国经济学家马拉萨在 20 世纪 80 年代初研究后发工业化国家或新兴

工业化国家的经济发展过程时，提出了比较优势转移的阶段理论，即国家的比较优势可以随其经济发展水平的改变而分阶段转移。当一国的比较优势发生变化之后，其产业结构和贸易结构也要随之改变。要素禀赋或者说要素充裕度的变化包括两个方面：内生变化和外生变化。要素的内生变化是指通过积累的再投资来实现要素充裕度的改变。要素的外生变化是指要素的国际流动带来的要素充裕度的改变，主要是资本要素的跨国流动。随着资本要素的国际流动，一国的要素充裕度会发生变化，并影响到产业结构。正是由于日本、东亚"四小龙"根据本国（地区）要素结构的变化，及时改变了以前与要素禀赋相违背的产业政策，使他们拥有了技术和资本的比较优势，才能够从落后的劳动力密集国家发展成为新兴工业化经济体，创造了极大的产业奇迹。

（二）比较优势的动态属性

要素结构不是一成不变的，区域以资源禀赋为基础的比较优势也具有动态特征。比较优势会随着要素结构的转变而改变，区域产业体系是否会沿着比较优势进行生产和交换决定了要素结构是否变化以及变化的速度。产业的动态比较优势强调后天因素对比较优势的影响，比较优势可以通过后天的专业化学习或通过技术创新与经验积累人为创造出来。它是由对生产方式和专业化水平的事后选择产生的。因此，要素结构和比较优势两者相辅相成，相互影响。

实现产业的比较优势是一个动态的过程。建立在资源禀赋与"优越知识"之上的比较优势是动态比较优势。动态比较优势理论强调的是规模报酬递增、不完全竞争、技术创新和经验积累，更强调比较优势的内生性和动态性。因而，比较优势可以动态变化，它是未来某一时点的比较优势，也就是转换中的比较优势。产业优势与比较利益结合才能产生良好的动态比较利益，一定时期产业替代是一个必然阶段，使优势产业发展能够实现动态增长优势。

根据要素结构的变化，占主体地位的比较优势产业会发生如下转变：以自然资源为基础的优势产业—以资本为基础的优势产业—以技术为基础的优势产业。第三种主导类型的比较优势产业是以先进技术为基础，在国际竞争中愈来愈占统治地位，代表的是当代优势产业的变动趋势，也是各国、各地区努力发展的产业方向。比较优势产业会从低级到高级，从单一化到多样化不断演进，这是比较优势产业演化发展的必然规律。但是，比较优势产业成因的变动趋势各不相同，演进的速度和过程也各有特点。

三、产业生命周期理论

产业生命周期是产业成长过程的一般规律。它是每个产业都要经历的一个由成长到衰退演变的全过程，也就是指从产业出现到完全退出社会经济活动所经历的过程。产业生命周期一般分为四个阶段：形成阶段、成长阶段、成熟阶段和衰退阶段。自从工业革命到现在，产业进程已经走过了200多年，一些长周期产业，全过程是一条被拉平的 S 型曲线。

设 x 为某产业在区域产业体系中的产出比重，t 为时间变量，r 为一大于零的比例系数，由此可建立产出比重的演化动力方程：

$$dx/dt = rx(1 - x) \tag{3-4}$$

解微分方程（3-4），得到：

$$x = \frac{1}{1 + Ce^{-rt}} \tag{3-5}$$

式中，C 为积分常数，x 的变化在平面坐标系中是一条逻辑曲线（见图 3-3）。

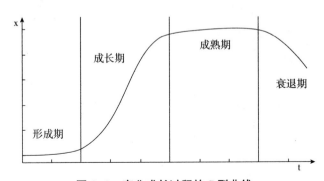

图 3-3　产业成长过程的 S 型曲线

对一个长周期产业来说，其成长过程可以分为四个阶段：

1. 产业的形成期

产业开始起步，在区域产业体系产出中的比重很小，有的产业发展得较快，有的产业却发展十分缓慢。因此，此阶段的产业生命周期曲线的形状也是各种各样。

2. 产业的成长期

当产业在整个区域产业系统中的比重迅速增加，该产业在产业结构中的地位日益提升。成长期产业的一个主要特征是产业发展速度远远超过了整个产业系统的平均发展速度，在此阶段的周期曲线斜率比较大，上升速度较快。

3. 产业的成熟期

当产业经过成长期的迅速增长阶段后，发展速度将会放慢，进入成熟期，产业在整个区域产业系统中的比重维持在较高的水平上，在生命周期曲线上的反映是曲线的变化变得平缓了。

4. 产业的衰退期

当出现替代产业或产业资源枯竭时，产业产能逐渐下降，在区域产业体系中的地位和作用逐步下降。衰退期产业在生命周期曲线具有不断下降的趋势，斜率为负数。

优势产业的形成和发展与产业的生命周期有着紧密的联系。产业也同世界上其他事物一样，有着自己形成、成长、发展和衰亡的过程，有着自己的生命周期。优势产业是其生命周期的特殊时期。任何一个优势产业都可以在生命周期上找到它的位置。凡是成长比较快、成熟期比较长、衰退期不明显的产业，都可以判断为优势产业。一般而言，优势产业处在产业生命周期的成长期和成熟期。

四、产业集群相关理论

随着产业集群的不断发展，学术界关于产业集群的理论也在不断发展和深化。目前，国内外关于产业集群的理论有很多，这里我们主要介绍五大经典理论——马歇尔的产业区理论、韦伯的集聚因素理论、佩鲁的增长极理论、波特的钻石理论、克鲁格曼的产业集聚理论。

（一）马歇尔的产业区理论

1920 年，马歇尔运用新古典经济学的方法对产业集群现象进行了系统的研究，他根据对 Sheffield 的刀具工业和 West Yorkshire 各种毛纺织区的观察，提出了"产业区"的概念，并指出产业集群是由于企业追求外部规模经济而产生的，同一产业的大量企业的地理集聚可以产生地方化的外部规模经济——地方化经济。首先，集聚能够产生地理接近的优势，降低运输和交易的成本，容易获得专业化的投入，如劳动力、服务和技术诀窍等。其次，集聚能够产生专业化经济，企业间的劳动分工使企业专业化于某一产品或某一特定的任务与工序，并向多种用户提供产品，因此，产业区可以从多样化经济中获得好处，能够以不同方式生产最终产品而不损失生产效率。同时，也能通过任务的专业化从规模经济中获得好处。最后，同一产业的区域专业化能够刺激外部经济和新的企业家精神的形成，将企业融入相互依赖的地方生产系统，并为其提供必要的市场机会。

（二）韦伯的集聚因素理论

工业区位经济学家韦伯在 1909 年出版的《工业区位论》一书中，把区位因素分为区域因素和集聚因素，探讨了产业集聚的因素，量化了集聚形成的规则。韦伯认为区位因子的合理组合使得企业成本和运费最小化，企业按照这样的思路就会将其场所放在生产和流通上最节省的地点。产业的空间集聚可以促进劳动力组织的专业化，产业集群可以规避中间商，节省交易成本，也就是说，随着企业在空间上的集聚，企业可以得到成本节省的好处，产业集聚可以共享道路、煤气、自来水等公共设施。

（三）佩鲁的增长极理论

1950 年，法国经济学家佩鲁（Perroux）提出增长极理论。该理论指出经济发展是不平衡的，首先出现一个增长极，然后通过向外扩散，对周围地区的经济产生影响，最终实现整个经济的发展。该理论的核心是要发挥主导产业的作用，通过关联和波及效应，以吸引资源最终在区域空间上产生集聚经济，从而推动区域经济的整体发展。

（四）波特的钻石理论

"钻石理论"又称"国家竞争优势钻石理论"，是由迈克尔·波特于1990 年在《国家竞争优势》一书中提到的，该理论是在"比较优势理论"的基础上提出的，该理论着重讨论了特定国家的企业在国际竞争中赢得优势地位的各种条件。他指出决定一国竞争优势的因素有很多，主要取决于生产要素、需求状况、相关产业、企业组织、战略与竞争度以及机遇和政府作用。然而其中生产要素、需求要素、相关和支持产业以及企业战略和组织结构是影响一国竞争优势较大、较直接的因素。

（五）克鲁格曼的产业集聚理论

1991 年，保罗·克鲁格曼指出企业和劳动力的集聚能够产生规模经济，使得企业的收益得到提升，获得更高的要素报酬，并且具有更强的竞争力；同时，他将空间因素考虑到其中，指出地理空间上的集中，能够为企业节约一大笔的运输费用，降低运输成本。将收益递增、不完全竞争和运输成本认为是决定产业集聚的三大基石。

第三节　城市化相关理论

一、城市化概述

（一）城市化的定义

城市化是对城市发展进程的概述，是社会发展的必然趋势。简单来讲，城市化就是农村人口向城市转移，使城镇人口规模扩大，在总人口中的比重不断上升；产业由传统的农业向工业和服务业转移，使第一产业在国民经济的比重减少，第二、第三产业在国民经济增长的比重不断增加的过程。具体来讲，城市化是农村人口向城镇的转移流动和集聚，城镇经济在国民经济中居主导地位，成为社会前进的主要基地，以及城市的经济关系和生活方式广泛地渗透到农村的一种持续发展的过程。随着城市化程度的提高，城市在社会经济发展中的作用会不断增大。城市化程度也是国家经济发达程度，特别是工业化水平高低的一个重要标志。

(二) 城市化的起因

城市是经济发展到一定阶段的产物，也是经济发展的必然结果。为什么会出现城市，而且城市的规模和数量在不断扩大、增多？究其原因，可以概括为以下几点：

1. 工业化的推进

工业化促进经济发展，经济发展到一定阶段，便出现了城市，工业化带动城市化，是城市化产生的内在动力机制。工业化的产生，需要更多的劳动力来完成生产产品的工作，从而使人口聚集到工业生产基地。由于人口的集聚，使更多的工业厂商选择集中在某处生产，形成工业园区，从而使更多的劳动力聚于此处，这样的良性循环，便形成了小型的城镇，推进城市化的发展。

2. 比较利益的驱动

亚当·斯密的"经济人理论"假说指出人都是以自身利益最大化为目标的。相比以农业为主的第一产业而言，第二、第三产业的利益比第一产业大得多。为了得到更多的利益，人们会将资本、劳动等生产要素向第二、第三产业转移。第二、第三产业要求劳动力和资本集中起来，劳动力和资本的集中，有利于城市的发展和扩大，是城市化的动力机制。

3. 农业剩余贡献

没有农业剩余就没有城市化，农业剩余是建设城市化的前提。农业剩余包括农村剩余劳动力、农产品的剩余和农业资本的剩余。自古以来，人类的温饱问题都是首先要解决的问题，因此农业生产是第一要务。随着人类进步、经济发展及生产水平的提高，产生了剩余劳动力，农村剩余劳动力的产生是城市化形成的必要条件。同时，农产品的剩余是城市人口生活资料的来源，剩余的农业资本可以进行城市化建设的投资。

4. 制度变迁促进

制度的变迁有利于经济发展，提高生产效率，从而产生更多的农业剩余，促进非农产业的发展，特别是工业化的发展，同时使资源得到合理的配置，提高生产要素的使用效率，满足城镇人口日常生活需要。

(三) 城市化的作用

城市化是社会经济发展的必然结果，是衡量一个国家或地区经济发展水平的重要指标。城市化具有哪些方面的作用呢？

首先，城市化能够缩小城乡差距，在一定程度上解决二元结构问题。城市的发展需要大量的劳动力，而且城市的收入水平普遍比农村高，同时，农村存在着很多的剩余劳动力，因此，农村的部分人口会选择到城市打工挣钱，获得比在农村更高的收入。城市化增加了农民的收入，缩小了城乡差距，有助于促进社会和谐发展，缓解二元结构矛盾。

其次，城市化有利于实现产业结构调整，转变经济增长方式，提高生产质量。城市化的过程是社会生产方式的转变过程，也就是产业结构的调整过程，从第一产业向第二、第三产业调整。城市能够产生聚集效应，是经济、政治、科技和文化的中心，城市化有利于实现集中化、专业化的生产，形成产业竞争力。随着城市化水平的提高，第二、第三产业的比重会上升，大力发展非农产业能够实现经济的快速增长，提高农业和非农产品生产质量。

最后，城市化最重要也是最根本的作用就是促进经济增长，提高人们的生活质量水平。城市化能够增强一个国家或地区的综合竞争力，城市化水平高的国家或地区，如美国、北京和上海，经济发展水平也高。反过来，由于这些地区的经济比较发达，具有较好的硬件和软件设施，能够吸引更多人集聚于此，使城市化水平提高。城市化与经济增长相互促进，最终实现经济快速发展。

(四) 城市化进程

不同国家的城市化进程是不一样的，发达国家的城市化源于18世纪60年代的工业革命，由于经济发展水平和工业化水平的不一样，使各个发达国家的城市化阶段存在不同。发展中国家的城市化起步较晚，自 20 世纪 50 年代起，发展中国家的城市化步伐才不断加快。同发达国家一样，不同的发展中国家的城市化进程是有差异的。以中国为例，1949~1977 年，中国的城市化发展比较缓慢，1978 年以后，中国实施了改革开放的政策，将发展经济作为今后一段时间的工作重点，中国城市化得到了快速发展。自改革开放以来，中国城市化可以分为以下四个阶段：

第一阶段是 1978~1984 年，党的十一届三中全会确定了把工作重点转移到经济发展上来，中国城市化进入到发展恢复阶段。在此期间，城市化较改革开放以前，得到了快速的发展，城市化率由 1978 年的 17.92% 上升到 1984 年的 23.01%，年均增长 0.85 个百分点。

第二阶段是 1985~1992 年，城市体制的改革对城市化发展起着重要促进作用，城市化进入到平稳发展阶段。在此期间，国家建立了深圳经济特区，同时开放了天津、上海、广州等 14 个沿海城市，极大地推动了我国城市化的发展。

第三阶段是 1993~2003 年，市场化体制改革、建设小城镇和城市化建设是城市化发展的动力，城市化进入全面加速发展阶段。城市化率由 1993 年的 27.99% 上升到 2003 年的 40.53%，年均增长 1.254 个百分点。

第四阶段是 2004 年至今，党的十六届三中全会提出了统筹城乡发展、统筹区域发展的科学发展观，城市化发展进入统筹城乡发展阶段。城市化率由 2004 年的 41.76% 上升到 2013 年的 53.73%，年均增长 1.33 个百分点。

根据诺萨姆对城市化发展阶段的划分：当城市化率低于 30% 时，为城市化发展的起步阶段；城市化率处于 30%~70% 时为加速阶段；当城市化率达到 70%~80% 时，城市化率将不会再继续上升，这一时期被叫作成熟阶段。目前，中国城市化正处于加速阶段。

二、城市化的基础理论

（一）区位理论

1. 农业区位论

冯·杜能于 1826 年出版的《孤立国》是区位理论发展的正式开端。

《孤立国》构建了简化的理想空间，在这个空间里有一个位于中央的和外界完全隔绝的城市，城市同时也是市场所在地。城市之外是乡村，用于向城市提供产品，不同的农产品有不同的产量、生产成本和运费；根据距离城市的远近，地租也有所不同。由于土地使用具有排他性，用于特定农产品的土地无法再用于其他农产品，从而影响了其他农产品的成本，这使得决定农产品生产地理位置的不仅是农产品本身，还有其他农产品的间接影响。冯·杜能通过此模型探索土地分配的方式，在均衡状态下，农民之间的竞争会在城市周围产生多个同心环状带，每个环状带都对应考虑成本收益后的最佳农业生产类型。冯·杜能的典型结论是，保存期限短、重量轻的农产品距离城市最近，其次是较重的农产品，再次是谷物，最后是牧场。

2. 工业区位论

工业区位论研究工厂和企业的区位选择。现代工业区位论的创建者是韦伯，他于 1909 年发表《工业区位论》，奠定了工业区位论的基础。通过严密的演绎推理，韦伯将那些决定工业区位结构的要素融合到理论中，称之为区位因子。影响工业区位选址的区位因子可以分为两类，一类是工业生产普遍都有的成本，如运输成本和劳动力成本；另一类是特定工业才有的成本，如温度。韦伯的区位选择模型通常有三个阶段：寻找最小运输成本，确定基本位置；考虑劳动力成本，做进一步调整；在前两者决定的区位格局下进行集聚或分散移动。三个阶段中，运输成本是决定性因素，其他两阶段只会进行小幅度的调整。弗特尔（Fetter）、俄林（Ohlin）等学者继续发展了工业区位理论，补充完善了韦伯的理论的不足之处，他们的理论和韦伯的工业区位论一样都属于微观工业区位理论。廖施（Losch）、普雷德等从宏观角度出发，将 GDP、失业与通货膨胀等总量因素纳入理论，逐渐形成动态的工业区位论。

3. 中心地理论

随着经济的发展，城市成为经济最重要的增长引擎，而 W. Christaller 于 1933 年提出的中心地理论正是研究城市分布规律的理论。中心地理论提出了需求门槛值（Threshold）和服务范围（Range）两个概念。前者指形成市场所需的最低要求（如人口和收入），后者指消费者为了获得商品所愿意付出的最大距离成本。在均质平面和理性经济人等一系列简化模型的假设下，中心地理论认为，中心地呈六角形分布，中心地等级高低决定了能提供多少数量和种类的商品和服务，而相对高级的商品和服务只能由高等级中心地提供；多个中等和低等中心地围绕一个高等级中心地，每个中心地和其相邻的所有同等级中心地之间应该有相同的距离；最高等级的中心地没有数量限制，但所有低等级中心地都要和高等级中心地保持固定的数量关系，这些因素共同形成了城市体系结构。除了城市规划，中心地理论还可用于商业布局等其他方面，是城市地理学、区域经济学等学科的理论基础之一。

（二）经济增长与城市化相互作用机制

1. 城市化促进经济增长理论

前面已经讲到城市化能够促进经济增长，可以用非均衡增长理论、内生增长理论和新兴古典经济增长理论来解释。

（1）非均衡增长理论

非均衡理论实质是城市能够带动区域经济发展的理论。由众多学者提出，主要代表人物有弗朗索瓦·佩鲁、布代维尔、盖尔、赫希曼以及约翰·弗里德曼等。

佩鲁（Francqis Perroux）在 1955 年首次提出了增长极理论，他指出增长极是由主导部门和有创新能力的企业在某些地区或大城市聚集而形成的经济活动中心，增长极不仅能迅速增长，而且能通过乘数效应推动其他部门的增长。城市在区域发展中很像增长极，能够产生吸引或辐射作用，不仅能促进城市自身的经济增长，还能带动周边地区的经济增长。因此，增长是以不同强度首先出现在一些增长点或增长极上，这些增长点或增长极通过不同的渠道向外扩散，对整个经济产生不同的最终影响。

布代维尔（J. B. Boudeville）认为增长极是在城市区域不断扩大的基础上形成的工业综合体，这个综合体不仅能够促进自身发展，还会对周边地区的经济增长产生积极的影响。增长极来源于经济空间上的推动和地理空间的集聚双重作用。

盖尔的扩散—回流过程，即影响发展的空间再组织的过程。当产生的空间影响是绝对发展水平正增长时，便产生了扩散效应，反之产生回流效应。

赫希曼（Hirschman）1958 年出版的《经济发展战略》一书中提出了"非均衡增长"理论，他认为要实现均衡增长是不可能的，经济增长过程中必然存在地区经济增长不平衡的现象，有些地区增长快，有些地区增长较慢，但是最终将实现均衡增长。

20 世纪 60 年代，约翰·弗里德曼（John Friedmann）提出了核心—外围理论。他认为经济发展初期，大部分人力资本和物质资源都集中于一个核心地，随着经济发展，相关资源会逐渐向周边（外围）地区分散，最后，周边地区也被纳入了整个核心区，外围区逐渐变小，甚至消失。

增长极理论说明了城市在经济发展中的作用，能够从地埋位置和经济空间解释城市化的起源，得到很多专家的认可，也是政府部门区域发展战略和城市化发展战略的理论依据。

（2）内生增长理论

经济增长由内生变量决定的理论称为内生经济理论。主要代表人物有阿罗、罗默、卢卡斯等。阿罗的"干中学"模型，将技术进步作为内生变量引入模型中，将经济的长期增长归结于知识生产函数的规模报酬、人口增长率和储蓄等因素。他强调人们在生产产品的过程中要不断地思考、探索和改进生产方法，这一过程是学习的过程，也是积累知识的过程，知识的积累是生产过程中的副产品。因此，知识存量是资本存量的函数。罗默构建了一个用收益递增、知识外溢来解释经济增长的模型，强调内生的技术进步是经济增长的唯一源泉。将资本、劳动、技术和人力资本作为解释变量，经济活动由三个部门来完成：最终产品生产部门、中间产品生产部门和研究产品部门。最终产品是劳动力、物质资本和生产最终产品的人力资本的函数，中间产品生产部门主要是对资本品进行生产，研究部门投入的是人力资本和已有的知识存量，产出的是新的技术。该模型系统地分析了人力资本和技术对经济增长的贡献。卢卡斯的人力资本溢出模型，将人力资本作为内生变量纳入模型中，揭示了人力资本是经济保持持续增长的决定性因素，并指出人力资本具有内在效应和外在效应。内在效应是指人力资本只对自身的劳动生产率有影响。然而外在效应则相反，是对其他人的劳动生产率产生影响，城市集中了众多的人口、资本等生产要素，有利于技术创新、知识外溢，从而推动经济增长和发展。这就把城市与内生经济增长理论联系起来。

（3）新兴古典经济增长理论

新兴古典经济增长理论从分工和专业化的角度来研究经济增长与城市化关系。城市的产生源于社会分工，并且城市发展有利于使分工进一步明确，同时形成专业化，降低交易成本，促使经济增长。该理论从交易过程中发生的交易成本出发，如果每个交易对象处于固定的交易位置，并且一直保持不变，交易地点为发生交易活动的每两个交易者的中点，那么随着分工水平的不断提高，交易网络也会随之扩大，从而使交易成本不断上升。当所有交易者都集中到一个统一地点进行交易时，则交易费用将根据交易距离总长度的缩减而降低，并使交易效率得到明显的提高。城市是人口和产业集中地区，在城市进行交易有利于降低交易成本，提高交易效率，从而推动经济快速增长。

2. 经济增长与城市化内在作用机制

（1）城市化对经济增长的作用

城市化水平的提高能够带来人力资本的积累、有利于开发新的科学技术、促进劳动分工的深化、实现信息和公共设施共享等，这些能够节约生产成本，提高生产效率，进而促进经济增长（见图3-4）。

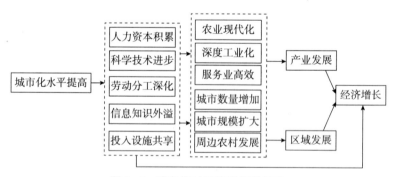

图3-4　城市化对经济增长的影响

具体表现在以下几个方面：

首先，城市化的进程有利于实现农业现代化。随着城市化水平的提高，产业经济的发展，生活物品的完善，需要更多的劳动力从事第二、三产业。更多农村劳动力被吸引到城市，使从事农业的劳动力越来越少，让土地更加集中,有利于实现农业的规模生产。同时,城镇人口的增加,人才的集中,有利于产生新的技术,新技术也提升了农业部门的生产效率,从而提高农业现代化的水平。

其次,工业化是城市产生的重要驱动力,反过来城市化的发展也为工业产品提供了更广阔的天地。随着城市人口数量规模的扩大、城镇人均收入的增加、生活水平的提高,人们对工业品的需求量也越来越多,进而促进工业化的进一步发展。

再次,城市化的发展,需要第三产业的参与。随着城市化的发展,以服务业为主的第三产业的规模越来越大,增加了经济产量,提高了人们的收入水平,激励了人们生活多元化的需求——除了为了生存而进行的工作外,他们还会对旅游、文化及其他娱乐活动感兴趣,以此来丰富他们的生活。

最后,城市化还能够更好地促进区域经济的发展。城市化使区域城市的人口数量增加、城市规模扩大、提高了人口城市化率,城市人口对商品的需求增加从而促进经济增长。同时,城市化还会对周边的郊区及周边农村产生扩散效应,从而有利于促进郊区和农村的发展。

(2)经济增长对城市化的作用

城市化能够推动经济快速增长,经济增长和发展也会对城市化产生积极的影响(见图3-5)。主要体现在以下几个方面:

经济发展是城市化产生的根本动力。城市起源地大都是农业比较发达的地区。由于这些地区发达的农业生产力,使得产生大量的农业剩余,从而人们将要为农业剩余寻找出路,以获得更多的产出。于是,将目光投向非农产业,非农产业得到快速发展,给人们带来了更多的财富,并产生新的技术扩散到农业部门,提高农业的生产效率。工业的产生需要大量的劳动力,而从事农业的人员越来越少,在这种条件下,实现合理规划、规模经营是最佳的选择,有利于经济的快速增长,也是城市化产生的前提。

合理规划经济发展的规模和结构,有利于优化产业结构,促进城市化发展。根据各个城市的经济发展和自身条件,对发展路线进行合理规划和布局,发展优势产业,并对产业结构进行优化,使不同产业之间以及产业内部不同部门之间更加协调，促进经济增长，从而使城市化的水平不断提高。

土地是人类生存之基本。城市的发展，必然建立在土地的基础之上，而土地是非常稀缺的自然资源。伴随着越来越多城市的建立，城市化人口比重的不断上升，对土地的需求量增加。因此，合理利用土地资源，提高土地的利用效率，是城市化长远、持续、健康发展的前提。城市的经济发展，必然是对城市土地资源经济效益不断开发的结果，不断改进城市土地的利用方式和质量，从而提高土地的使用效率。

高质量的经济发展水平，更加注重生态环境的保护，需做到经济发展、生态环境和人类协调的、持续的发展。城市的经济发展必须走可持续发展道路，追求人与自然协调发展，保护生态环境。当经济发展到一定阶段时，人们会更加注重生态环境的保护，通过对周围生态系统进行改进、优化，充分发挥城市增长极的作用，提高城市化的质量。

经济增长能够带来周边郊区和农村的发展，为开发城市周边的小城镇，提供了有利的条件。加快周边小城镇的建设，有利于扩大城市化规模，使城市人口增加，城市化水平提高。

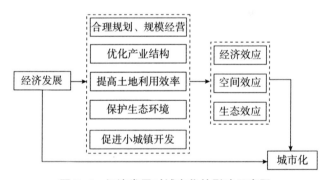

图 3-5　经济发展对城市化的影响示意图

3. 经济增长与城市化的内在关系

城市化通过促进产业和区域的发展来提高经济产量，实现经济增长；经济发展能够产生经济、空间和生态效应，这些效应能够加快城市化的进程。经济增长与城市化相互促进、相互影响。经济增长与城市化存在着长期均衡关系，经济增长需要与之匹配的城市化水平，如果不匹配则发生城市化不足或过度。城市化不足导致经济增长率低，地区发展缓慢落后。

第四节　能源约束相关理论

约束理论是由以色列物理学家、企业管理顾问 Eliyahu M. Goldratt 博士建立起来的企业管理理论，是以他创建的优化生产技术为基础发展起来的理论。该理论的基本理念是：并不是系统中的所有资源都会限制系统实现企业目标，其中仅存在一些"瓶颈"资源才是制约目标实现的关键；每一个企业必然都存在一个约束，也叫作"瓶颈"，制约着企业的有效产出，所以如果一个企业要提高生产效率，就必须首先找出这些作为"瓶颈"的约束因素，最大化利用该约束资源，提高该资源的利用率，并尝试打破这个约束和瓶颈；因为在系统中，每一件事情都不是孤立存在的，一个组织的行为会因为自身或外界的某些动作从而引起组织进一步发生变化，虽然有很多互相联系的影响因素，但是总会存在一个最重要的约束，找出这个关键的点，并找出相应的解决方案，可以起到事半功倍的效果；当这个或这些关键的约束点被打破以后，企业又可能会面临着更多新的约束，如此过程不断重复，同时系统不断改进自身。根据约束理论，每一个系统都会存在一个或者多个约束，如果没有约束，系统的产出将是无限的。然而，在现实中，任何一个系统都不可能无限制地产出，包括经济增长。也就是说，经济增长同样会受到资源环境的约束。

作为国民经济系统的一个子系统，能源系统与经济社会发展、自然环境、科技发展等有着极其密切的关系，它将满足经济社会发展需要作为目标，既是国民经济系统运行的产物，又为国民经济系统发展提供动力。

一、能源对经济增长的作用

能源是人类文明的希望之光，是经济社会向前发展最基本的物质基础与动力来源。在大规模的工业化开始之前，能源作为成本微不足道的一部分，甚至不知道节约和能效的概念以及意义，也根本不用去节约使用能源和提升能源使用效率。因为在那个时代，尽管知道能源绝大部分是不可再生资源，但有限和微小的能源需求放大了能源的丰富程度：矿藏丰富，取之不尽，用之不竭。但自18世纪工业革命开始，人类进入以开发廉价化石能源和工业技术装备为特征的蒸汽时代和电力时代，煤炭则成为继柴薪之后第二代主体能源；进入20世纪以后，由于利用了电并发明了主要使用石油和汽油的内燃机，动力工业进行彻底改革，石油在工业化进程中逐步取代了煤炭，成为第三代主体能源，人类全面进入现代文明时期；21世纪，随着能源问题和环境污染问题日益凸显和严重，可持续发展概念备受重视，绿色能源成为未来社会发展的动力被放在更重要的位置，人与自然将和谐共处。

能源促进技术不断进步，提高劳动生产率。资源本身具有稀缺性，大部分能源是不可再生的，随着人类社会几千年的发展，资源利用越来越多，现有的能源总量一直在不断减少，这种情况促使人类不断提高能源的利用率，促进科学技术持续进步。人类需要更多的能源来满足需求，因此对能源勘探和开发的技术需要不断创新；但现有能源总量是有限的，因此提高能源利用效率的技术日新月异；能源使用同时不断产生废弃物造成环境污染，因此治理环境污染的技术也不断提高；能源稀缺性还促使人们提高劳动生产率，从而促进经济增长和发展。

二、能源对经济增长的约束

能源消耗所形成的能源问题造成的经济损失，影响人类社会和经济的可持续发展。即使在不考虑过度使用和浪费的情况下，经济活动自身也会对原有的生态系统产生坏的影响。只要有消耗能源的情况，就会有废弃物产生，就会造成环境污染。对这些废弃物的处理与对环境的维护，必然会产生一定的成本，而且这个成本随着近些年经济的快速发展在急速提高，造成较高的环境成本。实际上，能源的消耗一直产生并伴随着一系列的环境问题，像不断被提及的温室效应致使全球变暖、海平面升高；北京的雾霾天气对人们造成的身体损害等。这些问题不只会造成经济损失，而且还一直影响经济增长，甚至影响整个人类的可持续发展。

　　能源价格的波动很容易造成经济波动，威胁经济安全。经济的发展离不开能源的消耗，因此能源的价格波动会波及经济的各个行业和部门，可以说，能源的价格波动对国民经济产生全局性的影响。20 世纪 70 年代的三次石油危机和不断上涨的石油价格，让人们清晰地意识到了这一点。对于资源困乏、过度依赖进口的能源消费国来说，这可能是灾难性的破坏，而且过高的能源价格容易诱发成本推动型通货膨胀，恶化贸易环境，失业率提高，导致经济滞胀甚至衰退，影响整个国家乃至世界经济环境。如果国际油价每桶提高 5 美元，会导致欧美等主要工业国经济增长率下降 0.2%，使亚洲国家经济增长率下降 0.5%。

　　能源问题也可能会破坏世界经济发展的和平环境。从图 3-6 中不难看出，能源问题加剧、价格突高的时候往往伴随着军事冲突和战争问题。因此可以说，能源问题威胁着世界的和平和安全。

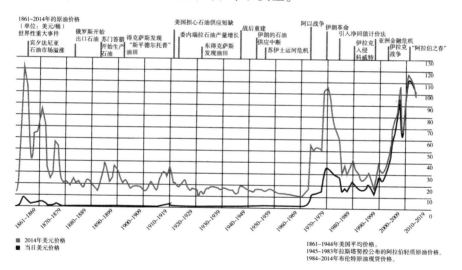

图 3-6　1861~2014 年世界性事件与原油价格波动

资料来源：《BP 世界能源统计年鉴》（2015）。

第四章

云南经济增长的微观时空新动力

经济增长是各国政府和学者追求的永恒目标，因此，研究经济增长的影响因素和决定机制，探讨经济增长的方法和手段，对经济增长的发展具有十分重要的理论和现实意义。本章将从微观视角来分析经济新常态下云南经济发展新动力。这里我们以云南省129个县域作为分析云南发展微观动力的样本，以此来对云南经济发展微观动力展开研究。

第一节　数据来源及特征事实

一、数据来源

为了分析云南经济增长的微观动力，这里以2012～2016年云南129个县域为样本。从劳动、资本、产业结构、财政收支、贫困化和外资方面来分析对经济增长的影响。鉴于数据的可得性，经济增长用地区生产总值来衡量；劳动用地区人口数来衡量；资本利用地区固定资产投资来衡量；产业结构运用第一产业增加值占地区生产总值比来衡量；财政收支利用财政支出–财政收入来衡量，对于大多数地区而言，其地区的财政支出大于其财政收入，用财政支出–财政收入会使财政收支的值大于0，便于模型的估计和回归；贫困化利用贫困人口占总人口的比例即贫困发生率来衡量；外资以地区吸引外资的金额来衡量。上述这些变量数据均来自2012～2016年《云南领导干部手册》。

为了消除异方差和保持数据的一致性，这里对地区生产总值、人口、固定资产投资和外资取对数，分别用 LnGDP、LnP、LnCG 和 LnWZ 表示；而第一产业占地区总产值的比、贫困发生率都是用百分比表示，记作 GDP1、PK；关于财政收支，由于存在正负，所以直接用差值表示，记为 CZ。

二、特征事实

（一）描述性统计分析

利用 2012~2016 年云南 129 个县域相关变量数据，对其进行描述性统计分析，结果见表 4-1。

根据表 4-1 各个变量的描述性统计分析结果可知，产业结构（$GPP1_{it}$）、财政收支（CZ_{it}）和贫困发生率（PK_{it}）的标准差都很大，说明这些变量的波动性较大。其中，产业结构即第一产业占地区总产值的比重最小的是 2016 年昆明五华区为 0.21%，最大值为 2013 年镇沅县，分析原因，一是随着时间的推移，产业结构的调整，第一产业产值占总产值的比重在下降；二是不同县域之间的产业结构的差异，偏远地区仍然以第一产业为主，使得其比重较高。财政收支标准差大的主要原因是由于存在负值，没有对其取对数，使得最大值与最小值之差（离差值）较大。贫困发生率标准差大的原因主要是由于近年来扶贫工作的开展，使得很多地区实现了脱贫，这表明扶贫工作是解决贫困的有效手段。根据各个变量的 JB 值可知：$LnGDP_{it}$，LnP_{it}，$LnCG_{it}$，$GPP1_{it}$，CZ_{it}，PK_{it} 和 $LnWZ_{it}$ 的 JB 值都大于 5% 显著水平临界值（5.9231），说明地区经济增长、劳动、固定资产投资、产业结构、财政收支、贫困发生率和外资相关变量都应该拒绝服从正态分布的原假设，即这些变量都为非正态分布。

表 4-1　变量的描述性统计分析

变量	均值	最大值	最小值	标准差	偏度	峰度	JB 值	样本量
$LnGDP_{it}$	4.1633	6.91	1.67	0.8628	0.5547	3.8737	53.5958	645
LnP_{it}	3.4242	4.94	1.34	0.5971	−0.1998	3.5827	13.4164	645

续表

变量	均值	最大值	最小值	标准差	偏度	峰度	JB 值	样本量
$LnCG_{it}$	4.0116	6.65	1.45	0.9392	0.1563	2.9919	6.6294	645
$GDP1_{it}$	23.8197	46.13	0.21	10.7091	-0.3370	2.5281	18.1921	645
CZ_{it}	15.72	66.62	-3.54	8.5165	1.7499	8.8871	1260.611	645
PK_{it}	13.8078	84.19	0.00	14.452	1.3975	5.1268	331.5081	645
$LnWZ_{it}$	3.2955	5.2810	0.0677	0.8548	-0.5761	3.4305	40.6544	645

(二) 相关性分析

利用相关数据，计算各变量间的相关系数，对其相关性进行分析。

根据表4-2中各个变量间的相关系数可知，各个变量的相关程度都在 0.9 以下，说明变量间不存在严重的共线性问题。具体来讲：$LnGDP_{it}$ 与 LnP_{it}，$LnCG_{it}$ 和 $LnWZ_{it}$ 呈显著正相关关系，$LnGDP_{it}$ 与 GDP_{it}，CZ_{it} 和 PK_{it} 呈显著负相关关系。

表4-2　变量的相关系数

变量	$LnGDP_{it}$	LnP_{it}	$LnCG_{it}$	$GDP1_{it}$	CZ_{it}	PK_{it}	$LnWZ_{it}$
$LnGDP_{it}$	1						
LnP_{it}	0.7485 (0.0000)	1					
$LnCG_{it}$	0.8232 (0.0000)	0.6087 (0.0000)	1				
$GDP1_{it}$	-0.5439 (0.0000)	-0.1283 (0.0011)	-0.5508 (0.0000)	1			
CZ_{it}	-0.6137 (0.0038)	-0.4567 (0.0000)	-0.1935 (0.0000)	0.1769 (0.0000)	1		

续表

变量	$LnGDP_{it}$	LnP_{it}	$LnCG_{it}$	$GDP1_{it}$	CZ_{it}	PK_{it}	$LnWZ_{it}$
PK_{it}	-0.5352 (0.0000)	-0.2712 (0.0000)	-0.4776 (0.0000)	0.2247 (0.00000)	0.0223 (0.5727)	1	
$LnWZ_{it}$	0.6148 (0.0000)	0.4138 (0.0000)	0.7146 (0.0000)	-0.4028 (0.0000)	-0.2029 (0.0000)	-0.5099 (0.0000)	1

第二节 模型与研究方法

一、面板模型的形式

面板数据（Panel Data）也称平行数据、时间序列截面数据（Time Series and Cross Section Data）或混合数据（Pool Data），是指在时间序列上取多个截面，在这些截面上同时选取样本观测值所构成的样本数据。面板数据从横截面上看是由若干个体在某一时刻构成的截面观测值，从纵剖面上看是一个时间序列。面板数据是同时包含截面和时间双维度的数据，面板数据模型是利用面板数据构建的计量经济学模型。

设 Y_{it} 为被解释变量在截面 i 和时间 t 上的值，X_{jit} 为第 j 个解释变量在截面 i 和时间 t 上的值，μ_{it} 为截面 i 和时间 t 上的随机误差项，β_{ji} 为第 i 截面上第 j 个解释变量的回归系数，α_i 为常数项，其中 i 为截面个体，表明常数项会受截面个体的影响。则面板模型的一般表达式为：

$$Y_{it} = \alpha_i + \beta_i X_{it} + \mu_{it} \ (i = 1, 2, \cdots, N; t = 1, 2, \cdots, T) \quad (4-1)$$

式中，被解释变量 Y_{it} 表示第 i 个横截面在 t 时刻的数值，α_i 为截距项，β_i 为回归系数，解释变量 X_{it} 表示第 i 个横截面在 t 时刻的数值，随机误差项 μ_{it} 满足零均值、同方差和随机误差项不相关的经典假设。

面板模型可以分为三大类：混合模型、固定效应模型和随机效应模型。

1. 混合模型

$$Y_{it} = \alpha + \beta X_{it} + u_{it} \quad (i = 1, 2, \cdots, N; t = 1, 2, \cdots, T) \quad (4-2)$$

式（4-2）为混合模型，从式（4-2）中可以看出混合模型的回归系数不受截面个体和时间的影响。

2. 固定效应模型

固定效应模型就是利用反映个体特征或时间特征的虚拟变量来分析模型中未观测的特定因素对被解释变量影响的模型。固定效应模型可以细分为三种：个体固定效应模型、时点固定效应模型和个体时点双固定效应模型。

（1）个体固定效应模型

$$Y_{it} = c + \alpha_i + \beta_i X_{it} + u_{it} \quad (i = 1, 2, \cdots, N; t = 1, 2, \cdots, T) \quad (4-3)$$

式中，c 为常数项，不受截面个体的影响；α_i 为截距项，表示第 i 个体回归的截距项，α_i 与 X_{it} 有关，随着不同个体的变化，α_i 的值不同。当 $\beta_i = \beta_j$ 时，式（4-3）为变截距个体固定效应模型；当 $\beta_i \neq \beta_j$ 时，式（4-3）为变系数个体固定效应模型。虽然个体固定效应模型能够反映出截面个体之间的差异，但不能反映不同时间点之间的差异。

（2）时点固定效应模型

$$Y_{it} = c + \gamma_t + \beta_i X_{it} + u_{it} \quad (i = 1, 2, \cdots, N; t = 1, 2, \cdots, T) \quad (4-4)$$

式中，c 为常数项，不受时间点的影响；γ_t 为截距项，表示对于 t 时间点有 t 个不同的截距项，并且 γ_t 的变化与 X_{it} 有关。当 $\beta_i = \beta_j$ 时，式（4-4）为变截距时点固定效应模型；当 $\beta_i \neq \beta_j$ 时，式（4-4）为变系数时点固定效应模型。时点固定效应模型能够反映出不同时间点之间的差异，但不能反映不同个体截面的差异。

（3）个体时点双固定效应模型

$$Y_{it} = c + \alpha_i + \gamma_t + \beta_i X_{it} + u_{it} \quad (i = 1, 2, \cdots, N; t = 1, 2, \cdots, T)$$

$$(4-5)$$

式中，c 为常数项，不受截面个体和时间点的影响。α_i 表示不同个体的回归截距项的值，截面个体不一样，α_i 的值不同；γ_t 表示不同时点的截距项，时点不一样，γ_t 的值不同。当 $\beta_i = \beta_j$ 时，式（4-5）为变截距个体时点双固定效应模型；当 $\beta_i \neq \beta_j$ 时，式（4-5）为变系数个体时点双固定效应模型。个体时点双固定效应模型能够同时反映出不同横截面个体和时间点之间的差异。

3. 随机效应模型

随机效应模型是指加入了未观测到的个体随机或时间随机因素对被解释变量影响的模型。随机效应模型有三类：个体随机效应模型、时点随机效应模型和个体时点双随机效应模型。

$$Y_{it} = c + \beta_i X_{it} + u_{it} + v_i \ (i = 1, 2, \cdots, N; \ t = 1, 2, \cdots, T)$$
$$(4-6)$$

$$Y_{it} = c + \beta_i X_{it} + u_{it} + w_t \ (i = 1, 2, \cdots, N; \ t = 1, 2, \cdots, T)$$
$$(4-7)$$

$$Y_{it} = c + \beta_i X_{it} + u_{it} + v_i + w_t \ (i = 1, 2, \cdots, N; \ t = 1, 2, \cdots, T)$$
$$(4-8)$$

式（4-6）至式（4-8）中，u_{it} 为随机误差项；v_i 为个体随机误差项，表示受不同截面个体影响的随机误差项；w_t 为时间随机误差项，表示受不同时点影响的随机误差项。其中 u_{it} 满足零均值、同方差和随机误差项不相关，且 u_{it}、v_i 和 w_t 两两之间不相关。式（4-6）为个体随机效应模型，式（4-7）为时点随机效应模型，式（4-8）为个体时点双随机效应模型。

二、研究方法

由于面板模型包括三大类，在实际研究中到底应该选用哪种形式的模型，这需要对其进行检验，以确定模型的形式。常用的检验方法有 F 检验和 Huasman 检验。

1. F 检验

F 检验是针对混合模型和固定效应模型进行检验。F 检验的原假设为：$\alpha_i = \alpha$，即模型的截距项相同；F 检验的备择假设为：$\alpha_i \neq \alpha_j (i \neq j)$，即不同个体的截距项的值不同。构建 F 统计量：

$$F = \frac{\dfrac{RSS_r - RSS_u}{(NT - 1 - k) - (NT - N - k)}}{\dfrac{RSS_u}{NT - N - k}} = \frac{\dfrac{RSS_r - RSS_u}{N - 1}}{\dfrac{RSS_u}{NT - N - k}} \qquad (4-9)$$

式中，RSS_r 为约束模型的残差平方和，即混合模型的残差平方和；RSS_u 为无约束模型的残差平方和，即固定效应模型的残差平方和。其中，N 为横截面个数，T 为时间维度，k 为模型中解释变量的个数。

如果 F 统计量的值大于显著水平临界值，则拒绝原假设，应该建立固定效应模型；如果 F 统计量的值小于显著水平临界值，则接受原假设，建立混合模型。

2. Hausman 检验

豪斯曼检验是针对固定效应模型和随机效应模型进行检验。豪斯曼检验的原假设：应该建立随机效应模型；豪斯曼检验的备择假设：应该建立固定效应模型。通过构建豪斯曼统计量，来对假设进行判定。

$$H = (\hat{\psi} - \tilde{\psi})' [Var(\hat{\psi}) - Var(\tilde{\psi})]^{-1} (\hat{\psi} - \tilde{\psi}) \qquad (4-10)$$

式中，$\hat{\psi}$ 为固定效应模型的参数估计，$\tilde{\psi}$ 为随机效应模型的参数估计，在原假设成立的情况下，H 服从自由度为 1 的 χ^2 分布。因此，当 H 统计量的值大于给定显著水平下 $\chi^2(1)$ 值，则应该拒绝原假设，应该建立固定效应模型；当 H 统计量的值小于给定显著水平下 $\chi^2(1)$ 值，则应该接受原假设，应该建立随机效应模型。

三、时空动力模型设定

以面板模型的一般形式，建立云南地区经济增长的微观动力面板模型：

$$LnGDP_{it} = \alpha_i + \beta_1 LnP_{it} + \beta_2 LnCG_{it} + \beta_3 GDP1_{it} + \beta_4 CZ_{it} +$$
$$\beta_5 PK_{it} + \beta_6 LnWZ_{it} + u_{it} \qquad (4-11)$$

式中，$LnGDP_{it}$ 为 i 地区 t 时刻地区生产总值的对数，α_i 为 i 地区经济增长微观动力的截距项，LnP_{it} 为 i 地区 t 时刻的地区人口总数对数，$LnCG_{it}$ 为 i 地区 t 时刻的地区固定资产投资的对数，GDP_{it} 为 i 地区 t 时刻的地区第一产业占总产值的比重，CZ_{it} 为 i 地区 t 时刻的财政收支，PK_{it} 为 i 地区 t 时刻的贫困发生率，$LnWZ_{it}$ 为 i 地区 t 时刻的吸引外资的对数。$\beta_1 \sim \beta_6$ 为各个变量关于被解释变量 $LnGDP_{it}$ 的回归系数。

在式（4-11）的基础上，引入经济变量滞后项，得到：

$$LnGDP_{it} = \alpha_i + \gamma_i LnGDP_{it-1} + \beta_1 LnP_{it} + \beta_2 LnCG_{it} + \beta_3 GDP1_{it} +$$
$$\beta_4 CZ_{it} + \beta_5 PK_{it} + \beta_6 LnWZ_{it} + u_{it} \tag{4-12}$$

式中，$LnGDP_{it-1}$ 为 i 地区滞后一期的经济发展水平，γ_i 为 i 地区滞后一期经济发展对当期经济发展的影响程度。

在式（4-12）的基础上，引入空间变量，形成时空动力模型：

$$LnGDP_{it} = \alpha_i + \gamma_i LnGDP_{it-1} + \lambda_1 W^1 LnGDP_{it} + \lambda_2 W^2 LnGDP_{it} + \cdots +$$
$$\lambda_6 W^6 LnGDP_{it} + \beta_1 LnP_{it} + \beta_2 LnCG_{it} + \beta_3 GDP1_{it} +$$
$$\beta_4 CZ_{it} + \beta_5 PK_{it} + \beta_6 LnWZ_{it} + u_{it} \tag{4-13}$$

式中，$W^1 LnGDP_{it}$ 为 t 时刻与 i 地区相距最近地区的地区生产总值的对数，$W^2 LnGDP_{it}$ 为 t 时刻与 i 地区相距最近的两个地区的地区生产总值均值的对数，$W^3 LnGDP_{it}$ 为 t 时刻与 i 地区相距最近的三个地区的地区生产总值均值的对数，依次类推，$W^6 LnGDP_{it}$ 为 t 时刻与 i 地区相距最近的六个地区的地区生产总值均值的对数，该类空间权重矩阵反映了地区间发展的集聚效应，即"抱团"发展。

其中，若 n 为空间单元的个数，即样本个数，W^q 为 q 阶 n×n 阶的空间相邻矩阵，W^q 的取值由空间单元 i 与空间单元 j 之间的位置关系所决定，相邻接时，W^q 不为零，不相邻接时，W^q 为零。

标准的一阶到六阶相近 W^q 分别为：

$$W^1 = \begin{cases} 1 \\ 0 \end{cases}, \quad W^2 = \begin{cases} 0.5 \\ 0 \end{cases}, \quad W^3 = \begin{cases} 0.3333 \\ 0 \end{cases}, \quad W^4 = \begin{cases} 0.25 \\ 0 \end{cases}, \quad W^5 = \begin{cases} 0.2 \\ 0 \end{cases}, \quad W^6 = \begin{cases} 0.1667 \\ 0 \end{cases}$$

云南省县域标准的一阶至六阶相邻 W^q 分别由 129 个地州政府所在地经度和纬度（来自 Goole Earth）计算而得，图 4-1 为其空间权重矩阵。

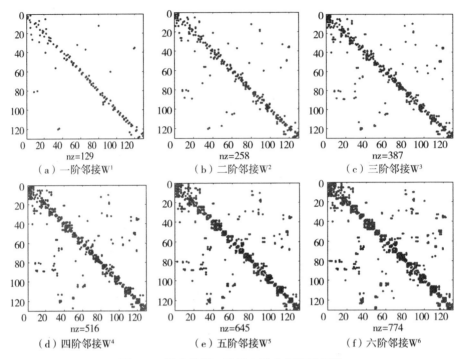

（a）一阶邻接W^1　　　　（b）二阶邻接W^2　　　　（c）三阶邻接W^3

（d）四阶邻接W^4　　　　（e）五阶邻接W^5　　　　（f）六阶邻接W^6

图4-1　云南县域一阶至六阶空间权重矩阵

第三节　模型结果及分析

一、实证结果

（一）普通面板模型的参数估计

1. 模型形式的选择

对于面板模型，在建立模型之前，需要对模型的形式进行选择。这里用 F 检验和 Hausman 检验来确定面板模型的形式（见表4-3）。

根据表4-3的结果可知，F 检验对应的概率为 0，小于 0.05，说明应该拒绝建立混合模型的原假设；Hausman 检验所对应的概率为 0，小于 0.05，说明应该拒绝建立随机效应模型的原假设；两个检验的结果都表明应该建立固定效应模型。

表 4-3　面板模型的模型形式检验结果

F 检验		Hausman 检验	
统计量	概率	统计量	概率
1147.697	0.0000	47.1385	0.0000

2. 模型参数估计结果

以式（4-11）和式（4-12）为基础，建立固定效应模型，并对相关参数进行估计。

表 4-4 中，各个模型的拟合优度值都大于 0.9，接近于 1，说明模型的拟合效果较好；同时，3 个模型的 F 统计量的值都较大，大于其临界值，说明模型通过了方程的显著性检验，即每个模型都是有效的。模型 1 是云南经济增长微观动力模型，根据模型 1 的回归结果知：地区人口、固定资产投资和吸引外资与地区生产总值呈显著正相关关系；第一产业占地区生产总值比重、财政赤字和贫困发生率与地区生产总值呈显著负相关关系。具体来讲：地区人口总数、固定资产投资和吸引外资每增加 1%，会使地区生产总值分别增加 0.8236%、0.0934% 和 0.0696%；第一产业占地区生产总值比重、财政赤字和贫困发生率每增加 1%，会使地区生产总值下降 0.0252%、0.0032% 和 0.0066%。模型 2 是云南经济增长的滞后模型，模型 2 中 $LnGDP_{it-1}$ 的回归系数为 0.486，且在 1% 水平上显著，说明前期的地区生产总值也是影响地区经济增长的重要因素。模型 3 是云南经济增长微观动力滞后模型，模型 3 中地区人口、固定资产投资和吸引外资与地区生产总值仍然呈显著正相关关系，第一产业占地区生产总值比重、财政赤字和贫困发生率与地区生产总值仍然呈显著负相关关系，且滞后项与地区生产总值呈显著正相关关系，说明地区生产总值不仅受相关变量的影响，滞后期的地区生产总值也是影响地区经济增长的重要因素，且是稳健的。

模型的拟合优度值越大，AIC 值越小，说明估计的模型效果越好。通过比较表4-4中三个模型可知，三个模型中模型3的拟合优度值是所有模型中最大的，同时模型3的AIC值为-1.0015，小于模型1和模型2的AIC值，这表明模型3是所有模型中拟合和估计效果最好的模型，因此，选择模型3作为衡量地区经济增长微观动力的面板模型。

表4-4 面板模型的参数估计结果

被解释变量	LnGDP$_{it}$		
	模型1	模型2	模型3
变量	回归系数（t值）	回归系数（t值）	回归系数（t值）
C	1.4812 *** (9.2955)	2.2161 *** (15.3285)	1.5731 *** (8.7561)
LnGDP$_{it-1}$		0.486 *** (13.8622)	0.1296 *** (4.0731)
LnP$_{it}$	0.8236 *** (20.5368)		0.6369 *** (13.9672)
LnCG$_{it}$	0.0934 *** (5.0629)		0.0718 *** (3.7256)
GDP1$_{it}$	-0.0252 *** (-10.8218)		-0.0169 *** (-5.8001)
CZ$_{it}$	-0.0032 ** (-1.9657)		-0.0055 *** (-3.1929)
PK$_{it}$	-0.0066 *** (-9.2912)		-0.0054 *** (-6.9866)
LnWZ$_{it}$	0.0696 *** (4.0693)		0.0531 ** (2.2231)
$\overline{R^2}$	0.9728	0.9539	0.9762
F-statistic	173.1563	83.7154	157.5941
DW	1.6802	2.1609	1.5451
AIC	-0.8795	-0.3485	-1.0015

注：表中各个系数估计值后面的"***""**"和"*"分别表示该变量的估计值在1%、5%和10%水平上显著，表中各个括号里面的数据为t统计量值，其他模型参数估计结果中相应的表示与本表的含义一致。

（二）空间面板模型的参数估计

1. 模型形式的选择

利用 F 检验和 Hausman 检验的结果，确定空间面板模型的形式（见表4-5）。

根据表4-5的结果可知，F 检验和 Hausman 检验所对应的概率均为0，小于0.01，说明应该拒绝建立随机效应模型的原假设；两个检验的结果都表明应该建立固定效应模型。

表4-5　空间面板模型的模型形式检验结果

F 检验		Hausman 检验	
统计量	概率	统计量	概率
595.8546	0.0000	309.4725	0.0000

2. 模型参数估计结果

利用式（4-13）和表4-5的检验结果，对云南经济增长的时空动力模型的参数进行估计（见表4-6）。

表4-6是云南地区经济增长微观时空动力面板模型。表4-6中，各个模型的拟合优度值都大于0.9，接近于1，说明模型的拟合效果较好；同时，三个模型的 F 统计量的值都较大，大于其临界值，说明模型通过了方程的显著性检验，即每个模型都是有效的。

模型1是地区经济增长的空间自回归模型。模型1中各个变量的回归系数都为正，且都显著，这表明与本地相距最近地区的经济增长会对本地经济增长产生正向影响，同时相邻地区对本地经济增长存在集聚效应。模型2是地区经济增长的时空动力模型。模型2中 $LnGDP_{it-1}$ 的回归系数为0.4305，且在1%水平上显著；同时，W^2LnGDP_{it} 和 W^4LnGDP_{it} 的回归系数也都为正，且在1%水平上显著；这表明云南地区经济增长不仅受自身滞后期还受相邻地区经济增长的影响，并且滞后期和相邻地区经济增长都对当期经济增长具有正向促进作用。模型3是地区经济增长微观时空动力模型，模型3中滞后期、空间变量和相关变量都显著，说明云南地区经济增长不仅受自身滞后期、相邻地区经济增长的影响，还受本地的人口、固定资产投资、产业结构、财政赤字、贫困发生率和吸引外资的影响。

表4-6 时空面板模型的参数估计结果

被解释变量	$LnGDP_{it}$		
	模型1	模型2	模型3
变量	回归系数（t值）	回归系数（t值）	回归系数（t值）
C	1.3718 *** (5.4807)	1.2969 *** (5.6167)	1.0991 *** (4.3722)
$LnGDP_{it-1}$		0.4305 *** (12.0295)	0.1157 *** (3.6132)
W^1LnGDP_{it}	0.1273 *** (3.2371)		
W^2LnGDP_{it}	0.2323 *** (6.4895)	0.1145 *** (3.3836)	0.0438 * (1.6864)
W^3LnGDP_{it}	0.0917 ** (2.042)		
W^4LnGDP_{it}	0.2057 *** (4.9211)	0.1509 *** (3.6336)	0.0742 ** (2.2173)
W^5LnGDP_{it}			
W^6LnGDP_{it}			
LnP_{it}			0.6503 *** (14.2394)
$LnCG_{it}$			0.0624 *** (3.1951)
$GDP1_{it}$			−0.0166 *** (−5.7195)
CZ_{it}			−0.0051 *** (−2.969)
PK_{it}			−0.0048 *** (−5.943)
$LnWZ_{it}$			0.0512 ** (2.1592)
$\overline{R}^2$	0.9165	0.9565	0.9765

续表

被解释变量	LnGDP$_{it}$		
	模型 1	模型 2	模型 3
变量	回归系数（t 值）	回归系数（t 值）	回归系数（t 值）
F-statistic	54.5733	87.6045	157.4651
DW	1.4458	2.1131	1.517
AIC	0.2409	-0.4045	-1.0126

注：表中各个系数估计值后面的"＊＊＊""＊＊"和"＊"分别表示该变量的估计值在 1%、5% 和 10% 水平上显著，表中各个括号里面的数据为 t 统计量值，其他模型参数估计结果中相应的表示与本表的含义一致。

二、结果分析

通过上述云南经济增长微观时空动力机制的分析结果可知，劳动、资本、产业结构、财政收支、贫困发生率和外资都是影响地区经济发展的重要因素，且对地区经济发展都具有显著的影响。为此，在今后发展过程中，可以从劳动、资本、产业结构、财政收支、贫困发生率和外资方面出发，制定相关政策来促进云南地区的经济增长。具体来说，在劳动方面，需要增加劳动者的数量，更重要的是提高劳动力的综合素质；在资本方面，需要加大固定资产投资的力度，来完善地区基础设施等建设；在产业结构方面，需要加强第二、第三产业的发展，加快农业向非农业转换，实现产业结构调整；在财政收支方面，需要增加地区财政收入，减少地区财政支出，从整体上减少地方财政赤字；在贫困方面，需要进一步加大扶贫力度，降低地区贫困发生率；外资是地区经济发展的重要因素，应该出台一些吸引外资的政策，来提高外资的额度；同时地区经济发展还存在空间集聚效应，需要加强空间单元之间的交流合作，学习和借鉴其他地区的先进发展经验，实现共同进步、共同发展。

第五章

云南经济增长的中观新动力

第一节　云南产业集群识别与集聚动力机制

随着市场经济的发展，产业集聚表现出很强的竞争力，带来了巨大的经济效益。同时，产业集聚对社会发展做出的贡献也越来越大，形成了"无产业集群不富、无支柱企业不强、无品牌产品不响"的局面。几十年以来，云南经济发展相对落后于中东部地区及全国平均水平，主要原因是产业结构不合理，没有形成产业集群来促进当地经济的发展。因此，云南要实现全面建成小康社会的目标，就需要走产业集群发展道路。为此，本节先利用相关产业集群识别方法对云南产业集群进行识别分类，再对识别出的产业集群进行分析，进而提出云南实现产业集群发展的对策建议。

一、相关方法介绍

（一）投入产出表概述

投入产出表在20世纪30年代产生于美国，它是由美国经济学家、哈佛大学教授华西里·列昂惕夫（W. Leontief）在前人关于经济活动相互依存性的研究基础上首先提出并研究和编制的。投入产出表又称部门联系平衡表、产业关联表，它是根据国民经济各部门生产中的投入来源和使用去向纵横交叉组成的一张棋盘式的平衡表，用来揭示各部门之间经济技术的相互依存、相互制约的关系；表中的各横行反映产品的流向，即"产出"；各纵列反映生产过程中从其他部门得到的产品投入，即"投入"。按照计量单位的不同，投入产出表可以分为实物型投入产出表和价值型投入产出表；按照分析的时间来划分，可以分为静态型投入产出表和动态型投入产出表；按照不同的范围分为全国投入产出表、地区投入产出表、部门投入产出表和联合企业投入产出表；还有研究诸如环境保护、人口、资源等特殊问题的投入产出表。其中，静态价值型投入产出表是最常用的投入产出表。

价值型投入产出模型使用的是价值量计量单位，如我国人民币的元、万元、亿元等。模型的内容包括价值型投入产出表和价值型投入产出数学模型。采用价值量计量单位后使模型统一了计量单位，扩大了模型描述空间，增强了模型的表现力。价值型模型可以反映包括物质的和非物质的、有形的和无形的、实体的和虚拟的全部经济活动，并将经济系统的实物运动使用去向与价值运动消耗结构有机地融合为一体。因此，价值型模型能够更全面、更系统地表现和揭示整个经济系统，它在表现经济结构、经济比例关系及经济联系等方面具有独特的作用。因此，本项目也利用价值型投入产出表来对相关内容进行研究。表 5-1 为价值型投入产出表的结构。

表 5-1　价值型投入产出表的基本结构

投入＼产出		中间使用					最终使用	总产出
		部门 1	部门 2	…	部门 n	中间使用合计		
中间投入	部门 1	X11	X12	…	X1n		Y1	X1
	部门 2	X21	X22	…	X2n		Y2	X2
	…	…	…	…	…		…	…
	部门 n	Xn1	Xn2	…	Xnn		Yn	Xn
	中间投入合计							
增加值	劳动者报酬	V1	V2	…	Vn			
	生产税净额	T1	T2	…	Tn			
	固定资产折旧	D1	D2	…	Dn			
	营业盈余	S1	S2	…	Sn			
总投入		X1	X2	…	Xn			

根据价值型投入产出表的特征，可以得到以下几个平衡关系：

（1）针对投入产出表中的行元素，根据中间使用+最终使用=总产出，可以得到

$$X_{11} + X_{12} + \cdots + X_{1n} + Y_1 = X_1$$
$$X_{21} + X_{22} + \cdots + X_{2n} + Y_2 = X_2$$
$$\cdots\cdots$$
$$X_{n1} + X_{n2} + \cdots + X_{nn} + Y_n = X_n \tag{5-1}$$

式（5-1）所表达的是投入产出表的行数学式，可以简写成：

$$\sum_{j=1}^{n} X_{ij} + Y_i = X_i \ (i = 1, 2, \cdots, n) \tag{5-2}$$

（2）针对投入产出表中的列元素，根据中间投入+增加值=总投入，可以得到

$$X_{11} + X_{21} + \cdots + X_{n1} + V_1 + T_1 + D_1 + S_1 = X_1$$
$$X_{12} + X_{22} + \cdots + X_{n2} + V_2 + T_2 + D_2 + S_2 = X_2$$
$$\cdots\cdots$$
$$X_{1n} + X_{2n} + \cdots + X_{nn} + V_n + T_n + D_n + S_n = X_n \tag{5-3}$$

式（5-3）简写成：

$$\sum_{i=1}^{n} X_{ij} + V_j + T_j + D_j + S_j = X_j \ (j = 1, 2, \cdots, n) \tag{5-4}$$

（3）每个产业部门的总产出等于其总投入，即

$$X_i = X_j (i = j) \tag{5-5}$$

（二）主成分分析法

主成分分析的基本目的是简化数据和解释生成的主因子。1971年Czamanski在"投入—产出"模型的基础上应用主成分分析方法对区域产业集聚进行了分析。反映了在区域"投入—产出"模型中产业间的内在联系存在着大量冗余信息，为了达到数据简化的目的，对直接消耗系数矩阵进行相关分析，然后进行主成分分析，得到主因子，它们可以概括产业内在联系的主要结构，同时起到减少冗余信息的作用。具体步骤如下：

第一，根据投入产出表计算直接消耗系数。直接消耗系数反映的是j

产业部门每单位产值对 i 产业部门的直接消耗价值量。直接消耗系数的表达式为：

$$a_{ij} = \frac{X_{ij}}{X_j} \quad (i, j = 1, 2, \cdots, n) \tag{5-6}$$

式中，a_{ij} 表示第 j 部门生产一单位产品对第 i 部门产品的消耗量。X_{ij} 为 j 部门生产时要消耗 i 部门产品的价值量；X_j 为 j 部门的总产出。

将式（5-6）代入式（5-2）中得到：

$$\sum_{j=1}^{n} a_{ij}X_i + Y_i = X_i \quad (i = 1, 2, \cdots, n) \tag{5-7}$$

式（5-7）用矩阵可以表示为：

$$AX + Y = X \tag{5-8}$$

式（5-8）中的 A 的表达式为：

$$A = \begin{bmatrix} a_{11} & a_{12} & \cdots & a_{1n} \\ a_{21} & a_{22} & \cdots & a_{2n} \\ \vdots & \vdots & \ddots & \vdots \\ a_{n1} & a_{n2} & \cdots & a_{nn} \end{bmatrix} \tag{5-9}$$

式（5-9）为直接消耗系数矩阵。

第二，对直接消耗系数矩阵进行标准化处理，并利用标准化处理之后的直接消耗系数矩阵来计算各产业的相关系数矩阵，它是主成分分析直接需要使用的数据，也是判断主成分因子分析是否适用的标准。相关系数矩阵为 n×n 矩阵，记为矩阵 C，矩阵 C 中的每一个元素 c_{ij} 反映了产业 i 与产业 j 的相似性或关联程度。

第三，利用主成分分析法进行因子提取。具体做法是：求相关系数矩阵 C 的特征值，并选择特征值大于某一个值的因子作为因子提取的标准，来确定主成分（即集群）的个数。

$$|C - \lambda E| = 0 \quad 即 \quad \begin{vmatrix} c_{11}-\lambda & c_{12} & \cdots & c_{1n} \\ c_{21} & c_{22}-\lambda & \cdots & c_{2n} \\ \vdots & \vdots & \ddots & \vdots \\ c_{n1} & c_{n2} & \cdots & c_{nn}-\lambda \end{vmatrix} = 0 \tag{5-10}$$

式（5-10）是以 λ 为未知数的一元 n 次方程，称为矩阵 C 的特征方

程。其左端$|C-\lambda E|$是λ的n次多项式，称为方阵C的特征多项式。对式(5-10)求解，得到的λ即为相关系数矩阵C的特征值。λ_i是C的第i个特征值，且有$\lambda_1 \geqslant \lambda_2 \geqslant \cdots \geqslant \lambda_n$。

第四，对确定的主成分进行因子旋转，使每个因子负载最大化，便于各产业在集群间的分配。首先，求出因子荷载矩阵：将特征值大于参考值的值代入$|C-\lambda E|X=0$，其中X是$n \times 1$的向量，得到相关系数矩阵的特征向量，记为P。则C可以表示为：$C=PQP'$，其中Q为$n \times n$矩阵，其表达式为：

$$
Q = \begin{bmatrix} \lambda_1 & 0 & 0 & \cdots & 0 \\ 0 & \lambda_2 & 0 & \cdots & 0 \\ \vdots & \vdots & \vdots & \ddots & \vdots \\ 0 & 0 & 0 & \cdots & \lambda_n \end{bmatrix}
\tag{5-11}
$$

则因子荷载矩阵$\Omega=P\sqrt{Q}$（表示因子与矩阵C中列的相关程度）。然后，利用最大方差法对因子荷载矩阵进行正交旋转，使因子荷载差异达到最大，求出旋转后的因子荷载矩阵。

利用旋转后的因子荷载矩阵来确定各个产业在集群间的分配，即每个集群中所含的产业。选择一个临界值，当某产业与某个因子的荷载值超过这个临界值时，则认为该产业就属于由这一因子构成的产业集群。

（三）投入产出模型的结构分解

Miller和Blair（1985）较早地对投入产出模型的结构分解技术进行了拓展，他们在一个多国、多部门的投入产出模型中将一个国家所有部门视为一个独立元素，对模型进行结构分解。借助他们的思想，将一个部门视为一个整体，并对一国投入产出模型进行结构分析。则Miller和Blair（1985）的结构分解为以下形式：

$$
\begin{bmatrix} b_{11} & b_{12} & \cdots & b_{1n} \\ b_{21} & b_{22} & \cdots & b_{2n} \\ \vdots & \vdots & \ddots & \vdots \\ b_{n1} & b_{n2} & \cdots & b_{nn} \end{bmatrix} = \begin{bmatrix} \dfrac{1}{1-a_{11}} & 0 & \cdots & 0 \\ 0 & \dfrac{1}{1-a_{22}} & \cdots & 0 \\ \vdots & \vdots & \ddots & \vdots \\ 0 & 0 & \cdots & \dfrac{1}{1-a_{nn}} \end{bmatrix} +
$$

$$
\begin{bmatrix} b_{11}-\dfrac{1}{1-a_{11}} & 0 & \cdots & 0 \\ 0 & b_{22}-\dfrac{1}{1-a_{22}} & \cdots & 0 \\ \vdots & \vdots & \ddots & \vdots \\ 0 & 0 & \cdots & b_{nn}-\dfrac{1}{1-a_{nn}} \end{bmatrix} + \begin{bmatrix} 0 & b_{12} & \cdots & b_{1n} \\ b_{21} & 0 & \cdots & b_{2n} \\ \vdots & \vdots & \ddots & \vdots \\ b_{n1} & b_{n2} & \cdots & 0 \end{bmatrix}
$$

$$(5-12)$$

在最终需求给定的情形下，与传统的投入产出模型式（5-12）一致，对于产业部门 X_i 有如下方程：

$$
X_i = \frac{1}{1-a_{ii}}Y_i + \left(b_{ii} - \frac{1}{1-a_{ii}}\right)Y_i + \sum_{j,\,j\neq i}^{n} b_{ij}Y_j \tag{5-13}
$$

由于投入产出逆矩阵系数含义是当某一产业部门生产发生一单位变化时，导致各产业部门由此引起的直接和间接产出变化的总和。因此，式（5-13）表明产业 i 的最终产出由三部分构成。为了分析方便，我们通过单位最终需求进行定义。令 $M_i = 1/(1-a_{ii})$ 表示产业内乘数效应，它表示产业 i 的单位最终需求所引起的本产业产出水平的变化，是产业自身需求对产业自身产出的影响，反映了产业自我调节和可持续发展能力，称之为自生能力；令 $F_i = b_{ii} - 1/(1-a_{ii})$ 表示产业 i 的反馈效应，即产业 i 的单位最终需求对其他产业产生影响之后，这一影响反过来对产业 i 产出的反馈效应；令 $S_{1i} = \sum_{j,\,j\neq i}^{n} b_{ij}$ 表示产业间溢出效应 I，即其他产业单位最终需求对产业 i 产出直接或者间接影响的总和，是该产业受到其他产业影响程度的反映，是该产业感应能力的一种体现。类似于产业间溢出效应 I，我们还可以进一步定义 $S_{2i} = \sum\limits_{i,\ i \neq j}^{n} b_{ij}$ 产业间溢出效应 II，它表示产业 i 的一单位最终需求对其他产业产出直接或者间接影响的总和，是该产业影响能力的一种体现。在这里，乘数效应、反馈效应和溢出效应 I 一起反映了产业的成长能力，而溢出效应 I 和溢出效应 II 一起反映了产业的关联强弱，可以发现在我们定义的产业成长中实际上包含了产业关联性的一个方面。

二、实证结果及分析

（一）基于主成分分析的云南产业集群识别结果

1. 提取主因子

首先，根据 2012 年云南 42 部门投入产出表中的流量表数据，利用式（5-6）计算直接消耗系数，然后将其标准化，并计算各产业的相关系数。根据各产业之间的相关系数结果可知，石油和天然气开采产品与其他产业的相关系数均为 0，所以将这个产业删除，对剩下的 41 个产业利用主成分分析法，进行因子提取。这里选择特征值大于 1 作为提取主因子（集群）的标准。

由表 5-2 可知，特征值大于 1 的成分有 13 个，故可以分成 13 个集群。其中第一成分的特征值最大，为 6.459，其对方差的贡献率为 15.755%。前 13 个主成分对方差的解释程度达到了 84.676%。

表 5-2　主成分分析的特征值结果

成分	特征值	方差贡献率（%）	累计方差贡献率（%）	成分	特征值	方差贡献率（%）	累计方差贡献率（%）
1	6.459	15.755	15.755	6	2.146	5.233	61.631
2	5.508	13.434	29.189	7	1.887	4.603	66.234
3	4.376	10.672	39.861	8	1.640	4.000	70.234
4	3.910	9.536	49.397	9	1.373	3.350	73.583
5	2.870	7.001	56.398	10	1.283	3.129	76.712

续表

成分	特征值	方差贡献率（%）	累计方差贡献率（%）	成分	特征值	方差贡献率（%）	累计方差贡献率（%）
11	1.182	2.882	79.594	27	0.083	0.203	99.345
12	1.068	2.604	82.198	28	0.078	0.191	99.537
13	1.016	2.478	84.676	29	0.050	0.123	99.660
14	0.837	2.041	86.717	30	0.041	0.100	99.760
15	0.772	1.884	88.601	31	0.033	0.081	99.841
16	0.741	1.807	90.408	32	0.023	0.056	99.897
17	0.643	1.569	91.977	33	0.016	0.040	99.936
18	0.547	1.334	93.311	34	0.014	0.034	99.970
19	0.488	1.190	94.501	35	0.008	0.019	99.989
20	0.422	1.030	95.531	36	0.002	0.006	99.995
21	0.374	0.912	96.442	37	0.002	0.004	99.999
22	0.355	0.865	97.307	38	0.000	0.001	100.000
23	0.247	0.603	97.910	39	2.293E-05	5.592E-05	100.000
24	0.207	0.505	98.415	40	6.167E-07	1.504E-06	100.000
25	0.166	0.405	98.820	41	-3.249E-17	-7.925E-17	100.000
26	0.132	0.323	99.142	—	—	—	—

2. 确定各集群产业构成

每一个产业集群具体包括哪些产业，这就需要对确定的主成分进行因子旋转，使每个因子负载最大化，便于各产业在集群间的分配。利用最大方差法对因子荷载矩阵进行正交旋转，使因子荷载差异达到最大，并求出旋转后的因子荷载矩阵（见表5-3）。然后，根据旋转后的因子荷载矩阵，来确定各个产业在集群间的分配，即每个集群中所含的产业。

表5-3　各主成分的旋转因子载荷矩阵

产业	成分												
	1	2	3	4	5	6	7	8	9	10	11	12	13
1	-0.018	-0.016	-0.065	-0.017	0.332	0.817	0.002	0.033	-0.020	0.201	0.038	-0.018	0.321
2	0.341	0.075	0.028	0.335	0.034	-0.046	0.028	0.240	0.772	0.021	0.021	0.150	0.169
4	0.183	0.024	-0.028	0.660	0.261	-0.015	-0.084	0.562	0.013	-0.058	-0.092	-0.065	-0.095
5	0.052	0.047	0.083	0.300	0.715	-0.042	0.009	0.353	0.065	0.010	0.035	0.358	0.010

续表

产业	成分												
	1	2	3	4	5	6	7	8	9	10	11	12	13
6	-0.039	-0.040	0.126	-0.039	0.055	0.927	-0.049	-0.003	-0.022	0.163	0.021	-0.001	0.220
7	-0.030	-0.046	-0.089	-0.004	0.132	0.378	-0.022	-0.009	0.013	0.845	0.015	-0.018	0.183
8	-0.039	-0.075	0.008	-0.052	0.110	0.037	-0.012	-0.013	-0.051	0.943	-0.016	-0.044	-0.084
9	0.016	-0.074	0.018	-0.004	0.197	0.277	-0.020	-0.053	0.018	0.021	-0.019	-0.056	0.801
10	0.074	0.012	0.791	0.004	0.365	0.046	-0.103	-0.192	-0.047	0.027	0.040	0.184	-0.063
11	-0.021	-0.035	-0.010	0.139	0.022	-0.041	-0.036	0.089	0.919	0.017	-0.015	0.106	0.035
12	0.061	0.023	0.056	0.154	0.908	0.166	0.115	0.054	0.131	0.119	0.061	0.057	0.108
13	0.086	-0.049	0.057	0.434	0.260	-0.038	0.012	0.041	0.292	-0.036	-0.018	0.738	-0.046
14	0.715	-0.132	-0.091	0.181	0.065	-0.016	-0.120	0.311	-0.056	-0.078	-0.153	-0.128	-0.157
15	0.944	-0.037	-0.003	0.043	-0.026	-0.031	-0.039	-0.040	0.008	-0.021	0.033	0.094	0.037
16	0.749	0.258	-0.062	-0.002	-0.090	-0.034	0.000	0.001	0.044	-0.029	0.176	0.055	0.000
17	0.859	0.159	-0.078	0.015	0.091	-0.058	-0.002	0.008	0.015	-0.030	0.115	0.065	0.005
18	0.273	0.025	-0.070	-0.023	0.015	-0.054	-0.019	0.047	-0.026	-0.054	0.929	-0.015	-0.043
19	0.933	0.148	-0.013	-0.047	-0.016	-0.002	0.031	-0.061	-0.011	0.009	0.049	0.082	-0.026
20	-0.024	0.837	0.000	-0.050	0.067	0.007	-0.054	-0.083	-0.037	-0.002	-0.034	-0.025	-0.073
21	0.197	0.901	-0.015	-0.057	0.228	-0.034	-0.055	-0.103	-0.030	-0.026	0.017	0.038	-0.005
22	0.886	-0.068	0.049	0.023	0.210	0.003	0.062	-0.097	0.139	0.058	0.024	0.118	0.117
23	0.015	-0.061	-0.012	0.802	0.094	-0.045	-0.064	-0.060	-0.036	-0.021	-0.021	-0.018	0.026
24	0.163	0.739	0.001	-0.040	-0.056	-0.116	-0.044	0.013	-0.015	-0.106	0.206	-0.050	0.056
25	0.010	0.049	0.008	0.882	-0.022	0.014	0.130	0.073	0.374	0.001	0.008	0.107	-0.007
26	-0.061	-0.109	-0.112	-0.098	0.089	0.051	-0.021	-0.145	0.547	-0.150	-0.067	-0.229	-0.352
27	-0.001	-0.008	0.022	0.918	0.067	-0.005	0.118	0.023	0.044	-0.013	0.000	0.070	0.020
28	0.496	-0.034	-0.028	-0.117	0.013	-0.039	0.006	0.041	-0.069	-0.071	-0.048	0.760	-0.017
29	-0.046	0.095	0.506	-0.049	0.062	-0.024	0.260	0.686	0.143	0.056	-0.011	0.049	0.077
30	-0.037	-0.021	0.063	0.083	0.056	0.037	0.351	0.760	0.094	-0.035	0.152	0.073	-0.057
31	-0.066	-0.084	0.042	-0.010	-0.077	0.899	-0.005	-0.017	-0.009	0.018	-0.031	-0.036	-0.137
32	0.025	0.735	0.089	0.228	-0.163	-0.009	0.230	0.016	-0.005	-0.009	0.041	0.028	-0.078
33	-0.059	0.018	0.588	-0.004	-0.121	-0.058	0.622	0.189	-0.017	-0.030	-0.007	-0.106	-0.034
34	-0.017	0.079	0.204	0.009	0.024	-0.022	0.912	0.154	-0.017	-0.001	-0.017	-0.053	-0.025
35	-0.042	0.602	0.684	-0.068	-0.074	0.011	-0.025	0.240	0.042	0.058	-0.016	-0.003	-0.067
36	0.022	0.741	0.209	-0.060	0.090	-0.027	0.254	0.236	0.027	-0.008	-0.045	-0.023	0.089
37	0.036	0.084	0.024	0.105	0.322	-0.005	0.817	0.119	-0.015	-0.011	0.039	0.119	0.023
38	-0.036	0.293	-0.001	-0.060	0.554	0.166	0.085	0.086	-0.035	0.125	0.691	-0.055	0.079

续表

产业	成分												
	1	2	3	4	5	6	7	8	9	10	11	12	13
39	−0.082	0.122	0.803	0.163	−0.026	−0.024	0.409	0.153	0.018	−0.078	−0.050	−0.012	0.173
40	0.074	0.027	0.071	0.015	0.938	0.026	0.108	−0.059	−0.036	0.097	0.041	−0.036	0.071
41	−0.053	−0.009	0.884	−0.036	0.092	0.270	0.066	−0.086	−0.067	−0.038	−0.004	−0.029	−0.154
42	−0.107	0.066	0.707	−0.022	−0.067	−0.152	0.141	0.339	−0.009	−0.033	−0.088	−0.049	0.239

注：产业 1 为农林牧渔产品和服务；产业 2 为煤炭采选产品；产业 3 为石油和天然气开采产品，但其与其他产业之间的相关系数为 0，所以在主成分分析中就去掉了该产业；产业 4 为金属矿采选产品；产业 5 为非金属矿和其他矿采选产品；产业 6 为食品和烟草；产业 7 为纺织品；产业 8 为纺织服装鞋帽皮革羽绒及其制品；产业 9 为木材加工品和家具；产业 10 为造纸印刷和文教体育用品；产业 11 为石油、炼焦产品和核燃料加工品；产业 12 为化学产品；产业 13 为非金属矿物制品；产业 14 为金属冶炼和压延加工品；产业 15 为金属制品；产业 16 为通用设备；产业 17 为专用设备；产业 18 为交通运输设备；产业 19 为电气机械和器材；产业 20 为通信设备、计算机和其他电子设备；产业 21 为仪器仪表；产业 22 为其他制造产品；产业 23 为废品废料；产业 24 为金属制品、机械和设备修理服务；产业 25 为电力、热力的生产和供应；产业 26 为燃气生产和供应；产业 27 为水的生产和供应；产业 28 为建筑；产业 29 为批发和零售；产业 30 为交通运输、仓储和邮政；产业 31 为住宿和餐饮；产业 32 为信息传输、软件和信息技术服务；产业 33 为金融；产业 34 为房地产；产业 35 为租赁和商务服务；产业 36 为科学研究和技术服务；产业 37 为水利、环境和公共设施管理；产业 38 为居民服务、修理和其他服务；产业 39 为教育；产业 40 为卫生和社会工作；产业 41 为文化、体育和娱乐；产业 42 为公共管理、社会保障和社会组织。

以因子荷载值 0.5 为临界值，当某产业与某一个因子的荷载值超过临界值时，则认为该产业属于由这一因子构成的产业集群，通过对旋转后的因子载荷进行筛选，得到各产业集群及其产业构成。

根据表 5-4 可知，云南有 13 个产业集群。每个产业集群由 1~6 个产业构成，涵盖了 41 个产业。其中，金属矿采选产品，批发和零售，金融，租赁和商务服务，居民服务、修理和其他服务这 5 个产业同时存在于 2 个产业集群中。

表 5-4　云南各个产业集群的主要产业构成

集群	主要产业
集群 1	金属冶炼和压延加工品，金属制品，通用设备，专用设备，电气机械和器材，其他制造产品

续表

集群	主要产业
集群2	通信设备、计算机和其他电子设备，仪器仪表，金属制品、机械和设备修理服务，信息传输、软件和信息技术服务，租赁和商务服务，科学研究和技术服务
集群3	造纸印刷和文教体育用品，批发和零售，金融，租赁和商务服务，教育，文化、体育和娱乐，公共管理、社会保障和社会组织
集群4	金属矿采选产品，废品废料，电力、热力的生产和供应，水的生产和供应
集群5	非金属矿和其他矿采选产品，化学产品，居民服务、修理和其他服务，卫生和社会工作
集群6	农林牧渔产品和服务，食品和烟草，住宿和餐饮
集群7	金融，房地产，水利、环境和公共设施管理
集群8	金属矿采选产品，批发和零售，交通运输、仓储和邮政
集群9	煤炭采选产品，石油、炼焦产品和核燃料加工品，燃气生产和供应
集群10	纺织品，纺织服装鞋帽皮革羽绒及其制品
集群11	交通运输设备，居民服务、修理和其他服务
集群12	非金属矿物制品，建筑
集群13	木材加工品和家具

3. 产业集群中主导产业的选择

主导产业是指能够通过科技进步或创新获得新的生产函数，能够通过快于其他产品的"不合比例增长"的作用有效地带动其他产业快速发展的产业或产业群。因此，确定产业集群中的主导产业是产业集群发展的关键，对于促进产业集群的长远发展具有重要的意义。怎样确定主导产业？赫希曼在《经济发展战略》一书中提出主导产业的产业关联基准。利用产业关联基准选择主导产业，就是选择关联强度较大，能对其前向、后向产业起较大带动作用的产业作为主导产业。依据此基准，通常以感应力系数和影响力系数表示产业间的关联。产业关联强度是指产业间技术经济联系的密切程度，可以通过计算各产业的感应力系数和影响力系数来判断。

感应力系数是指国民经济各部门每增加一个单位，最终使用时以某部门由此而受到的需求感应程度，也就是需要该部门为其他部门生产而提供的产出量，又称"前向联系系数"，其计算公式为：

$$LB_i = \sum_{j=1}^{n} b_{ij} \Big/ \left(\frac{1}{n} \sum_{j=1}^{n} \sum_{i=1}^{n} b_{ij} \right) \quad (i = 1, 2, 3, \cdots, n; \ j = 1, 2, 3, \cdots, n)$$

$$(5-14)$$

式中，感应力系数越大，表示该部门发展对其他部门的推动作用越大；反之，推动作用越小。

影响力系数是指某一部门增加一个单位，最终使用时对国民经济各部门所产生的生产需求波及程度，又称"后向联系系数"，其计算公式为：

$$LF_j = \sum_{i=1}^{n} b_{ij} \Big/ \left(\frac{1}{n} \sum_{j=1}^{n} \sum_{i=1}^{n} b_{ij} \right) \quad (i = 1, 2, 3, \cdots, n; \ j = 1, 2, 3, \cdots, n)$$

$$(5-15)$$

式中，$b_{ij} = (I - A)^{-1}$为列昂惕夫逆矩阵，也称完全消耗系数，其中 A 为直接消耗系数矩阵，I 为单位矩阵。影响力系数越大，表示影响力越强，即该部门发展对其他部门的拉动作用越大；反之，拉动作用越小。

以影响力系数和感应力系数的平均值为基准，就可以把产业分为四类（见表5-5）。当感应力系数和影响力系数都大于其平均值时，认为该产业就是主导产业，主导产业在区域经济增长中起组织和带动作用，能有效带动其他产业或者产业集群的发展。当感应力系数小于其平均值，而影响力系数大于其平均值时，则认为该产业为支柱产业，支柱产业会对其他产业的发展产生较大的影响，这类产业往往由先导产业发展壮大，达到较大规模以后就成为或先成为支柱产业，既对其他产业的发展起引导作用又对国民经济起支撑作用。当感应力系数小于其平均值，并且影响力系数也小于其平均值时，该产业为劣势产业，劣势产业不仅自身发展缓慢，对其他产业发展的作用也很小。当感应力系数大于其平均值，而影响力系数小于其平均值时，认为该产业为先导产业，先导产业在国民经济体系中具有重要的战略地位，是在国民经济规划中先行发展以引导其他产业往某一战略目标方向发展的产业或产业群。

表 5-5 产业群的四个基本类型

	感应力系数 LB$_i$	
影响力系数 LF^i	II〔LB$_i$<平均值，LF$_i$>平均值〕 LH（支柱产业）	I〔LB$_i$>平均值，LF$_i$>平均值〕 HH（主导产业）
	III〔LB$_i$<平均值，LF$_i$<平均值〕 LL（劣势产业）	IV〔LB$_i$>平均值，LF$_i$<平均值〕 HL（先导产业）

根据式（5-14）和式（5-15），得到每一个产业的感应力系数和影响力系数的值。

根据表 5-6 中各个产业的感应力系数和影响力系数，得到其平均值是相等的，都为 0.9999。将各产业的感应力系数和影响力系数与其平均值相比，发现感应力系数大于平均值的有 15 个产业，感应力系数小于平均值的有 27 个产业。在 42 个产业中，影响力系数大于平均值的只有 9 个，影响力系数小于平均值的有 33 个。感应力系数和影响力系数都大于其平均值的产业有 7 个，它们分别是农林牧渔产品和服务，食品和烟草，化学产品，金属冶炼和压延加工品，电力、热力的生产和供应，建筑，交通运输、仓储和邮政。感应力系数和影响力系数都小于其平均值的产业共有 25 个。说明现阶段云南只有少部分产业具有较强的竞争力，大部分产业都属于劣势产业。

表 5-6 2012 年云南各产业的感应力系数和影响力系数情况

产业	感应力系数	影响力系数	产业	感应力系数	影响力系数
农林牧渔产品和服务	1.3446	1.3229	其他制造产品	0.8775	0.8568
煤炭采选产品	1.0645	0.9770	废品废料	0.8638	0.8553
石油和天然气开采产品	0.8666	0.8550	金属制品、机械和设备修理服务	0.8797	0.8551
金属矿采选产品	1.1494	0.9459	电力、热力的生产和供应	1.3111	1.1882
非金属矿和其他矿采选产品	0.9488	0.8957	燃气生产和供应	0.8752	0.8649
食品和烟草	1.0720	1.3184	水的生产和供应	0.8650	0.8644

续表

产业	感应力系数	影响力系数	产业	感应力系数	影响力系数
纺织品	0.8687	0.8614	建筑	1.0952	2.5123
纺织服装鞋帽皮革羽绒及其制品	0.8959	0.8587	批发和零售	1.1779	0.9924
木材加工品和家具	0.9128	0.8811	交通运输、仓储和邮政	1.1724	1.0043
造纸印刷和文教体育用品	1.0212	0.9165	住宿和餐饮	0.9660	1.0325
石油、炼焦产品和核燃料加工品	1.1115	0.9244	信息传输、软件和信息技术服务	0.9481	0.9460
化学产品	1.3482	1.2129	金融	1.0737	0.9717
非金属矿物制品	1.2193	0.9948	房地产	0.8998	0.8992
金属冶炼和压延加工品	1.4146	1.6414	租赁和商务服务	0.9678	1.0094
金属制品	0.9668	0.8886	科学研究和技术服务	0.9189	0.8997
通用设备	0.9863	0.8780	水利、环境和公共设施管理	0.8635	0.8674
专用设备	0.9297	0.8815	居民服务、修理和其他服务	0.8982	0.8809
交通运输设备	0.8984	0.9044	教育	0.8727	0.8955
电气机械和器材	1.0358	0.8894	卫生和社会工作	0.8649	0.9595
通信设备、计算机和其他电子设备	0.9268	0.8610	文化、体育和娱乐	0.8750	0.8838
仪器仪表	0.8933	0.8604	公共管理、社会保障和社会组织	0.8582	0.9913

4. 产业集群中各产业发展现状

根据每一个产业的感应力系数和影响力系数及所属的产业集群得知，7个主导产业集中分布在6个产业集群中，其中农林牧渔产品和服务，食品和烟草这2个主导产业均属于第6个产业集群。根据感应力系数和影响力系数对每个产业集群的发展现状进行分析。

产业集群1由6个主要产业构成。其中金属冶炼和压延加工品的感应力系数和影响力系数均大于其平均值，这里我们以集群的主导产业来对其进行命名。因此，产业集群1又可以称作金属冶炼和压延加工品集群。此外该集群中的金属制品、通用设备、专用设备和其他制造产品这4个产业都属于劣势产业，其感应力系数和影响力系数均小于其平均值；电气机械和器材的感应力系数大于其平均值，但其影响力系数小于其平均值，属于先导产业。由此可以看出，该产业集群中产业发展的差距较大，形成两极分化趋势。

产业集群2由6个主要产业构成。根据各个产业感应力系数和影响力系数的大小，6个产业中有5个产业都属于劣势产业；其中仅租赁和商务服务产业的感应力系数小于其平均值，影响力系数大于其平均值，属于支柱产业。

产业集群3由7个主要产业构成。根据各个产业感应力系数和影响力系数的大小，造纸印刷和文教体育用品、批发和零售、金融这3个产业属于先导产业。租赁和商务服务产业属于支柱产业。教育，文化、体育和娱乐，公共管理、社会保障和社会组织这3个产业属于劣势产业。

产业集群4由4个主要产业构成。其中电力、热力的生产和供应属于主导产业，因此，该集群又可以称作电力、热力的生产和供应集群。金属矿采选产品的感应力系数大于其平均值，影响力系数小于其平均值，属于先导产业。废品废料、水的生产和供应属于劣势产业。

产业集群5由4个主要产业构成。其中化学产品属于主导产业，因此，该集群又可以称作化学产品集群。剩余的非金属矿和其他矿采选产品，居民服务、修理和其他服务，卫生和社会工作均属于劣势产业。

产业集群6由农林牧渔产品和服务，食品和烟草，住宿和餐饮这3个主要产业构成。其中，农林牧渔产品和服务，食品和烟草均属于主导产业，但农林牧渔产品和服务的感应力系数和影响力系数的值均大于食品和烟草产业对应的系数，因此，将此产业集群命名为农林牧渔产品和服务集群。另外，住宿和餐饮的感应力系数小于其平均值，影响力系数大于其平均值，属于支柱产业。从该集群内各个产业发展现状来看，这个产业集群总体上发展较好，这与云南是农业大省、烟草大省和旅游大省的特征是相符合的。

产业集群7由金融，房地产，水利、环境和公共设施管理这3个产业构成。根据各个产业感应力系数和影响力系数的大小，金融属于先导产业；房地产，水利、环境和公共设施管理属于劣势产业。

产业集群8由金属矿采选产品，批发与零售，交通运输、仓储和邮政这 3 个产业构成。其中交通运输、仓储和邮政属于主导产业，则该产业集群又称交通运输、仓储和邮政集群。金属矿采选产品，批发与零售都属于先导产业。

产业集群 9 由煤炭采选产品，石油、炼焦产品和核燃料加工品，燃气生产和供应这 3 个产业构成。根据各个产业感应力系数和影响力系数的大小，煤炭采选产品，石油、炼焦产品和核燃料加工品属于先导产业；燃气生产和供应属于劣势产业。

产业集群 10 主要由纺织品、纺织服装鞋帽皮革羽绒及其制品这 2 个产业构成。这 2 个产业的感应力系数和影响力系数均小于其平均值，属于劣势产业。

产业集群 11 主要由交通运输设备，居民服务、修理和其他服务构成。这 2 个产业的感应力系数和影响力系数均小于其平均值，属于劣势产业。

产业集群 12 主要由非金属矿物制品、建筑构成。其中，建筑产业属于主导产业；非金属矿物制品属于先导产业。

产业集群 13 主要由木材加工品和家具构成。该产业的感应力系数和影响力系数均小于其平均值，属于劣势产业。

由上述各个产业集群的发展现状可知：在今后发展过程中，云南应该重点发展有主导产业的产业集群，它们分别是金属冶炼和压延加工品集群（集群 1）、电力、热力的生产和供应集群（集群 4）、化学产品集群（集群 5）、农林牧渔产品和服务集群（集群 6）、交通运输、仓储和邮政集群（集群 8）和建筑集群（集群 12）。

（二）基于投入产出结构分解式的产业集群识别

1. 云南产业结构的关联特征

（1）云南产业结构关联的总体特征

在上述投入产出模型结构分解的基础上，我们利用云南 2012 年 42 个产业部门的投入产出表，借助式（5-12）对应的投入产出分解模型，计算了 2012 年云南 42 个产业的各种效应，并按行业对其总体特征进行分析（见表 5-7）。

由表 5-7 可知，假设经济中所有部门（42 个产业）的最终需求均增加 1 亿元，2012 年云南经济各部门乘数效应总和为 48.6652，反馈效应为 0.839，溢出效应 I 为 58.0081，这意味着 2012 年通过产业自生机制可以创造的产出增量为 48.6652 亿元，通过产业反馈机制可以带来的产出增长为 0.839 亿元，而通过产业关联机制可以创造的产出增加值为 58.0081 亿元，整个经济产出增加值为 107.5123 亿元。2012 年乘数效应对经济增长的贡献率为 45.26%，反馈效应贡献率为 0.78%，而溢出效应的贡献率为 53.95%，从这一角度来看，云南经济增长最为关键的就是产业结构的关联作用，其次为产业的自生能力，经济反馈能力的影响比较微弱。

从三次产业各种效应的均值来看，在自生能力上，第二产业＞第一产业＞第三产业；在反馈能力和感应能力上，第一产业＞第二产业＞第三产业；然而在影响力方面，第二产业＞第三产业＞第一产业。具体来讲，第一产业的乘数效应、反馈效应和溢出效应 I 的均值都在社会平均水平之上，但其溢出效应 II 的值低于社会平均水平，说明现阶段云南省第一产业的成长性较好，但对其他产业的影响能力还较弱，有待提高；第二产业的各种效应的均值都在社会平均水平之上，说明第二产业的发展对云南整体产业的成长具有重要的作用；第三产业的各种效应的均值均低于社会平均水平，说明第三产业的发展主要依靠其他产业的带动。

从三次产业内部的各种效应看，2012 年第一产业的乘数效应为 1.2109，反馈效应为 0.0277，溢出效应 I 为 2.4005，而第一产业的溢出效应 II 为 0.6055，则第一产业最终需求增加 1 亿元，第一产业经济产出将增加 3.6391 亿元，其中有 2.4005 亿元来自其他产业发展对第一产业的影响，但第一产业发展对其他产业发展的贡献仅为 0.6055 亿元，说明现阶段云南第一产业的发展受其他产业发展的影响程度大于第一产业发展对其他产业发展的影响，即第一产业的感应度远远大于第一产业的影响度，第一产业对其他产业发展影响小的原因可能是云南第一产业自身发展不足。2012 年第二产业的乘数效应为 1.2267，反馈效应为 0.0242，溢出效应 I 为 1.5297，溢出效应 II 为 1.5391，则第二产业最终需求增加 1 亿元，第二产业经济产出将增加 2.7806 亿元，其中有 1.5297 亿元来自其他产业发展对第二产业的影响，同时第二产业发展对其他产业发展的贡献为 1.5391 亿元，说明云南第二产业的发展对于其他产业发展的重要性略大于其他产业对于第二产业发展的重要性。

2012 年第三产业的乘数效应为 1.0238，反馈效应为 0.0113，溢出效应Ⅰ为 1.0217，溢出效应Ⅱ为 1.3184，则第三产业最终需求增加 1 亿元，第三产业经济产出将增加 2.0568 亿元，其中有 1.0217 亿元来自其他产业发展对第三产业的影响，同时第三产业发展对其他产业发展的贡献为 1.3184 亿元，即云南第三产业的发展对其他产业的影响大于其他产业对于第三产业发展的影响。总体来看，第一、第二产业的发展主要依靠其他产业的关联驱动，其次是自生能力，反馈能力的影响比较小，而第三产业的发展主要依靠的是自生能力，然后才是关联机制，反馈能力影响最小，这说明现阶段云南第三产业的发展还比较滞后，缺乏与其他产业之间的关联合作。

表 5-7　2012 年云南 42 部门的乘数效应、反馈效应和溢出效应

效应	乘数效应	反馈效应	溢出效应Ⅰ	溢出效应Ⅱ
第一产业平均	1.2109	0.0277	2.4005	0.6055
第二产业平均	1.2267	0.0242	1.5297	1.5391
第三产业平均	1.0238	0.0113	1.0217	1.3184
42 部门平均	1.1587	0.02	1.3811	1.3811
42 部门合计	48.6652	0.839	58.0081	58.0081
42 部门占比	45.26%	0.78%	53.95%	53.95%

（2）云南产业结构关联的行业特征

借助式（5-12）对应的投入产出分解模型，计算得到 2012 年云南 42 个细分产业的乘数效应、反馈效应和溢出效应（见表 5-8）。

由表 5-8 可知，当经济中所有部门最终需求均增加 1 亿元时，由于各行业的关联特征差异，其增长也存在较大的差距。在 2012 年的产业关联水平上，当经济中所有部门最终需求均增加 1 亿元时，金属冶炼和压延加工品业可以获得 6.6532 亿元的产出增量，是所有产业中产出增量最大的产业；然而公共管理、社会保障和社会组织业的产出增加值仅为 1.0311 亿元，是所有产业中产出增量最小的产业。所有产业部门的平均产出增加量为 2.5598 亿元。在同等单位需求的刺激下，能够获得产出增量在平均水平

以上的产业有 15 个，其中农林牧渔产品和服务属于第一产业，批发和零售，交通运输、仓储和邮政，金融这 3 个产业为第三产业，其他 11 个产业全都为第二产业。

在乘数效应上，2012 年云南 42 个产业乘数效应的平均水平为 1.1587。有农林牧渔产品和服务等 13 个产业高于社会平均水平，其中除农林牧渔产品和服务业为第一产业外，其他 12 个产业均为第二产业，这说明这些产业的自生能力在云南经济中相对而言是比较强的。然而排名最后的 13 个产业中有 3 个产业为第二产业——石油和天然气开采产品，废品废料，金属制品、机械和设备修理服务，其余 10 个产业均为第三产业行业，可见现阶段云南第三产业的自生能力普遍比较低下。

反馈效应在一个产业中扮演的角色并不十分重要。2012 年云南 42 个产业反馈效应的平均水平为 0.02。反馈效应最大的为金属冶炼和压延加工品业，其值为 0.0835，占总效应的 9.95%；反馈效应最小的产业是石油和天然气开采产品业，它的反馈效应为 0。总体而言，反馈效应对各产业发展的影响较弱。

2012 年溢出效应 I 的平均值为 1.3811，高出社会平均水平的产业有农林牧渔产品和服务等 15 个，其中金属冶炼和压延加工品业的溢出效应 I 的值最大，为 5.3275。通过分析发现，高出社会平均水平产业有为第一产业的农林牧渔产品和服务业；批发和零售，交通运输、仓储和邮政，金融这 3 个属于第三产业；其余 11 个产业均是第二产业，说明这些产业受其他产业的影响程度较大，其感应能力较强。但是也有一些产业的溢出效应 I 很小，如废品废料，公共管理、社会保障和社会组织这 2 个产业的溢出效应 I 甚至小于 0.1，其中公共管理、社会保障和社会组织的溢出效应 I 的值最小，其值为 0.0304。也就是说这些产业在发展过程中受其他产业的影响是比较小的，其感应能力较弱。

溢出效应 II 则不同，它反映的是本产业一单位增长为经济其他产业带来的产出增量之和。2012 年溢出效应 II 的平均值为 1.3811。高于社会平均水平的产业有金属矿采选产品等 23 个产业，其中溢出效应 II 最大值的产业是电气机械和器材业，其值为 2.0964，即仪器仪表业 1 亿元的需求可以为经济其他行业带来 2.0964 亿元的产出增量。高于社会平均水平的 23 个产业中，信息传输、软件和信息技术服务，租赁和商务服务，卫生和社会工作这3个产业属于第三产业；剩下的20个产业均为第二产业，说明这些产业对其他产业的影响程度比较大，其影响能力较强。溢出效应Ⅱ小于1的产业有农林牧渔产品和服务、石油和天然气开采产品、食品和烟草、废品废料、批发与零售、金融、房地产、教育这8个产业，其中农林牧渔产品和服务为第一产业；石油和天然气开采产品、食品和烟草、废品废料这3个产业为第二产业；批发与零售、金融、房地产、教育这4个产业为第三产业，说明这些产业对其他产业的影响程度较弱，即其影响能力较弱。

表5-8 2012年云南42个细分产业的乘数效应、反馈效应和溢出效应

产业	乘数效应	反馈效应	溢出效应Ⅰ	溢出效应Ⅱ
农林牧渔产品和服务	1.2109	0.0277	2.4005	0.6055
煤炭采选产品	1.1115	0.0543	3.2482	1.3283
石油和天然气开采产品	1	0	0.1333	0
金属矿采选产品	1.1146	0.0267	1.6316	1.5909
非金属矿和其他矿采选产品	1.079	0.0173	0.7264	1.6947
食品和烟草	1.098	0.018	1.0347	0.8848
纺织品	1.3345	0.0067	0.774	1.3275
纺织服装鞋帽皮革羽绒及其制品	1.1615	0.0079	0.5153	1.6656
木材加工品和家具	1.3844	0.0053	0.5511	1.3771
造纸印刷和文教体育用品	1.3184	0.0244	1.7744	1.5889
石油、炼焦产品和核燃料加工品	1.0391	0.0519	2.3726	1.6866
化学产品	1.3462	0.062	4.7845	1.4763
非金属矿物制品	1.1665	0.0179	1.0819	1.7571
金属冶炼和压延加工品	1.2422	0.0835	5.3275	1.7576
金属制品	1.134	0.0261	1.4179	1.9664
通用设备	1.3323	0.0442	2.4735	1.7977
专用设备	1.1172	0.0181	0.7679	2.0758
交通运输设备	1.3988	0.0079	0.654	1.7387
电气机械和器材	1.1246	0.0388	2.1335	2.0964
通信设备、计算机和其他电子设备	1.9682	0.0402	2.9768	1.3079
仪器仪表	1.1032	0.0108	0.7078	1.9459

续表

产业	乘数效应	反馈效应	溢出效应 I	溢出效应 II
其他制造产品	1.0607	0.0057	0.2954	2.0565
废品废料	1.0185	0.0001	0.0863	0.0906
金属制品、机械和设备修理服务	1.0332	0.0061	0.3609	2.0092
电力、热力的生产和供应	1.4512	0.0699	4.7808	1.3825
燃气生产和供应	1.8023	0.0038	0.3	1.4786
水的生产和供应	1.0381	0.0016	0.1193	1.4056
建筑	1.1428	0.0042	0.2735	2.0693
批发和零售	1.0121	0.0218	3.6348	0.6415
交通运输、仓储和邮政	1.0691	0.0444	2.8729	1.2076
住宿和餐饮	1.0098	0.0097	1.1113	1.1785
信息传输、软件和信息技术服务	1.0336	0.0107	0.6573	1.5512
金融	1.0474	0.0232	2.5089	0.8582
房地产	1.0034	0.0081	0.5465	0.812
租赁和商务服务	1.0451	0.0233	1.2479	1.8959
科学研究和技术服务	1.0563	0.007	0.6105	1.1708
水利、环境和公共设施管理	1.0069	0.001	0.1428	1.0666
居民服务、修理和其他服务	1.0081	0.0036	0.4605	1.0616
教育	1.0095	0.0007	0.1475	0.5436
卫生和社会工作	1.003	0.0019	0.1302	1.4941
文化、体育和娱乐	1.0285	0.0024	0.2029	1.3391
公共管理、社会保障和社会组织	1.0004	0.0003	0.0304	1.0251

2. 云南产业集群分类

余典范等（2011）利用投入产出结构分解中的乘数效应、溢出效应 I 和溢出效应 II 对中国 51 个产业进行集群划分。在投入产出结构分解中，产业对经济增长的效应划分共有四个，分别为：乘数效应、反馈效应、溢出效应 I 和溢出效应 II。因此，在前人的基础上，将反馈效应也考虑到其中，利用各产业的乘数效应、反馈效应、溢出效应 I 和溢出效应 II 与其相应的平均水平进行比较，来对云南 42 个产业进行集群划分。具体来说，效应大于其均值的属于一类，小于均值的属于另外一类，根据四种效应的大小，可以将产业集群分为 16 类。其中，一个产业的成长性可由乘数效应、反馈效应和溢出效应 I 加以刻画，而产业的关联性则可由溢出效应 I 和溢出效应 II 来体现。云南 42 个产业的集群划分结果见表 5-9。

从表 5-9 的结果可知，云南 42 个产业隶属于 9 个产业集群。具体到每一个产业来看：关于第一产业（农林牧渔产品和服务）：从成长性角度来讲，第一产业属于高乘数效应—高反馈效应—高溢出效应 I 的产业类型，即该产业的成长性较好；从产业关联性角度来看，第一产业属于高溢出效应 I—低溢出效应 II 的产业类型，即第一产业发展受其他产业的影响较大，而对其他产业的发展影响较小，这主要因为现阶段云南省的第一产业发展还不是很完善，存在很多不足之处，所以对其他产业部门的拉动作用不明显。因此，对于第一产业，应该完善其发展机制、提升技术水平、优化农业结构，从而提高承接其他产业的溢出效应，这样不仅有利于第一产业发展水平的提高，还能够对第二、第三产业产生巨大的溢出效应。

在第二产业中，产业关联的差异性比较大。其中，造纸印刷和文教体育用品，化学产品，金属冶炼和压延加工品，通用设备，电力、热力的生产和供应这 5 个产业的成长能力较强，同时产业之间的关联性也比较强，属于"4 高类型"，即高乘数效应—高反馈效应—高溢出效应 I—高溢出效应 II，这些产业具有"承上启下"的产业特征，属于"中场产业"，这些产业技术水平的提升对提升云南产业的整体水平具有重要的意义，是云南省今后发展的重要产业。通信设备、计算机和其他电子设备产业的成长性较高，但对其他产业的影响程度较低，这主要是因为这类产业与其他产业之间的协调性不够，加强与其他产业的协调性是产业结构调整的重点。纺织服装鞋帽皮革羽绒及其制品，非金属矿物制品，交通运输设备，燃气生产和供应这 4 个产业的自生能力和对其他产业的影响力都较强，但反馈能力和感应能力较弱，对于这些产业，需要提高其反馈能力和对其他产业的需求变化的敏感度。纺织品，木材加工品和家具这 2 个产业的自生能力很强，但其他能力都比较弱，需要加强与其他产业之间的合作，提高其反馈能力，增强产业之间的关联性。金属矿采选产品，石油、炼焦产品和核燃料加工品，金属制品，电气机械和器材这 4 个产业的自生能力较弱，反馈能力和产业关联性都比较强，在今后发展过程中，需要不断提高其自生能力。煤炭采选产品的自生能力和对其他产业的影响力较低，反馈能力和对其他产业的感应度较高，需要提高其自生能力和对其他产业的影响力。非金属矿和其他矿采选产品，专用设备，仪器仪表，其他制造产品，金属制品、机械和设备修理服务，水的生产和供应，建筑这 7 个产业的成长性弱，对其他产业的影响程度大，需要不断提高成长能力，使其对其他产业的影响力度更大。石油和天然气开采产品，食品和烟草，废品废料这 3 个产业的成长能力和产业关联性都很弱，这表明云南这些产业的独立性比较强，产业链条相对较短，产业关联的特征不显著，是云南的弱势产业，需要出台相关政策来推动它的发展。

第三产业中所有产业的乘数效应都低于社会平均水平，说明云南第三产业的自生能力较差。同时，14 个产业中，有 8 个产业——住宿和餐饮，房地产，科学研究和技术服务，水利、环境和公共设施管理，居民服务、修理和其他服务，教育，文化、体育和娱乐，公共管理、社会保障和社会组织的成长能力和产业关联性都很弱，这些产业的独立性较强，多为公共事业，具有一定的垄断性。批发和零售，交通运输、仓储和邮政，金融这 3 个产业的反馈能力和感应能力高于社会平均水平，但自生能力和对其他产业的影响能力较弱。租赁和商务服务的反馈能力和影响能力高于社会平均水平，而其自生能力和感应能力却不足，说明该产业的成长性较弱，产业关联性也不强。信息传输、软件和信息技术服务，卫生和社会工作这 2 个产业对其他产业的影响能力高于社会平均水平，但其成长能力却很弱。第三产业的主体是服务业，包括生产性服务业、消费性服务业和公共服务三类，服务业特别是生产性服务业的主要功能之一就是它能够积累人力资本和知识资本，深化生产的迂回过程，并将人力资本和知识资本引入生产过程协调和控制专业化生产，有效地降低制造成本，从而促进制造业体系的发展，因此溢出效应 II 应当是其重要的特征。公共服务是政府的承诺，它以合作为基础，强调政府的服务性以及公民的权利，是一种非市场型的服务，起着提供公共产品的功能，因此溢出效应 II 也应当是其重要的特征。因此，当前我国服务业发展滞后在很大程度上缘于其产业关联机制的效应没有充分发挥，也即产业本身的技术经济特性没有得到充分的体现，在这一基本条件没有完善之前，寄希望于依靠外部环境的拉动，其效果必定会大打折扣。因此，对于第三产业而言，加强自生机制的建设、促进产业结构的优化和产业功能的充分发挥是当务之急。

乘数效应的大小体现的是产业的自生能力，是产业发展之根本；反馈效应的作用很小，可以忽略不计；溢出效应Ⅰ体现了该产业受到其他产业影响程度，类似于感应力系数；溢出效应Ⅱ反映的是该产业发展对其他相关产业的影响，类似于影响力系数。因此，在产业发展过程中，首先发展成长能力强、产业关联性强的产业。基于此，在今后发展过程中，云南首先需要发展"4高"产业集群，然后是"高—低—高—高"产业集群，以此类推。根据上述产业集群分类结果可知，在今后发展过程中云南应该重点发展"4高"集群、"高　高　高　低"集群、"高　低　低　高"集群。

表5-9　2012年云南产业结构关联效应的分类

M-F-S1-S2	产　业
高—高—高—高	造纸印刷和文教体育用品，化学产品，金属冶炼和压延加工品，通用设备，电力、热力的生产和供应
高—高—高—低	农林牧渔产品和服务，通信设备、计算机和其他电子设备
高—高—低—高	
高—高—低—低	
高—低—高—高	
高—低—高—低	
高—低—低—高	纺织服装鞋帽皮革羽绒及其制品，非金属矿物制品，交通运输设备，燃气生产和供应
高—低—低—低	纺织品，木材加工品和家具
低—高—高—高	金属矿采选产品，石油、炼焦产品和核燃料加工品，金属制品，电气机械和器材
低—高—高—低	煤炭采选产品，批发和零售，交通运输、仓储和邮政，金融
低—高—低—高	租赁和商务服务
低—高—低—低	
低—低—高—高	
低—低—高—低	

M-F-S1-S2	产　业
低—低—低—高	非金属矿和其他矿采选产品，专用设备，仪器仪表，其他制造产品，金属制品、机械和设备修理服务，水的生产和供应，建筑，信息传输、软件和信息技术服务，卫生和社会工作
低—低—低—低	石油和天然气开采产品，食品和烟草，废品废料，住宿和餐饮，房地产，科学研究和技术服务，水利、环境和公共设施管理，居民服务、修理和其他服务，教育，文化、体育和娱乐，公共管理、社会保障和社会组织

三、小结

通过比较主成分分析和投入产出结构分解技术分析的产业集群结果可知：主成分分析中的主导产业农林牧渔产品和服务，化学产品，金属冶炼和压延加工品，电力、热力的生产和供应在投入产出结构分解集群中分别属于"高—高—高—低"集群和"4高"集群，都是具有很强竞争力的核心产业。进一步比较发现，主成分分析中需要重点发展的产业集群中的产业和投入产出结构分解中的产业大部分都是一致的，也就是说两种产业集群识别方法的结果趋于一致。

建立产业集群并将其做大做强，并不是一件急于求成的事。首先，政策上要转变，实现产业结构的转型升级，实现从产业政策到产业集群发展政策的转变。其次，政府要为产业集群的形成和发展营造良好的政策和创新环境，促进企业、大学、研究机构、中介机构之间的合作关系，以加快知识的创造和扩散速度，促进产业集群的产生和发展。

第二节　云南增长的工业动力结构识别与新动力

比较优势产业识别是制定优势产业促进政策的前提，因而比较优势产业的确定就显得尤为重要。一方面，比较优势产业的识别与参照系的选取密切相关；另一方面，区域（地区）优势产业是指区域产业体系中具有比较优势的产业，这种比较优势可以是比较增长速度优势，也可以是比较规模优势，还可以是比较专业化优势。为此，本节基于以上两个方面，以上海、贵州及全国三个参照系来建立云南地区优势产业识别指标体系。

一、区域优势产业识别指标体系

优势产业政策是针对性很强的政策，其实施的成效与对优势产业进行合理的识别有密切关系。区域优势产业是在区域产业体系中具有重要地位的产业、产业政策作用的主要对象，它是以主导产业为核心，产业地位理论也是以主导产业为中心展开的。区域优势产业选择基准可以借用产业地位的评价标准。同时，再以产业关联和动态比较优势为依据，形成联合的优势产业、识别指标体系。

（一）产出函数

在统计上，每年度的工业 GOV（Gross Output Value）是各产业 GOV_i（$i=1$，2，$\cdots$，n）之和，但从一个时期看，不同产业在一段时期内的重要性有明显差异。假设产业 GOV 为产业 GOV_i 的非线性齐次函数：

$$GOV_t = \prod_{i=1}^{n} GOV_{ti}^{\alpha_i} \quad (0 < \alpha_i < 1, \ i = 1, \ 2, \ \cdots, \ n) \quad (5-16)$$

式中，α_i 为产业偏弹性系数。对式（5-16）两边求导得 GOV 增长率方程：

$$\frac{dGOV_t}{GOV_t} = \sum_{i=1}^{n} \alpha_i \frac{dGOV_{ti}}{GOV_{ti}} \quad (5-17)$$

式（5-17）表明，GOV 增长率与各产业的偏弹性系数和增长率成正比。对式（5-17）作适当变形，并令：

$$\beta_i = \frac{1}{a_i} = \frac{\partial GOV_{ti}}{\partial GOV_t} \bigg/ \frac{GOV_{ti}}{GOV_t} \quad (5-18)$$

式中，β_i 为产业超前系数。若 $\beta_i > 1$，表示产业超前平均水平发展，若 $\beta_i < 1$，表示产业滞后平均水平发展，属于衰退产业。

（二）指标体系

产业对工业总产值及其增量的贡献表示了产业的两种不同优势。这里以产业的平均状态为参照系的坐标圆点，来衡量各产业在 GOV 中的地位和作用。

（1）边际贡献率

$$MC_i = \frac{\partial GOV_{ti}}{\partial GOV_t} \approx \frac{GOV_{ti} - GOV_{0i}}{GOV_t - GOV_0} \times 100\% \qquad (5-19)$$

式中，MC_i 为产业的边际贡献，表示产业的增量优势；GOV_{0i} 和 GOV_{ti} 分别为区域起始年度和终止年度的 i 产业产值，GOV_0 和 GOV_t 分别为起始年度和终止年度的区域产业产值。

（2）平均贡献率

$$AC_i = \frac{(GOV_{0i} + GOV_{ti})/2}{(GOV_0 + GOV_t)/2} \times 100\% \qquad (5-20)$$

式中，AC_i 为产业产值占总产值的平均比重，实际上表示产业在产业体系中的规模优势。

（3）比较增长优势指数

$$CDA_i = MC_i - AC_i \qquad (5-21)$$

式（5-21）是式（5-19）的等价表示。当 $CDA_i > 0$ 时，对应于 $\beta_i > 1$，表示产业增长率高于平均增长率，具有比较增长优势；反之，$CDA_i < 0$，对应于 $\beta_i < 1$，表示产业运行效率较低，不具有比较增长优势，平均贡献率（AC_i）是下降的。

（4）比较规模优势指数

$$CSA_i = AC_i - 100/n \qquad (5-22)$$

若 $CSA_i > 0$，则表示产业对规模的贡献超过平均值，产业具有比较规模优势；反之，若 $CSA_i < 0$，则表示产业不具有比较规模优势。

（5）结构竞争力指数

$$F_i = MC_i \cdot AC_i \qquad (5-23)$$

式中，F_i 表示产业在区域产业系统中份额的竞争力，也就是产业地位（结构系数）升降的动量；MC_i 和 AC_i 是实际上产值存量与增加结构系数，表示产业的规模优势和增值优势。

（三）产业比较优势周期与产业群

（1）先导期

$CDA_i>0$，$CSA_i<0$，位于第Ⅱ象限。处于先导期的产业，其规模比较小，尚未达平均规模，然而，其超前系数较高，呈现出强劲的比较增长优势，结构竞争力在上升。

（2）主导期

$CDA_i>0$，$CSA_i>0$，位于第Ⅰ象限。处于主导期的产业，其平均贡献率和边际贡献率都呈递增态势，它既有比较规模优势，又有比较增长优势，具有较强的竞争力，因而它对结构竞争力起主导作用。

（3）支柱期

$CDA_i<0$，$CSA_i>0$，位于第Ⅳ象限。处于支柱期的产业，其增长速度已降至平均增长速度以下，平均贡献率在下降，但还高于平均水平，还在增加，当达至最大值后，呈现出负增长。

（4）劣势期

$CDA_i<0$，$CSA_i<0$，位于第Ⅲ象限。处于劣势期的产业，既没有比较规模优势，又没有比较发展优势，结构竞争力下降。它可能是产业演化的起点，也可能是终点（见图5-1）。

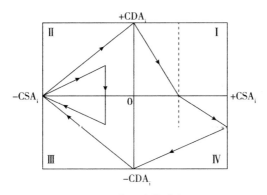

图5-1　产业演化路径图

随着产业体系的演化，一些先导产业逐渐演变为主导产业，一些主导产业逐步演化为支柱产业,有一些支柱产业逐渐成为劣势产业,这是产业结构竞争力的演进过程。这四个阶段构成了一个完整的产业比较优势周期。但是,并非所有产业的演化都如此。我们把产业可分为两类,一类是长周期产业,其演化路径是Ⅱ象限→Ⅰ象限→Ⅳ象限→Ⅲ象限,另一类是短周期产业,其演化路径是Ⅱ象限→Ⅲ象限,这是由于先导产业过于早熟,提前衰退,没能进入主导阶段和支柱阶段。在此情况下,产业经调整后,有可能回到第Ⅱ象限,形成一个闭合回路(见图5-2)。主导产业和支柱产业是长周期产业,它们在产业经济中起全局性和长期性的重要作用。

比较规模优势	
Ⅱ ($CDA_i>0$, $CSA_i<0$) 先导工业群	Ⅰ ($CDA_i>0$, $CSA_i>0$) 主导工业群
Ⅲ ($CDA_i<0$, $CSA_i<0$) 劣势工业群	Ⅳ ($CDA_i<0$, $CSA_i>0$) 支柱工业群

（左侧竖排：比较发展优势）

图5-2 产业群的4个类型

从纵向看,产业在比较优势周期的不同阶段具有不同的行为特征,而从横向看,处在相同比较优势周期阶段的产业具有相近的比较优势特点和行为特征,坐标系的每一个象限代表了产业比较优势周期的一个阶段,而各个象限的产业集合就形成了不同的产业群,从而以四类产业群更迭表明产业结构竞争力的提升过程。因此,根据这个特点,把位于坐标系的四个象限中同类产业集合起来,就形成了四个产业群,它们代表了一种四分类的产业结构划分(见图5-2)。由于对于产业增长来说,最重要的是主导产业群,其次是支柱产业群,它们都是由长周期产业构成的。这两个群中的产业交替对产业产出增长率产生重要影响。如果主导产业群渐进地过渡到支柱产业群,那么对产业产出增长率的影响不大,如果主导产业过快老化,以突变方式进入支柱期,那么产业增长率就会大幅下降。

(四)产业优势周期与其生命周期的关系

对于长周期产业,其比较优势周期与生命周期的值总是相等的,但比较优势阶段与产业生命周期阶段并不总是一一对应，存在一定的差别，据图 5-3 和表 5-10 可知：

（1）先导产业

它的比较优势阶段为 $MC_i > AC_i$，$AC_i \leq 100/n$，而产业生命周期的幼小期阶段为 $0-MC_i = Max$，从图 5-3 可知先导产业的比较优势周期小于产业生命周期的幼小期时长。

（2）主导产业

它的比较优势阶段为 $AC_i > 100$，$MC_i > AC_i$，产业生命周期的成长阶段为 $MC_{iMax} - AC_i = MC_i$，据图 5-3 可得主导产业的比较优势周期的起始点要比产业生命周期的起始点要晚，是形成后半期和成长期产业。

（3）支柱产业

它是成熟期前半部分产业，其比较优势阶段为 $AC_i = MC_i$，$MC_i > 0$，产业生命周期的成熟阶段为 $AC_i - MC_i = 0$，据图 5-3 可知支柱产业的比较优势时长与产业生命周期的成熟期的起始点是一样的，唯一不同的是时长的终点，支柱产业的比较优势时长的终点要求 $MC_i > 0$，而产业生命周期的成熟期终点要求 $MC_i = 0$。

（4）劣势产业

它包括产业成熟期后半部分和衰退期产业，其比较优势阶段为 $AC_i > MC_i$，$MC_i < 0$，产业生命周期的成熟阶段为 $MC_i < 0$。

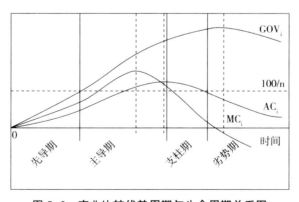

图 5-3　产业比较优势周期与生命周期关系图

表5-10　比较优势周期与生命周期的关系

比较优势周期	指标区间	生命周期	区间
先导产业	$MC_i > AC_i$，$AC_i \leqslant 100/n$	幼小期	$0 - MC_i = MAX$
主导产业	$AC_i > 100/n$，$MC_i > AC_i$	成长期	$MC_{i\,MAX} - AC_i > MC_i$
支柱产业	$AC_i = MC_i$，$MC_i = 0$	成熟期	$AC_i = MC_i$，$MC_i = 0$
劣势产业	$AC_i > MC_i$，$MC_i < 0$	衰退期	$MC_i < 0$

二、研究对象界定

工业化是现代化的核心内容和物质基础。通过工业化来推动现代化和城市化进程，是世界各国经济发展的普遍规律，也是发展中国家实现社会经济发展的必然选择。同时，我们也要看到，工业化也是一个历史范畴，在不同国家和不同时期，工业化的内涵和道路有所不同。具体来讲，工业化过程随着一国的自然条件、社会经济条件和所处时代的不同，发展模式、完成时期也会有极大差异。但不管这个差异有多大，一个经济落后的国家和地区如不能倾其全力以完成工业化的任务，这个国家和地区就不可能实现现代化，就不能跻身于世界先进国家和地区之列。在这个意义上说，现代化就是工业化。

支持工业化的理论依据，一是"配第—克拉克定理"。配第（W. Petty）和克拉克（C. G. Clark）认为，商业（第三产业）收益高于工业（第二产业），工业高于农业（第一产业），随着人均国民收入提高，劳动力首先从第一产业转移到第二产业，然后更多地转移到第三产业。二是恩格尔定律，随着人均收入提高，食物和其他生活必需品消费支出比例下降，舒适品和奢侈品消费支出比例则相对上升，而舒适品和奢侈品主要是由工业和服务业生产的。因此，工业产业需要更快的发展。三是刘易斯（W. Arthur Lewis）等的二元结构理论，这个理论表明，在人口众多的发展中国家，农业产业劳动生产率低于工业产业，将一部分农业劳动力转移到工业产业中去，整个社会生产率就会提高。

从古典经济学的角度来看，产业——Industry，一词包含了两种含义：

一是指国民经济部门，如工业化进程中的三次产业；二是指国民经济内部的各个行业。在这里，产业指的是第二种含义。从产业发展的角度看，制造业能够较好地反映一国产业及一国经济的发展水平。我国正处于工业化加速发展的过程中，工业化的重要体现就是制造业的充分发展、贸易结构和产业结构的演变也集中反映在制造业的变化方面。因此，本书探讨的工业包括制造业领域，并不影响其研究的理论和实践意义。

观察表明，大量产业集聚东部，尤其是在产业链高端形成集群，使东部沿海地区正在成为世界制造业中心，而中西部尤其云南地区加工制造业持续衰退，低端原料型制造业集聚对生态与自然资源的依赖更加明显。实际上，一个产业能发展成为产业集群需要具有一些必要条件和充分条件。Steinle 和 Schiele（2002）认为，产业集群必要条件包括生产过程的可分性和产品可运输性；充分条件包括产品具有较长的产业链、产品具有多个组成部件、具有网络创新和市场是易变动的。以此观点，产业集群有严格条件，而产品可分性和产业链长短是关键因素。产业价值链比较长，产业内的各个企业可以进行分工。产业的价值链越长，技术上进行工序分解的可能性越大，垂直方向的分工可能越长，这样就可以吸引产业内更多的企业聚集在一起。因此，产业产品存在可分性，是产业集群产生的前提条件。

云南地区优势产业，既有空间范围，又有产业范围。为了准确地识别云南优势产业，还要对研究对象的产业范围做一定的限制。具体而言，以工业的 36 个产业部门为研究对象范围，来识别优势产业。根据国家统计局的《国民经济行业分类》（GB/T 4754-2002），工业部门中 B 类 5 个，C 类 30 个，D 类 3 个（见表 5-11）。在本书中，这 36 个工业部门就是特指的产业，也就是工业的子产业，都是实体产业。

随着产业序列号上升，C 类制造业生产制造过程以及产品的可分性更加明显，产业链更长，依此，我们把 C 类制造业分为 CL 类低端制造业（C13~C33）和 CH 类高端制造业（C34~C43）。这样，39 个工业就被分成 B 类、CL 类、CH 类和 D 类四类，其中 B 类有 6 个产业，CL 类有 21 个产业，CH 类有 9 个产业，D 类有 3 个产业，这样的分组情况一般称为二分位产业（见表5-11）。进一步地，CH 类为可分性产业，称之为高端产业或高端制造业，B 类、CL 类和 D 类为不可分性产业，统称为低端产业，CL 类为低端制造业。

表5-11　39个二分位产业及代码

代码	产业	代码	产业
B06	煤炭开采和洗选业	C27	医药制造业
B07	石油和天然气开采业	C28	化学纤维制造业
B08	黑色金属矿采选业	C29	橡胶制品业
B09	有色金属矿采选业	C30	塑料制品业
B10	非金属矿采选业	C31	非金属矿物制品业
B11	其他采矿业	C32	黑色金属冶炼及压延加工业
C13	农副食品加工业	C33	有色金属冶炼及压延加工业
C14	食品制造业	C34	金属制品业
C15	饮料制造业	C35	通用设备制造业
C16	烟草制品业	C36	专用设备制造业
C17	纺织业	C37	交通运输设备制造业
C18	纺织服装、鞋、帽制造业	C39	电气机械及器材制造业
C19	皮革、毛皮、羽毛（绒）及其制品业	C40	通信设备、计算机及其他电子设备制造业
C20	木材加工及木、竹、藤、棕、草制品业	C41	仪器仪表及文化、办公用机械制造业
C21	家具制造业	C42	工艺品及其他制造业
C22	造纸及纸制品业	C43	废弃资源和废旧材料回收加工业
C23	印刷业和记录媒介的复制	D44	电力、热力的生产和供应业
C24	文教体育用品制造业	D45	燃气生产和供应业
C25	石油加工、炼焦及核燃料加工业	D46	水的生产和供应业
C26	化学原料及化学制品制造业		

实际上，在国民经济中，除了部分二分位产业外，其他二分位产业还可以细分，进而得到三分位产业（见表5-12）。同理，在三分位产业中C类制造业也分为CL类低端制造业（C071~C160）和CH类高端制造业（C161~C195）。这里，36个工业同样被分成B类、CL类、CH类和D类四类，区别在于各个类的产业属性及个数，在三分位产业分类中B类有10个产业，CL类有90个产业，CH类有35个产业，D类有4个产业。同上，CH类为可分性产业，称之为高端产业或高端制造业，B类、CL类和D类为不可分性产业，统称为低端产业，CL类为低端制造业。

表 5-12 139 个三分位产业及代码

代码	产业	代码	产业
B061	烟煤和无烟煤的开采洗选	C092	丝绸纺织及精加工
B062	褐煤的开采洗选	C093	纺织制成品制造
B063	铁矿采选	C094	纺织服装制造
B064	其他黑色金属矿采选	C095	纺织面料鞋的制造
B065	土砂石开采	C096	制帽
B066	化学矿采选	C097	皮革鞣制加工
B067	采盐	C098	皮革制品制造
B068	铜矿采选	C099	毛皮鞣制及制品加工
B069	铅锌矿采选	C100	羽毛（绒）加工及制品制造
B070	铝矿采选	C101	锯材、木片加工
C071	谷物磨制	C102	人造板制造
C072	饲料加工	C103	木制品制造
C073	制糖	C104	竹、藤、棕、草制品制造
C074	屠宰及肉类加工	C105	木质家具制造
C075	水产品加工	C106	竹、藤家具制造
C076	其他农副食品加工	C107	金属家具制造
C077	糖果、巧克力及蜜饯制造	C108	塑料家具制造
C078	方便食品制造	C109	其他家具制造
C079	液体乳及乳制品制造	C110	纸浆制造
C080	罐头制造	C111	造纸
C081	调味品、发酵制品制造	C112	纸制品制造
C082	其他食品制造	C113	印刷
C083	酒精制造	C114	记录媒介的复制
C084	软饮料制造	C115	文化用品制造
C085	精制茶加工	C116	体育用品制造
C086	烟叶复烤	C117	乐器制造
C087	卷烟制造	C118	玩具制造
C088	其他烟草制品加工	C119	游艺器材及娱乐用品制造
C089	棉、化纤纺织及印染精加工	C120	炼焦
C090	毛纺织和染整精加工	C121	基础化学原料制造
C091	麻纺织	C122	肥料制造

续表

代码	产业	代码	产业
C123	农药制造	C154	炼铁
C124	涂料、油墨、颜料及类似产品制造	C155	炼钢
C125	合成材料制造	C156	钢压延加工
C126	专用化学产品制造	C157	铁合金冶炼
C127	日用化学产品制造	C158	有色金属合金制造
C128	化学药品原药制造	C159	有色金属压延加工
C129	化学药品制剂制造	C160	结构性金属制品制造
C130	中药饮片加工	C161	金属工具制造
C131	中成药制造	C162	集装箱及金属包装容器制造
C132	生物、生化制品的制造	C163	金属丝绳及其制品的制造
C133	纤维素纤维原料及纤维制造	C164	建筑、安全用金属制品制造
C134	合成纤维制造	C165	金属表面处理及热处理加工
C135	轮胎制造	C166	搪瓷制品制造
C136	橡胶板、管、带的制造	C167	不锈钢及类似日用金属制品制造
C137	橡胶零件制造	C168	锅炉及原动机制造
C138	再生橡胶制造	C169	金属加工机械制造
C139	日用及医用橡胶制品制造	C170	起重运输设备制造
C140	橡胶靴鞋制造	C171	泵、阀门、压缩机及类似机械的制造
C141	塑料薄膜制造	C172	轴承、齿轮、传动驱动部件的制造
C142	塑料板、管、型材的制造	C173	铁路运输设备制造
C143	塑料丝、绳及编织品的制造	C174	汽车制造
C144	泡沫塑料制造	C175	摩托车制造
C145	塑料人造革、合成革制造	C176	自行车制造
C146	塑料包装箱及容器制造	C177	船舶及浮动装置制造
C147	塑料零件制造	C178	电机制造
C148	日用塑料制造	C179	输配电及控制设备制造
C149	水泥、石灰和石膏的制造	C180	电线、电缆、光缆及电工器材制造
C150	砖瓦、石材及其他建筑材料制造	C181	电池制造
C151	玻璃及玻璃制品制造	C182	家用电力器具制造
C152	陶瓷制品制造	C183	照明器具制造
C153	耐火材料制品制造	C184	通信设备制造

续表

代码	产业	代码	产业
C185	广播电视设备制造	C193	文化、办公用机械制造
C186	电子计算机制造	C194	工艺美术品制造
C187	电子器件制造	C195	日用杂品制造
C188	电子元件制造	D196	电力生产
C189	通用仪器仪表制造	D197	电力供应
C190	专用仪器仪表制造	D198	热力生产和供应
C191	钟表与计时仪器制造	D199	自来水的生产和供应
C192	光学仪器及眼镜制造		

高端产业与低端产业的最大区别表现在，低端产业依靠的是传统工艺，技术水平不高、产品集聚度不高、劳动效率不高、劳动强度大，大多属于资源密集型产业。由于产品及生产过程不具有可分性，其产业链短、附加值低、生产受资源空间分割明显，难以形成产业集群。然而高端产业依靠的是高技术、高附加值、低污染、低排放，具有较强的竞争优势，更重要的是产生布局可以超越自然资源空间分布约束，由于产品及生产过程的可分性导致生产的集成性、模块化与分包化，易形成产业集群。

高端制造产业一般是处于制造业价值链的高端环节，具有技术、知识密集，关联性强，带动性大的特点。因此，高端制造产业是衡量一个国家核心竞争力的重要标志，具有较强国际竞争力。

对研究产业范围的限定基于以下原因：

（1）数据可得性与可比性

优势产业是在比较中产生的，也就是通过不同参照系、不同视角识别出的优势产业也可能不完全相同。然而对于西部优势产业的定量识别需要用系统的、可比的数据支持。全面、持续且分地区的产业数据来自《中国工业经济统计年鉴》、中经网数据库和国研网数据库。相比之下，分地区农业和细分的第三产业同口径数据还较难获得。另外，我国高技术产业、战略性新兴产业、旅游业未纳入产业体系中，不仅数据较难获得，而且难以参与优势产业识别。

（2）工业重要性

我国是发展中国家，工业对城市化进程与国民经济起决定性作用。根据《中国统计年鉴》（2009）数据计算，1993～2010年，第一产业、第二产业、工业和第三产业占GDP的贡献率分别为6.4%、58.1%、53.1%和35.5%；同期，GDP增长率为10.3%，它们分别拉动0.7个百分点、6.1个百分点、5.5个百分点和3.6个百分点。显然，工业在国民经济与增长中的作用是首要的。此外，工业产业是实体经济，而物质财富的创造靠的是实体产业，是先进技术和先进生产力的代表，只有实体产业才能担负起西部发展的重任。这一点可以从实体"产业空心化"的国家（如英国）和地区的经验得到验证。美国"再工业化"战略，也充分说明工业产业的重要性。

（3）工业产品可分性和移动性

农业和第三产业产品具有不可分性、同质性强、局限于特定空间、技术创新较弱。工业是农业的后向产业，而第三产业主要服务对象移动性差，也就是很难成为国际化产业。因此，工业具有承上启下的作用。如果区域工业产业参与国际竞争，并向研发与品牌两端延伸，获得核心竞争力，那么就可以有效地带动区域第三产业和农业发展，进而带动区域经济的全面发展。尤其对处在工业化期间的西部来说，工业对发展具有决定性意义。

（4）工业对地区差距具有决定性影响

经济学家菲利普·马丁（Philippe Martin, 1998）综合内生增长和新经济地理学等理论，发展出了马丁模型对区域政策的有效性问题进行分析。马丁模型表明，地区收入差距与经济集聚程度存在正相关关系，即随着地区收入差距的扩大，区域整体的集聚程度也将增加。新经济地理学认为经济活动在空间上的集聚所带来的规模效应是经济增长的重要推动力，具体表现在经济活动主体之间通过集聚来实现分享、匹配和学习效应。从学术界已有的成果看，地区收入差距扩大可从以下几方面进行解剖：一是从产业集聚看，20世纪90年代以来地区差距的65%～70%是由产业向东部沿海集聚造成的（范剑勇，2008）；二是从国际直接投资（FDI）集聚角度看，改革开放以来，全国87%的FDI集聚东部，西部仅占4.7%。70%的FDI又分布工业，其中制造业占60%。这种FDI的分布格局，导致东部经济增长远高于其他地区，东西增长差异的90%来源于FDI（魏后凯，2002）。产业和要素经济活动在空间上的集聚，将导致产业"核心地带"的形成，对腹地具有一系列直接的影响。因此，大力发展西部优势产业，才是缩小西部与东部发展差距的有效途径，甚至是唯一途径。

（5）与目前产业政策指导目录对应

国务院《关于促进西部地区特色优势产业发展的意见》中除旅游业外都是工业产业。我国《外商投资产业指导目录（2011年修订）》和《中西部地区外商投资优势产业目录（2008年修订）》中以工业产业为主，《产业转移指导目录（2012年本）》全是工业产业。我国产业政策，不论是十大产业振兴、战略性新兴产业、汽车产业等，还是针对中西部与产业有关政策，都是以工业产业政策为主导。

三、基于二分位产业的云南优势产业集群识别

（一）优势产业识别与比较

为了找出云南的优势产业，本书将其与经济发达的上海、最近几年经济增速超过云南的贵州，还有全国总体的水平进行比较。在进行云南省优势产业识别和比较时，先根据式（5-19）、式（5-20）计算出四个地区二分位和三分位产业的平均贡献率 AC_i 和边际贡献率 MC_i，然后根据式（5-21）、式（5-22）和式（5-23）分别计算出它们的比较发展优势指标 CDA_i、比较规模优势指标 CSA_i、结构竞争力，并参照表5-10得到云南、贵州、上海、全国的四类产业分类与结构。

1. 主导产业群（ⅠA群）

表5-13是以2007年、2015年数据计算，识别得到的云南、贵州、上海、全国四个地区的主导产业。可以看出，四个区域主导产业群的产业构成差别较大。

从主导产业看（见表5-13），云南、贵州、上海、全国的主导产业既有相同之处，又存在较大差异。化学原料及化学制品制造业是云南、贵州、上海、全国共同的主导产业；煤炭开采和洗选业、非金属矿物制品业是云南、贵州、全国共同的主导产业；黑色金属冶炼及压延加工业、有色金属冶炼及压延加工业是云南和全国共同的主导产业；电力、热力的生产

和供应业是贵州和上海共同的主导产业；通用设备制造业、专用设备制造业、电气机械及器材制造业是上海和全国共同的主导产业。尽管四个区域的主导产业有交叉，但明显的是，云南和贵州都没有高端制造业，上海和全国基本都是高端制造业。

表5-13　2007年、2015年主导产业群（ⅠA群）

地区	主导产业	数目
云南	B06、C25、C26、C31、C32、C33	6
贵州	B06、C13、C15、C26、C31、D44	6
上海	C26、C35、C36、C37、C39、D44	6
全国	B06、C13、C26、C31、C32、C33、C34、C35、C36、C39	10

2. 先导产业群（ⅡA群）

表5-14显示的是2007年、2015年数据测算的云南、贵州、上海、全国四个地区的先导产业。很明显，四个地区先导产业群的产业差别也很大，云南有10个，贵州有13个，上海有6个，全国为7个。

从先导产业看（见表5-14），家具制造业、废弃资源和废旧材料回收加工业是云南、贵州、上海、全国四个地区共同的先导产业；黑色金属矿采选业、有色金属矿采选业、家具制造业是云南、贵州、全国共同的先导产业；食品制造业是云南、上海、全国共同的先导产业；工艺品及其他制造业是云南、贵州、上海共同的先导产业；非金属矿采选业是云南和全国共同的先导产业；通用设备制造业是云南和贵州共同的先导产业。另外，可以看出，云南和贵州的低端产业和高端产业的占比基本持平，上海和全国的先导产业群基本是低端产业，说明云南在先导产业群具有优势。

表5-14　2007年、2015年先导产业群（ⅡA群）

地区	先导产业	数目
云南	B08、B09、B10、C14、C15、C21、C34、C35、C42、C43	10
贵州	B08、B09、C19、C20、C21、C22、C24、C25、C35、C36、C41、C42、C43	13
上海	C14、C16、C21、C33、C42、C43	6
全国	B08、B09、B10、C14、C20、C21、C43	7

3. 劣势产业群（ⅢA 群）

同样地，以 2007 年、2015 年数据测算，四个地区劣势产业差别也较为明显。云南、贵州、上海、全国的产业数分别为 20、15、23、17（见表 5-15）。

表 5-15　2007 年、2015 年劣势产业群（ⅢA 群）

地区	劣势产业	数目
云南	B07、B11、C17、C18、C19、C20、C22、C23、C24、C27、C28、C29、C30、C36、C37、C39、C40、C41、D45、D46	20
贵州	B07、B10、B11、C14、C17、C18、C23、C28、C29、C30、C34、C39、C40、D45、D46	15
上海	B06、B07、B08、B09、B10、B11、C13、C15、C17、C18、C19、C20、C22、C23、C24、C27、C28、C29、C30、C31、C41、D45、D46	23
全国	B07、B11、C15、C16、C18、C19、C22、C23、C24、C27、C28、C29、C30、C41、C42、D45、D46	17

从表 5-15 可知，ⅢA 群的产业上榜次数为 75 次。其中，B 类产业、CL 类产业、CH 类产业、D 类产业分别上榜 13 次、43 次、11 次和 8 次，分别占总数的 17.3%、57.3%、14.7% 和 10.7%。具体地，①B 类产业中，B6 为 1 次，B7 为 3 次，B8 为 1 次，B9 为 1 次，B10 为 2 次，B11 为 4 次；②CL 类产业中，C13 为 1 次、C14 为 1 次、C15 为 2 次、C16 为 1 次、C17 为 3 次、C18 为 4 次、C19 为 3 次、C20 为 2 次、C22 为 3 次、C23 为 4 次、C24 为 3 次、C27 为 3 次、C28 为 4 次、C29 为 4 次、C30 为 4 次、C31 为 1 次；③CH 类产业中，C34 为 1 次、C36 为 1 次、C37 为 1 次、C39 为 2 次、C40 为 2 次、C41 为 3 次、C42 为 1 次；④D 类产业中，D45 为 4 次、D46 为 4 次。不难看出，四个地区的劣势产业主要是低端产业。

4. 支柱产业群（ⅣA 群）

表 5-16 显示的是 2007 年、2015 年数据测算的云南、贵州、上海、全国四个地区的支柱产业。很明显，四个地区支柱产业群的产业类别存在差异，云南 3 个，贵州 5 个，上海 4 个，全国为 5 个。

由表 5-16 可知，烟草制品业是云南和贵州共同的支柱产业；电力、热力的生产和供应业是云南和全国共同的支柱产业；黑色金属冶炼及压延加工业是贵州和上海共同的支柱产业；交通运输设备制造业是贵州和全国共同的支柱产业；信息设备、计算机及其他电子设备制造业是上海和全国共同的支柱产业。

表 5-16　2007 年、2015 年支柱产业群（ⅣA 群）

地区	支柱产业	数目
云南	C13、C16、D44	3
贵州	C16、C27、C32、C33、C37	5
上海	C25、C32、C34、C40	4
全国	C17、C25、C37、C40、D44	5

(二) 四类产业群结构

根据表 5-13 至表 5-16 中产业数计算得到，从 2007 年、2015 年四个地区先导工业群、主导工业群、劣势工业群和支柱工业群结构发生较大变化（见表 5-17）。总体上，2007 年、2015 年，主导产业群（ⅠA）的比重大幅上升，平均上升 14.33 个百分点，主导能力明显提升；先导产业群（ⅡA 群）的比重平均上升 2.67 个百分点，优势明显上升；而支柱产业群（ⅣA 群）的比重平均下降 10.72 个百分点，支柱能力明显下降，劣势产业群（ⅢA 群）的比重平均下降 6.28 个百分点，在加速退出。

进一步看，由于产业优势变迁，四个地区四分类产业结构也有明显差异。2007 年、2015 年，ⅠA 群的比重上升幅度最大的是云南，上升了 18.88 个百分点；其次是贵州，上升了 18.29 个百分点；上海上升了 9.85 个百分点；而全国整体上升了 10.29 个百分点。很明显，云南、贵州的上升幅度均高于全国水平，其中云南上升的幅度最大。ⅡA 群的比重上升幅度最大的也是云南，上升了 4.35 个百分点；全国的总体水平上升 2.05 个百分点，而贵州和上海的上升幅度都较小，分别上升 2.70 个百分点和1.59 个百分点。ⅣA 群的比重下降幅度最大的是云南，下降了 18.13 个百分点，下降幅度最小的为上海，只下降了 4.26 个百分点，其抗下降能力较强；贵州下降了 13.12 个百分点，全国整体水平下降了 7.36 个百分点。对于 ⅢA 群，比重下降幅度最大的是贵州，下降了 7.87 个百分点，下降幅度最小的是全国整体水平，只下降了 4.98 个百分点，上海下降了 7.18 个百分点，云南下降了 5.10 个百分点。可以看出，云南的产业交替较强，而贵州和上海产业的优势分化和重组很平稳，产业结构没有剧烈变化。

表 5-17　2007 年、2015 年四个地区四类产业群结构（A）

地区	2007 年				2015 年			
	ⅠA 群	ⅡA 群	ⅢA 群	ⅣA 群	ⅠA 群	ⅡA 群	ⅢA 群	ⅣA 群
云南	31.0600	5.6386	14.7992	48.5022	49.9407	9.9844	9.6986	30.3763
贵州	39.7434	2.7793	16.8547	40.6226	58.0354	5.4757	8.988	27.5009
上海	37.7333	3.6934	22.8395	35.7338	47.5795	5.2799	15.6640	31.4766
全国	39.6001	3.6276	20.8461	35.9262	49.8923	5.6765	15.8624	28.5688

（三）四个地区优势产业竞争力指数

表 5-18 显示的是以式（5-23）计算得到的，2007~2015 年四个地区的二分位产业结构竞争力指数。可以看出，四个地区的结构竞争力前十强的产业构成有明显的差异，贵州 D44 的结构竞争力指数最高，其次是上海 C37、云南 C33、全国 C32，其结构竞争力指数分别为 339.28、297.97、63.08，可以看出，贵州、云南、上海的结构竞争力指数都比较高，是全国的 3 倍以上。进一步，从地区前 10 的产业的结构竞争力极商（F1/F10）看，云南、贵州、上海、全国分别为 67.87、32.74、51.48、3.08，可以看出，云南、贵州、上海的极商均远远高于全国整体水平，其中云南的最高，贵州的最低。这说明，云南和上海的优势产业分布较集中，而贵州和全国的产业优势配置相对来说比较均衡，没有很突出的优势产业。

从横向看，云南的二分位产业中，B 类产业有 2 个，其中 B06 有 2 个，B09 有 1 个，云南前 10 个结构竞争力产业均属于低端产业，贵州除 C37 外，其他均是低端产业，全国除 C37、C40、C35 外，也均是低端产业，而上海除 C26、C32、C25、D44 外，均是高端制造业。显然，在云南和贵州高端制造业不是优势最强的产业，仍以 B 类产业、CL 类产业和 D 类产业为主，像经济发达的上海就是高端制造业的集聚地，以 CH 类产业为主。

表5-18　2007~2015 年四个地区前 10 个结构竞争力产业及指数

地区		F1	F2	F3	F4	F5	F6	F7	F8	F9	F10
云南	产业	C33	C16	C32	D44	C26	B06	C13	C31	C25	B09
	F 值	297.97	178.50	154.04	142.31	89.09	20.46	14.65	12.54	11.15	4.39
贵州	产业	D44	B06	C26	C32	C15	C16	C33	C31	C27	C37
	F 值	358.81	243.77	118.70	96.83	37.81	26.42	25.97	18.26	11.62	10.96
上海	产业	C37	C40	C35	C26	C32	C39	C25	D44	C36	C34
	F 值	339.28	295.82	59.10	59.87	40.39	40.02	23.26	20.58	14.40	6.59
全国	产业	C32	C37	C40	C26	C29	C13	D44	C35	C31	C33
	F 值	63.08	56.88	54.81	51.56	34.80	27.39	26.37	23.74	22.37	20.48

四、基于三分位产业的云南优势产业集群识别

（一）优势产业识别与比较

1. 主导产业群（ⅠA 群）

表5-19 显示的是以 2007 年、2015 年数据计算，并以表5-10 识别的云南、贵州、上海、全国四个地区在三分位产业中的主导产业。可以看出，四个区域三分位产业中主导产业群的产业构成存在差异。

在三分位产业中，从主导产业看（见表5-19），云南、贵州、上海、全国的主导产业既有相同之处，又有不同。B061、C120、C156 是云南、贵州、全国共同的主导产业；B063 是云南和全国共同的主导产业；C159、C171、C177、C178、C179、C180、C181 是上海和全国共同的主导产业；C122、C149、C157 是云南和贵州共同的主导产业；C125 是云南和上海共同的主导产业，C126 是云南、上海、全国共同的主导产业。虽然四个区域的主导产业有交叉，但也可以清楚地看到，云南和贵州基本没有高端制造

业，全国大约有 1/3 的高端制造业，而上海大约有 2/3 的高端制造业。

表 5-19　2007 年、2015 年主导产业群（ⅠA 群）

地区	主导产业	数目
云南	B061、B063、B068、C073、C086、C120、C122、C125、C126、C131、C149、C156、C157、C169	14
贵州	B061、C081、C120、C122、C149、C154、C156、C157、D196	9
上海	C087、C112、C121、C124、C125、C126、C159、C168、C170、C171、C174、C177、C178、C179、C180、C181、C186、C194、D197	19
全国	B061、B063、C071、C072、C074、C102、C120、C121、C126、C150、C151、C156、C159、C160、C171、C177、C178、C179、C180、C181、C187、C188	22

2. 先导产业群（ⅡA 群）

表 5-20 显示的是 2007 年、2015 年数据测算的云南、贵州、上海、全国四个地区的先导产业。很明显，在三分位产业中，四个地区先导产业都比较多且差别较大，云南有 33 个，贵州 46 个，上海 21 个，全国为 47 个。

从先导产业看（见表 5-20），C085 是云南、贵州、上海、全国四个地区共同的先导产业；B062、B064、C076、C101、C105、C112、C142 是云南、贵州、全国共同的先导产业；C173 是云南、上海、全国共同的先导产业；B069、C082、C146、C158、C195 是云南和全国共同的先导产业；C084、C092、C110、C129 是云南和贵州共同的先导产业，C075 是云南和上海共同的先导产业，B065、B070、C080、C088、C103、C104、C105、C109、C138、C153 是贵州和全国共同的先导产业，C077、C137、C169 是贵州、上海和全国共同的先导产业，C172、C173、C185、C189、C190、D198 是上海和全国共同的先导产业。可以看出，在先导产业中，云南的低端产业占了 60% 以上，贵州和全国占了 80% 以上，上海的先导产业群中有 50% 左右的高端产业。这也说明了，云南在先导产业群具有优势。

表 5-20　2007 年、2015 年先导产业群（ⅡA 群）

地区	先导产业	数目
云南	B062、B064、B069、C075、C076、C081、C082、C084、C085、C092、C098、C101、C105、C110、C112、C127、C128、C129、C136、C142、C146、C150、C158、C164、C167、C173、C180、C184、C186、C187、C188、C193、C195	33
贵州	B062、B063、B064、B065、B070、C071、C074、C076、C077、C080、C084、C085、C088、C092、C100、C101、C102、C103、C104、C105、C109、C110、C111、C112、C116、C118、C124、C125、C129、C137、C138、C140、C142、C144、C150、C153、C159、C160、C162、C169、C170、C171、C178、C187、C191、C194	46
上海	C073、C075、C077、C079、C085、C107、C114、C130、C137、C141、C145、C148、C165、C169、C172、C173、C185、C189、C190、C192、D198	21
全国	B062、B064、B065、B068、B069、B070、C076、C077、C078、C080、C082、C083、C085、C088、C099、C101、C103、C104、C105、C106、C107、C108、C109、C112、C119、C132、C136、C137、C138、C142、C143、C145、C146、C153、C157、C158、C163、C165、C169、C170、C172、C173、C185、C189、C190、C195、D198	47

3. 劣势产业群（ⅢA 群）

表 5-21 显示的是 2007 年、2015 年数据测算的云南、贵州、上海、全国四个地区的劣势产业。很明显，在三分位产业中，四个地区劣势产业群的产业类别也存在差异，云南 81 个，贵州 75 个、上海 88 个、全国为53 个。

据表 5-21 可知，在劣势产业群的三分位产业中，云南的低端制造业有 53 个，占比为 65.4%，高端制造业有 14 个，占比为 28.4%；贵州的低端制造业有 46 个，占比为 61.3%，高端制造业有 24 个，占比为 32.0%；上海的低端制造业有 66 个，占比为 75.0%，高端制造业有 11 个，占比为 12.5%；全国的低端制造业有 38 个，占比为 71.7%，高端制造业有 12 个，占比为 22.6%。不难看出，四个地区的低端制造业衰退比较严重，相比较而言，贵州的高端制造业衰退最严重，上海最不严重。

表 5-21　2007 年、2015 年劣势产业群（ⅢA 群）

地区	劣势产业	数目
云南	B065、B067、B070、C071、C074、C077、C078、C079、C080、C083、C088、C089、C090、C091、C093、C094、C095、C096、C097、C099、C100、C102、C103、C104、C106、C107、C108、C109、C111、C114、C115、C116、C117、C118、C119、C123、C124、C130、C132、C133、C134、C135、C137、C138、C139、C140、C141、C143、C144、C145、C147、C148、C151、C152、C153、C160、C161、C162、C163、C165、C166、C168、C170、C171、C172、C175、C176、C177、C178、C179、C181、C182、C183、C185、C189、C190、C191、C192、C194、D198、D199	81
贵州	B067、B068、B069、C072、C073、C075、C078、C079、C082、C083、C086、C089、C090、C091、C093、C094、C095、C096、C097、C098、C099、C105、C106、C107、C108、C113、C114、C115、C117、C119、C123、C126、C127、C128、C130、C132、C133、C134、C136、C139、C141、C143、C145、C146、C147、C148、C151、C152、C158、C161、C164、C165、C166、C167、C168、C172、C173、C175、C176、C177、C179、C180、C181、C182、C183、C184、C185、C186、C188、C190、C192、C193、C195、D198、D199	75
上海	B061、B062、B063、B064、B065、B066、B067、B068、B069、B070、C071、C072、C074、C076、C078、C080、C081、C082、C083、C084、C086、C088、C089、C090、C091、C092、C093、C095、C096、C097、C098、C099、C100、C101、C102、C103、C104、C105、C106、C108、C109、C110、C111、C113、C115、C116、C117、C118、C119、C120、C122、C123、C128、C131、C132、C133、C134、C135、C136、C138、C139、C140、C142、C143、C144、C146、C147、C149、C150、C151、C152、C153、C154、C155、C157、C158、C161、C163、C164、C166、C167、C175、C176、C183、C191、C193、C195、D199	88
全国	B066、B067、C073、C075、C079、C081、C084、C086、C090、C091、C092、C093、C095、C096、C097、C100、C110、C113、C114、C115、C116、C117、C118、C123、C124、C127、C128、C129、C130、C131、C133、C135、C139、C140、C141、C144、C147、C148、C152、C154、C161、C162、C164、C166、C167、C168、C175、C176、C183、C191、C192、C193、D199	53

4. 支柱产业群（ⅣA 群）

同样地，以 2007 年、2015 年数据测算，四个地区支柱产业群虽然包括的产业数较少，但也存在差别。云南、贵州、上海、全国的产业数分别为 11，9，11，17（见表 5-22）。

据表 5-22 统计，ⅣA 群的产业上榜次数为 48 次。其中，B 类产业、CL 类产业、CH 类产业、D 类产业分别上榜 2 次、27 次、13 次和 6 次，分别占总数的 4.2%、56.3%、27% 和 12.5%。不难看出，四个地区支柱产业中低端产业占比为 73%，高端产业占比为 27%，表明在支柱产业群中，低端产业占主要地位。

表 5-22　2007 年、2015 年支柱产业群（ⅣA 群）

地区	支柱产业	数目
云南	B066、C072、C087、C113、C121、C154、C155、C159、C174、D196、D197	11
贵州	B066、C087、C121、C131、C135、C155、C163、C174、D197	9
上海	C094、C127、C129、C156、C160、C162、C182、C184、C187、C188、D196	11
全国	C087、C089、C094、C098、C111、C122、C125、C134、C149、C155、C174、C182、C184、C186、C194、D196、D197	17

（二）四类产业群结构

以表 5-19 至表 5-22 中所划分的产业为依据，并结合 2007 年和 2015 年四个地区的产值计算后，发现 2007~2015 年四个地区先导产业群、主导产业群、劣势产业群和支柱产业群结构发生了较大变化（见表 5-23）。

进一步看，由于产业优势变迁，四个地区四类产业结构也有明显差异。2007 年、2015 年，ⅠA 群产值增速最快的是贵州，增长了 896.9 个百分点，说明其增长能力最强；其次是全国整体水平，增长了 835.2 个百分点；上海增长了 307 个百分点；然而云南仅增长了 49.74 个百分点，表明在主导产业中，云南不具有优势。ⅡA 群产业中上升幅度最大的是全国整体水平和上海，云南和贵州的增长幅度较小，但云南的增长幅度明显大于贵州。ⅣA 群的比重下降幅度大的是全国整体水平，贵州和上海的下降幅度差不多，云南的下降幅度最小，仅为 8.23%，说明其抗下降能力较强。对于ⅢA 群产业，比重下降幅度较大的是贵州和全国整体水平，其次是上海，下降幅度最小的是云南。

综上所述，从三分位产业来看，贵州和全国的产业交替较强，而云南和上海的产业优势分化和重组很平稳，产业结构没有剧烈变化。

表 5-23　2007~2015 年四个地区四类产业群结构（A）

地区	2007~2015 年			
	ⅠA 群	ⅡA 群	ⅢA 群	ⅣA 群
云南	49.74	51.25	8.23	19.98
贵州	896.9	19.98	89.36	240.8
上海	307	376.2	77.28	147.5
全国	835.2	655.5	320.7	337.7

（三）四个地区优势产业竞争力指数

表5-24报告的是以式（5-23）计算得到的2007~2015年四个地区三分位产业结构竞争力指数。可以看出，四个地区的结构竞争力前十强的产业构成有明显的差异，从纵向看，贵州B061的结构竞争力指数最高，其次是上海C174、云南C087、全国C156，其结构竞争力指数分别为339.92、201.54、54.74，可以看出贵州、云南、上海的结构竞争力指数都比较高，是全国的4倍以上。进一步，从地区前10的产业的结构竞争力极商（F1/F10）看，云南、贵州、上海、全国分别为42.79、55.44、77.96、11.10，可以看出云南、贵州、上海的极商均远远高于全国整体水平，其中贵州的最高、云南的最低。这说明，贵州和上海的优势产业分布较集中，而云南和全国的产业优势配置相对来说比较均衡，没有很突出的优势产业。

从横向看，三分位产业中，B类产业有2个，其中B061有3个，B063有1个，云南10个结构竞争力产业均属于低端产业，贵州的三分位产业也均是低端产业，全国除C174、C186外，也均是低端制造业，而上海除C156、D197、C121、C087、C125外，均是高端制造业。显然，在云南和贵州高端制造业不是优势最强的产业，以CL类产业为主，像经济发达的上海基本就是高端制造业的集聚地，以CH类产业为主。

综上所述，通过将云南的产业分为二分位和三分位产业来比较分析后可知，与贵州、上海、全国相比较，云南的优势产业为先导产业群。因此，云南想要促进经济增长，就需要从先导产业着手。

表5-24　2007~2015年四个地区前10个结构竞争力产业及指数

地区		F1	F2	F3	F4	F5	F6	F7	F8	F9	F10
云南	产业	C087	C156	D197	C122	B061	D196	C120	C149	B063	C121
	F值	201.54	143.19	95.33	55.95	33.25	21.47	18.95	12.36	6.94	4.71
贵州	产业	B061	D197	C122	D196	C087	C157	C156	C131	C149	C121
	F值	351.46	199.85	90.45	74.78	36.77	31.04	28.57	13.12	9.40	6.34

续表

地区		F1	F2	F3	F4	F5	F6	F7	F8	F9	F10
上海	产业	C174	C186	C156	D197	C121	C184	C177	C087	C170	C125
	F 值	339.92	169.74	58.46	17.68	10.15	8.64	7.08	5.58	4.89	4.36
全国	产业	C156	C174	B061	D197	C186	C089	C159	C121	C126	D196
	F 值	54.74	49.43	20.56	16.37	9.52	7.66	6.25	6.14	5.87	4.93

五、小结

云南地区产业结构优化和优势产业发展存在密切关系。云南优势产业中绝大多数是地区先导产业，其次是主导产业，代表着现阶段云南地区产业结构演化方向。云南地区产业结构优化目标主要是通过产业结构向合理化和高级化方向逐步调整，产生较好的结构效应。为此目标，产业结构优化为优势产业发展创造更好的发展环境，而优势产业发展又能促进云南地区产业结构的优化与升级。显然，云南地区产业结构优化是提高整体资源配置效率的重要前提，是提升产业增长质量和转变发展方式的主要路径。由于优势产业集群能够产生强大的规模集聚和专业化集聚效应，能够促进云南优势产业的集约增长。因此，优势产业集群也是云南产业结构优化的方向。云南产业结构的优化就是通过政府政策促进产业结构的高度化和合理化，推动资源向优势产业定向集聚与再配置，实现云南优势产业由低端集聚向高端集群转变。

第三节　能源约束下云南产业结构调整的增长动力

产业结构与经济增长是一种相互依赖、相互促进的关系，合理的产业结构可以有效地改善资源配置，促进经济增长，并且产业结构调整也是实现节能减排的重要途径。经济快速发展的同时，能源消耗也随之高速增长。为实现经济可持续发展和节能减排的目标，以实现经济增长最大化为目标，研究如何在能源约束条件下对产业结构进行优化与调整，对于国家和地区目前的经济发展具有重要的意义。

一、数据说明及特征事实

（一）数据说明

所使用的数据均来自历年《云南统计年鉴》。运用 1978~2011 年能源消费总量、能源消耗相关数据及能源消费弹性系数，了解云南省能源消费与经济增长的基本情况。再利用 2005~2011 年产业能源消费及 2010 年工业部门能源消耗相关数据，对云南省产业能源消耗状况进行分析。

（二）特征事实

1. 云南能源消费基本情况

（1）云南能源消费快速增长的势头有所放缓

从 1978~2011 年云南各年份能源消费情况来看，改革开放初期，由于云南经济基础相对薄弱，发展速度缓慢，云南能源消费总量较低，仅为 1065.9 万吨标准煤，1980~1983 年甚至还出现消费总量不断下降的局面（见图 5-4）。1983 年以后，云南能源消费总量逐年上升，随着经济的快速发展，2005 年以来，云南能源消费更是以惊人的速度增长，2005~2011 年云南能源消耗年均增长速度为 7.96%，而全国仅为 6.68%，高于全国平均水平 1.28 个百分点。

从规划期来看，"十五"期间，云南能源消费年均增速为 11.7%，"十一五"以来，云南加大了节能减排力度，能源消费年均增速为 7.6%，比"十五"期间下降了 4.1 个百分点。"十二五"以来，云南经济快速发展，能源消费呈现出增长的态势。2012 年云南能源消费总量为 10580 万吨，"十二五"前两年，云南能源消费年均增速 10.4%，能源消费的高速增长支撑了云南经济的快速发展。

（2）能源利用的经济效益稳步提高

从 1978~2011 年云南各年份能源利用经济效率来看，图 5-5 显示，1978~2011 年，云南能源消耗强度呈逐年递减的趋势，但是，云南 1978 年

（万吨标准煤）

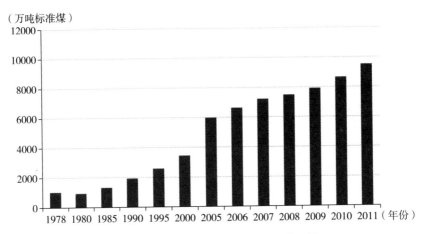

图 5-4　云南 1978~2011 年能源消费总量

资料来源：《云南统计年鉴》（2012）。

能源消耗强度高达 15.44 吨标准煤/万元，能源综合利用效率极低，2011
年能源强度虽然大幅度降低，为 1.07 吨标准煤/万元，但全国仅为 0.74 吨
标准煤/万元，高出全国平均水平 0.23 个百分点。因此，云南要想实现
"十二五"规划期间能源强度下降 16%的目标，一方面要推动技术进步和
自主创新，特别是重点耗能企业，提高能源综合利用效率；另一方面要优
化产业结构，淘汰落后产能，推动传统产业改造升级。

（吨标准煤/万元）

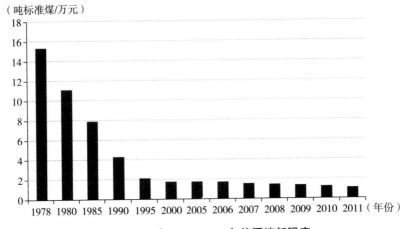

图 5-5　云南 1978~2011 年能源消耗强度

资料来源：《云南统计年鉴》（2012）。

（3）云南能源消耗弹性系数变化

对于地区而言，能源消耗弹性系数是能源消费增长率与地区生产总值的比值，反映地区能源消费增长速度与国民经济增长速度之间的比例关系。一般情况下，一个地区能源消耗弹性系数高，表明该地区节能技术水平不高，能源利用效率较低，产业结构不太合理，高能耗和高污染产业在产业总体结构中占据较大比例。

图5-6显示，1990~2011年，云南能源消费弹性系数总体上呈逐渐减小的趋势，由1990年的1.67降至2011年的0.73，能源利用效率明显提高，落后产能逐步淘汰，产业结构逐渐趋于合理。其中值得关注的是，1998年和1999年云南能源消费弹性系数均为负值，主要是受东南亚金融危机的影响，1998年、1999年云南出口下滑，出口总额由1997年的11.72亿美元降至1999年的10.34亿美元，金融危机使部分企业压缩生产，工业生产增速明显放缓，由1977年的11.5%降至1999年的3.85%，部分企业甚至因生产经营困难导致开工不足或停产，由此造成能源消费量减少，能源消费弹性系数为负值。

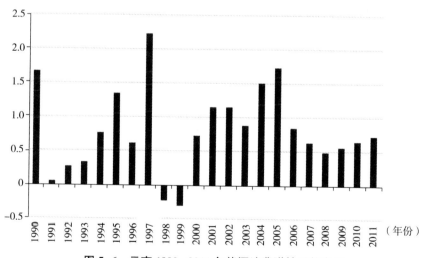

图5-6 云南1990~2011年能源消费弹性系数变化

资料来源：《云南统计年鉴》（2012）。

2. "十二五" 云南省能源消费测算

（1） 云南能源消费总量增长测算

2012 年，云南省单位 GDP 能耗为 1.1244 吨标准煤/万元（2010 年可比价），按照"十二五"云南省单位 GDP 能耗累计下降 15% 的总体要求，全省单位 GDP 能耗要由 2010 年的 1.2007 吨标准煤/万元（2010 年可比价）下降到 2015 年的 1.0206 吨标准煤/万元（2010 年可比价），2011~2012 年累计下降 5.77%，2013~2015 年还需下降 9.23%，年均下降 3.18%。

2013 年，按照单位 GDP 能耗下降 3.2% 测算，如果云南 GDP 增长 12%，全省能源消费总量增长要控制在 8.42% 以内；若按照云南 GDP 增长 13% 测算，全省能源消费总量增长要控制在 9.38% 以内。

如果按 2011 年全省能源消费总量占全国 2.74% 的比重测算，在 2015 年全国能源消费总量 40 亿吨标准煤控制的情况下，2015 年全省可用能源消费总量仅为 10965 万吨标准煤，按 2015 年全省单位 GDP 能耗下降到 1.0206 吨标准煤/万元计算，2015 年全省生产总值为 10734.68 亿元（按 2010 年可比价计算），比 2012 年增长 15.78%，2013~2015 年年均仅增长 5.0%。这样的发展速度远远支撑不了云南省第九次党代会提出的科学发展、跨越式发展、和谐发展的要求。

（2） 能源消费总量测算

按 2010~2012 年云南年均每吨标准煤创造生产总值 0.8628 万元（2010 年可比价）测算，如果 2013~2015 年 GDP 年均增长 12%（2010 年可比价），则 2013~2015 年能源消费总量需要分别控制在 12046 万吨、13491 万吨、15110 万吨标准煤以内；如果 2013~2015 年 GDP 年均增长 13%（2010 年可比价），则 2013~2015 年能源消费总量需要分别控制在 12153 万吨、13733 万吨、15518 万吨标准煤以内。

按 2012 年全省平均每吨标准煤创造生产总值 0.8894 万元（2010 年可比价）测算，如果 2013~2015 年 GDP 年均增长 12%（2010 年可比价），则 2013~2015 年能源消费总量需要分别控制在 11685 万吨、13088 万吨、14658 万吨标准煤以内；如果 2013~2015 年 GDP 年均增长 13%（2010 年可比价），则 2013~2015 年能源消费总量需要分别控制在 11790 万吨、13322 万吨、15054 万吨标准煤以内。

　　然而，按照全国能源消费总量40亿吨控制红线指标，云南省能源消费总量仅为10965万吨标准煤，这与上述两个经济发展测算方案均存在较大差距，为此，在能源双控下，必须加大结构调整力度，提高能源利用效率，促进云南经济可持续发展。

　　3. 云南产业能源消耗状况分析

　　（1）云南各产业能源消费走势

　　随着云南经济的发展，产业结构的调整，云南各产业能源消费状况也发生了较大变化。随着第一产业产值比重的下降，能源消费所占比重也逐步下降，由2005年的3.79%下降至2011年的2.04%；第二产业一直以来都是云南耗能比较集中的产业，2005年占据了云南能源消耗总量的74.18%，且这一比重一直都比较稳定；最近几年，云南第三产业发展势头迅猛，能源消耗占比也呈上升的趋势，由2005年的12.19%上升到2011年的14.59%；随着节能技术的发展，生活耗能所占比重有所下降，由2005年的9.85%下降至2011年的8.63%（见表5-25）。

表5-25　云南2005~2011年各产业能源消费走势

年份	第一产业占比（%）	第二产业占比（%）	第三产业占比（%）	生活消费占比（%）
2005	3.79	74.18	12.19	9.85
2006	3.40	75.16	11.96	9.48
2007	3.34	75.65	11.89	9.12
2008	2.73	76.08	12.12	9.07
2009	2.69	74.70	12.09	10.52
2010	2.05	74.49	14.00	9.46
2011	2.04	74.74	14.59	8.63

资料来源：《云南能源年鉴》（2012）。

　　（2）云南各部门能源消耗状况

　　能源消耗主要集中在工业部门，同时在工业内部，不同行业能源消耗也有较大差距。表5-26给出了云南2010年37个工业部门能源消耗和能源强度状况及排名。从能源消耗总量来看，前10位的行业依次为黑色金属冶炼及压延加工业，化学原料及化学制品制造业，非金属矿物制品业，有色金属冶炼及压延加工业，电力、热力的生产和供应业，煤炭开采和洗选业，石油加工、炼焦及核燃料加工业，农副食品加工业、有色金属矿采选业、黑色金属矿采选业，共耗能 5923.29 万吨标准煤，占该年工业部门耗能的 94%。同时，该 10 个行业能源利用率较低，能源强度较高，因此节能降耗应该首先从这 10 个行业入手，通过提高行业能源利用技术水平以及经营管理水平等提高能源利用效率，控制能源消费总量，降低能源强度。对于烟草制品业、饮料制造业、通用设备制造业、医药制造业、交通运输设备制造业，虽然能源消耗总量较高，但是能源利用效率也高，能源强度低，必须通过改进生产技术促使该类产业向低能源消耗、低强度转化。仪器仪表及文化办公用机械制造业、通信计算机及其他电子设备制造业不仅能源消耗总量低，能源强度也较低，是政府应该优先发展、重点发展的产业。

表 5-26   云南 2010 年工业部门能源消耗总量、单位产值能耗

行业	能源消耗总量（万吨标准煤）	排序	能源强度（吨标准煤/万元）	排序
黑色金属冶炼及压延加工业	1495.21	1	13.17	1
化学原料及化学制品制造业	1149.29	2	9.13	3
非金属矿物制品业	954.47	3	12.93	2
有色金属冶炼及压延加工业	873.26	4	3.90	8
电力、热力的生产和供应业	594.31	5	2.32	15
煤炭开采和洗选业	279.44	6	2.14	17
石油加工、炼焦及核燃料加工业	250.56	7	6.97	6
农副食品加工业	122.76	8	1.97	19
有色金属矿采选业	110.94	9	1.78	20
黑色金属矿采选业	93.05	10	2.71	14
非金属矿采选业	85.79	11	3.36	12
造纸及纸制品业	57.92	12	3.58	9

续表

行业	能源消耗总量 （万吨标准煤）	排序	能源强度 （吨标准煤/万元）	排序
烟草制品业	34.09	13	0.04	37
饮料制造业	28.25	14	0.84	25
燃气生产和供应业	21.77	15	3.41	10
通用设备制造业	16.05	16	0.69	28
木材加工及木竹藤棕草制品业	15.30	17	1.75	21
食品制造业	15.04	18	0.78	26
金属制品业	14.23	19	1.09	24
医药制造业	13.50	20	0.28	33
塑料制品业	12.18	21	1.32	22
交通运输设备制造业	12.00	22	0.35	30
纺织业	9.36	23	3.36	11
化学纤维制造业	5.86	24	1.26	23
废弃资源和废旧材料回收加工业	5.57	25	3.95	7
专用设备制造业	5.41	26	0.29	32
水的生产和供应业	4.91	27	0.50	29
工艺品及其他制造业	4.76	28	0.70	27
印刷业和记录媒介的复制	4.05	29	0.17	36
电气机械及器材制造业	3.94	30	0.23	35
纺织服装、鞋、帽制造业	2.73	31	8.36	4
橡胶制品业	2.64	32	3.31	13
仪器仪表及文化办公用机械制造业	1.26	33	0.26	34
通信计算机及其他电子设备制造业	1.05	34	0.31	31
家具制造业	0.51	35	2.17	16
皮革毛皮羽毛（绒）及其制品业	0.18	36	8.22	5
石油和天然气开采业	0.01	37	2.04	18

资料来源：《云南统计年鉴》（2011）。

二、模型的建立及求解

特征事实部分通过对云南产业结构及能源消耗现状进行分析，得出云南要想保持社会经济持续发展以及顺利实现"十二五"能源规划目标，必须对产业结构进行调整，抑制高耗能、高排放行业过快增长，加快淘汰落后产能，提高服务业和战略性新兴产业在国民经济中的比重。近年来，投入产出表在经济分析预测、政府政策模拟、国民经济的测算、企业经营管理等方面的应用十分广泛，但是投入产出方法并没有择优功能。为此，将投入产出与线性规划相结合，构建投入产出优化模型，对云南产业发展进行择优选择。

（一）云南产业结构优化模型的建立

在建立产业结构优化模型时，目标函数的建立应该不仅要充分考虑到国家或地区的实际状况，还要体现出国家或地区的政策倾向。因此，研究能源约束下云南产业结构调整、建立目标函数时不仅要保证云南经济持续快速发展，而且要遵循节能减排的要求，约束条件应充分考虑到数据的可得性。同时，由于现实环境的复杂性和不可控性，对能源约束下云南产业结构进行优化时，个别单位或个人的肆意浪费能源、生产过程的突发事故等因素造成能源消耗超过既定目标也是无法预知的，也就是说能源消耗具有一定的随机性。因此，将能源消耗当作随机变量进行处理以避免定值处理时带来的误差。

1. 云南产业结构优化目标

（1）经济增长目标

不论在发达国家还是在发展中国家，经济增长都是"第一优先解决的问题"，在一国处于极其重要的地位。因此，设定经济增长目标为规划期内经济增长累计值最大。

$$\text{Max} f(X_t) = \sum_{t=1}^{T} e'(X_t - A_t X_t) \tag{5-24}$$

式中，$X_t = (x_{1t}, x_{2t}, \cdots, x_{nt})'$ 为第 t 期各产业总产出列向量，A 为投

入产出直接消耗系数矩阵，$e = (1, 1, \cdots, 1)'$为单位列向量。

（2）能源消耗目标

降低能源消耗是建设资源节约型社会，实现可持续发展的重要条件。设定能源消耗目标为规划期内能源消耗总量最小：

$$\text{Min}(X_t) = \sum_{t=1}^{5} (c'_t X_t + \xi_t) \qquad (5\text{-}25)$$

式中，$c_t = (c_{1t}, c_{2t}, \cdots, c_{nt})'$为 t 期各产业单位产出的能源消耗列向量，$\xi_t$表示突发事件造成的能源消耗。

2. 约束条件

（1）能源消耗约束

"十一五"规划强调将对能源消耗总量和强度实施双控制，式（5-26）与式（5-27）分别体现了能源约束与能源强度约束。

$$c'_t X_t + \xi_t \leqslant C_t \qquad (5\text{-}26)$$

式中，$c_t = (c_{1t}, c_{2t}, \cdots, c_{nt})'$为 t 期各产业单位产出的能源消耗列向量，$C_t$为第 t 期允许消耗的能源最大值。

（2）强度约束

$$\frac{c'_t X_t + \xi_t}{e'(X_t - AX_t)} \leqslant R_t \qquad (5\text{-}27)$$

式中，R_t表示能源强度控制目标。

（3）动态投入产出平衡约束

$$X_t = A_t X_t + B_t(X_{t+1} - X_t) + Y_{ct} + Y_{et} \qquad (5\text{-}28)$$

式中，$B_t = (b_{ij})_{n \times n}$为 t 时期的投资系数矩阵，$b_{ij}$为第 j 产业增加单位产出需要第 i 产业提供的产品投资额，$B_t(X_{t+1} - X_t)$为资本形成列向量，Y_{ct}为最终消费列向量，Y_{et}为净流出列向量，$D_t(X_{t+1} - X_t) + Y_{ct} + Y_{et}$为最终使用部分。式（5-28）的经济含义是 t 时期某行业总产出不仅要满足 t 时期其他行业对本行业的消耗，而且要满足下期投资的需要、本期最终消费和净出口的需要。

（4）资本形成约束

$$(s_t + s_{f_t})e'(X_t - A_t X_t) \geqslant e' B_t(X_{t+1} - X_t) \qquad (5\text{-}29)$$

式中，s_t为储蓄率，s_{f_t}为外国资本流入占 GDP 的比重。式（5-29）表明下期的投资资本由本期的国民储蓄与外国资本流入构成。

（5）各产业部门上下限值约束

虽然每个行业都有一个生命周期，都要经历一个由成长到衰退的发展过程，但是该过程是一个循序渐进的过程，因此所有行业都不可能过快衰退或增值，故对产业发展的上下限做如下约束：

$$q_1 X_{t-1} \leq X_t \leq q_2 X_{t-1} \tag{5-30}$$

式中，q_1 与 q_2 分别表示产业产值下限约束与上限约束，$q_1 < 1 < q_2$。

（6）非负约束

$$X_t \geq 0 \tag{5-31}$$

3. 模型的假设条件

投入产出模型是对一般均衡模型的简化，因此它首先必须满足一般均衡模型的基本假设条件。此外，投入产出模型还需要如下三个基本假设：

第一，"纯"部门假设。"纯"部门假设是指每个产业部门只生产一种特定的同质的产品，具有单一的投入结构且只用一种生产技术进行生产。

第二，比例性假定。假定国民经济各部门之间的投入与产出成正比，即随着某行业产出的增加，所需的投入也要同比例相应增加。

第三，消耗系数相对稳定的假定。假定在一定时期内，各部门的生产技术水平保持不变，即直接消耗系数在一定时期内不随时间的推移而发生变化，同时，假定同一部门内，各企业的技术水平和技术条件均相同，直接消耗系数在同一部门的各企业之间保持不变。

（二）模型的求解

1. 直接消耗系数与投资系数的确定

动态投入产出模型包含两个重要的系数：直接消耗系数与投资系数。直接消耗系数是某生产部门生产单位产品需要消耗的本部门及其他各部门产品和服务的数量，它反映的是该部门与其他生产部门之间的直接经济技术联系和静态依赖关系。投资系数表示各部门产出增量和投资分配之间的关系，投资系数矩阵不能脱离各生产部门直接的技术经济联系。在进行动态投入产出分析之前，先要确定直接消耗系数和投资系数。

（1）直接消耗系数的确定

直接消耗系数在投入产出模型的应用过程中起着至关重要的作用。投入产出模型的基本假定之一为直接消耗系数在一定时期内保持不变。目前，云南可获得的最新投入产出表为 2010 年 42 部门投入产出延长表。由于能源的消耗主要集中在工业部门。因此，依据国家行业分类标准将云南 2010 年 42 部门投入产出表合并成 27 部门，其中包含 23 个工业部门，在运算过程中假定 $A(t) = A(2010)$。

（2）投资系数的确定

投入产出模型按照时期的不同可以分为静态投入产出模型和动态投入产出模型。静态投入产出模型只反映一个确定的时期内的投入产出数量关系，而不考虑时间变化的因素，动态投入产出模型在考虑社会经济变化时必须充分考虑到时间的因素。固定资本形成是将动态投入产出模型不同时期社会经济发展状况连接起来的纽带，而投资系数矩阵全面反映了固定资本形成数量、结构和效果。投资系数和直接消耗系数直接存在着确定的一种关系。我们用 X_t 和 U_t 分别代表 t 时期的总产出向量和中间产品使用向量，根据静态投入产出关系，有：

$$U_t = A_t X_t \tag{5-32}$$

$$U_{t+1} = A_{t+1} X_{t+1} \tag{5-33}$$

式（5-33）减式（5-32），得：

$$U_{t+1} - U_t = A_{t+1} X_{t+1} - A_t X_t \tag{5-34}$$

投入产出模型的假设之一即消耗系数相对稳定，在一定时期内保持不变，因此，$A_{t+1} = A_t$。式（5-34）可以简化为：$U_{t+1} - U_t = A_t(X_{t+1} - X_t)$，即

$$\Delta U_t = A_t \Delta X_t \tag{5-35}$$

令 g_t 表示各产业部门生产性投资向量，Y_t 表示最终产品向量，Y_{lt} 表示最终净产品向量（最终产品与生产性投资向量之差），I 为单位矩阵，则：

$$Y_{lt} = Y_t - g_t = (I - A_t)X_t - g_t \tag{5-36}$$

由动态投入产出模型，有：

$$B_t(X_{t+1} - X_t) = X_t - A_t X_t - Y_{lt} \tag{5-37}$$

由式（5-35）、式（5-36）和式（5-37），当矩阵 B 可逆时得：

$$\Delta U_t = A_t B_t^{-1} g_t \tag{5-38}$$

式（5-38）即直接消耗系数矩阵与投资系数矩阵之间确定的关系表达式。该式虽能说明直接消耗系数矩阵与投资系数矩阵、生产性投资以及中间使用量增量之间的关系，但是对于含 n 部门的投入产出表，式（5-38）方程个数为 n 个，而未知数的个数却为 n^2 个，未知数的个数大于方程个数，因此无法直接计算出投资系数矩阵。下面利用投资向量分解方法求解投资矩阵。

令 $G = (g_{ij})_{n \times n}$ 表示投资矩阵，则：

$$g_i = \sum_{j=1}^{n} g_{ij} \quad (i, j = 1, 2, \cdots, n) \tag{5-39}$$

根据静态投入产出模型，总产出向量记为 $X = (x_1, x_2, \cdots, x_n)^T$，则 $\Delta X = (\Delta x_1, \Delta x_2, \cdots, \Delta x_n)^T$，令 $\Delta \overline{X} = \text{diag}(\Delta x_1, \Delta x_2, \cdots, \Delta x_n)$，$\overline{U}$ 表示中间使用增量矩阵，则 $\Delta \overline{U} = (\Delta u_{ij})_{n \times n} = A \Delta \overline{X}$，其中：

$$\Delta u_{ij} = a_{ij} \Delta x_j \quad (i, j = 1, 2, \cdots, n) \tag{5-40}$$

假定对同一种产品，各部门对该产品中间产品的需求与投资品需求相同，即

$$\Delta u_{ij} / \sum_{j=1}^{n} \Delta u_{ij} = g_{ij} / \sum_{j=1}^{n} g_{ij} \quad (i, j = 1, 2, \cdots, n) \tag{5-41}$$

根据式（5-40）、式（5-41）可得：

$$g_{ij} = \Delta u_{ij} g_i / \Delta u_i \tag{5-42}$$

所以，

$$b_{ij} = g_{ij} / \Delta x_j \quad (i, j = 1, 2, \cdots, n) \tag{5-43}$$

由式（5-42）与式（5-43），得：

$$B = (b_{ij})_{n \times n} = \frac{\Delta u_{ij} g_i}{\Delta X_j \Delta u_i} \tag{5-44}$$

式（5-44）即所求的投资系数矩阵。要计算投资系数矩阵，首先需要确定 27 部门的投资向量 g_i，该数据可从《云南统计年鉴》（2011）中获得（见表5-27）。

投资系数确定之后，运用直接消耗系数和总产出增加数据可以计算出 Δu_{ij}，然后利用式（5-44）即可计算云南 2010 年投资消耗系数，后续运算

设定 $B(t) = B(2010)$。

表 5-27 云南 2010 年 27 部门投资向量　　　　单位：万元

序号	行业	投资额	序号	行业	投资额
1	农林牧渔业	1768213	15	通用、专用设备制造业	287852
2	煤炭开采和洗选业	859229	16	交通运输设备制造业	169374
3	金属矿采选业	1353211	17	电气、机械及器材制造业	257584
4	非金属矿采选业	300901	18	通信设备、计算机及其他电子设备制造业	92897
5	食品制造及烟草加工业	1260483	19	仪器仪表及文化办公用机械制造业	15281
6	纺织业	38623	20	工艺品及其他制造业	481427
7	服装皮革羽绒及其制品业	17412	21	电力、热力的生产和供应业	7152475
8	木材加工及家具制造业	142761	22	燃气生产和供应业	104369
9	造纸印刷及文教用品制造业	208224	23	水的生产和供应业	310884
10	石油加工、炼焦及核燃料加工业	379657	24	建筑业	67928
11	化学工业	1105763	25	交通运输、邮电仓储业及信息服务业	10293991
12	非金属矿物制品业	1141539	26	批发零售贸易业、住宿餐饮业	1837844
13	金属冶炼及压延加工业	1768806	27	其他服务业	21463199
14	金属制品业	213309	—	—	—

资料来源：由《云南统计年鉴》（2011）相应数据整理所得。

2. 随机变量的处理

由于目标函数与约束条件中均含有随机因素 ξ_t，因此求解之前需要做一定的转化。假定能源消耗的随机性波动 ξ 服从正态分布，对于目标函数，用 E 表示期望算子，带随机因素的目标函数的最大化问题可以转化为在约束条件下期望最大。约束条件式（5-26）是一个标准的随机不等式，处理随机不等式的有效方法之一是将它转化为相应的确定性等价式，然后利用比较成熟的线性规划的理论解决规划问题。令 $\xi \sim N(\mu, \sigma^2)$，$\phi(\cdot)$ 为标准正态分布函数，$\alpha \in [0, 1]$ 代表满意度，则随机不等式（5-26）$c'_t X + \xi_t \leqslant C_t$ 等价于：

$$C_t - c'_t X - \mu \geqslant \sigma \phi^{-1}(\alpha) \tag{5-45}$$

证明：设式（5-26）可以变为：$p\{C_t - c'_t X \geqslant \varepsilon_t\} \geqslant \alpha$

即 $p\{C_t - c'_t X \geqslant \varepsilon_t\} = p\left\{\dfrac{C_t - c'_t X - \mu}{\sigma} \geqslant \dfrac{\varepsilon_t - \mu}{\sigma}\right\} = \phi\left(\dfrac{C_t - c'_t X - \mu}{\sigma}\right) \geqslant \alpha$

又 $\phi(\cdot)$ 为增函数，所以：$C_t - c'_t X - \mu \geqslant \sigma \phi^{-1}(\alpha)$，即得证。同理可以处理式（5-27）。

3. 最终消费与净流出列向量预测

动态投入产出平衡约束中（式（5-28）），未来各期最终消费与净流出列向量均为未知向量，因此必须依据一定的计量统计方法测算出未来各期最终消费与净流出列向量，依据 GM（1，1）模型对其进行预测。

GM（1，1）模型是由一个只包含单变量的一阶微分方程构成的一种灰色模型，是对"小样本""贫信息"问题进行预测的有效方法，也是目前使用最广泛的关于数据预测一个变量、一阶微分的灰色预测模型。

设时间序列 $x^{(0)}$ 有几个观察值：$x^{(0)} = \{x^{(0)}(t), t = 1, 2, 3, \cdots, n\}$，通过累加生成得到新序列 $x^{(1)} = \{x^{(1)}(t), t = 1, 2, 3, \cdots, n\}$，生成新序列 $x^{(1)}$ 相应的微分方程为：

$$\frac{dx^{(1)}}{dt} + ax^{(1)} = b \tag{5-46}$$

式中，a 称为发展灰数，b 称为内生控制灰数，设 $[a, b]^T$ 为待估参数向量，利用最小二乘法求解可得：

$$[a, b]^T = (B^T B)^{-1} B^T Y_n \tag{5-47}$$

式中，$B = \begin{pmatrix} -\frac{1}{2}[x^{(1)}(1) + x^{(1)}(2)] & 1 \\ -\frac{1}{2}[x^{(1)}(2) + x^{(1)}(3)] & 1 \\ \vdots & \vdots \\ -\frac{1}{2}[x^{(1)}(n-1) + x^{(1)}(n)] & 1 \end{pmatrix}$, $Y_n = \begin{pmatrix} x^{(0)}(2) \\ x^{(0)}(3) \\ \vdots \\ x^{(0)}(n) \end{pmatrix}$。

将所求得的 $\hat{a}$、$\hat{b}$ 代回原来的微分方程，有：

$$\frac{dx^{(1)}}{dt} + \hat{a}x^{(1)} = \hat{b} \tag{5-48}$$

解式（5-48）可得：

$$x^{(1)}(t+1) = \left[x^{(1)}(1) - \frac{\hat{b}}{\hat{a}} \right] e^{-\hat{a}t} + \frac{\hat{b}}{\hat{a}} \qquad (5-49)$$

式（5-49）为预测方程。通过创建 GM 模型，可以得到未来的预测值，但是，这个模型是否能进行预测还需要进行检验。只有通过检验的模型才能进行预测。灰色模型的建模优劣精度通常用后验差检验方法进行分析。一般情况下，常用的是残差检验，最常用的是相对误差检验指标。

绝对误差：$\varepsilon^{(0)}(i) = x^{(0)}(i) - \hat{x}^{(0)}(i)$ $(i = 1, 2, \cdots, n)$

相对误差：$\Omega^{(0)}(i) = \lfloor \varepsilon^{(0)}(i)/x^{(0)}(i) \rfloor \times 100\%$ $(i = 1, 2, \cdots, n)$

平均相对误差：$\overline{\Omega} = \frac{1}{n} \sum_{i=1}^{n} |\Omega^{(0)}(i)|$

表 5-28　GM(1, 1) 模型检验标准

精度等级	平均相对误差 Ω	说明
一级	$0 \leqslant \Omega \leqslant 1$	很好
二级	$1 < \Omega \leqslant 5$	合格
三级	$5 < \Omega \leqslant 10$	勉强
四级	$10 < \Omega \leqslant 20$	不合格

具体操作步骤：

（1）最终消费

根据云南 2005 年、2006 年、2008 年、2009 年、2011 年最终消费总量数据，由于消费结构在相近年份变化不明显，结合投入产出表 2007 年与 2010 年投入产出各产业部门最终消费结构，估算出上述年份在对应年份各产业部门的最终消费数据，然后应用 GM(1, 1) 模型预测 2012～2015 年各产业部门最终消费数据。

（2）净流出

由于净流出包括出口、进口、调出、调入数据，影响进出口因素众多，因此很难进行准确预测，调出和调入数据很难获得。以 2010 年投入产出表净流出数为基础，将云南 2005~2011 年总净出口数调整为总净流出数，然后运用 GM(1，1) 模型预测出 2012~2015 年总净流出数，并假定 2011~2015 年各产业部门净流出数占总流出数的比例与 2010 年相同，以此估算出预测期各产业部门净流出数。虽然该方法存在较大误差，但是净流出的估计不是重点，且云南净流出占地方生产总值的比重较小，因此该估算结果对计算影响较小。

4. 多目标转化为单目标

建立的优化模型属于多目标优化模型。对于多目标优化模型，有许多不同的解法，如约束法、评价函数法、目标规划法、分层序列法、交互规划法、遗传算法等，利用评价函数法来求解。

对于一个给定的多目标最小化模型，一般具有许多个有效解或弱有效解，希望得到的是所求得的解既是问题的有效解或弱有效解，同时又是所满意的解。对于多目标极小化模型：

$$V - \underset{x \in X}{\mathrm{Min}} f(x) \tag{5-50}$$

求解的一个重要途径是构造一个把多目标转换为单目标的评价函数：$u(f) = u(f_1, f_2, f_3, \cdots, f_m)$，使得 VMP 模型变为：

$$\underset{x \in X}{\mathrm{Min}} u(f(x)) \tag{5-51}$$

这种通过构造评价函数将式（5-50）转换为式（5-51）然后再求最优解的方法叫作评价函数法。其中，最经典的评价函数法为线性加权法。

对于目标函数 f_i，给定一个权重 w_i，w_i 越大说明 f_i 在式（5-50）中越重要，反之 w_i 越小说明 f_i 在式（5-50）中越不重要，得出如下评价函数：

$$u(f(x)) = \sum_{i=1}^{m} w_i f_i(x) \tag{5-52}$$

求解式（5-52）的最小值，即

$$\underset{x \in X}{\mathrm{Min}} u(f(x)) = \underset{x \in X}{\mathrm{Min}} \sum_{i=1}^{m} w_i f_i(x) \tag{5-53}$$

为使得最优解根据各目标的重要程度，确保各目标值尽可能小，假定经济增长目标和能源消耗目标的权重分别为 w_1，w_2，为消除量纲的影响，将总量形式转化为增长速度形式，即

$$\text{Maxf}(X_t) = \sum_{t=1}^{5} \frac{e'(X_t - AX_t)}{e'(X_0 - AX_0)}$$

$$\text{Ming}(X_t) = \sum_{t=1}^{5} \frac{c'X_t + \xi_t}{c'X_0}$$

则评价函数为：

$$\text{Minh}(X_t) = w_1 \sum_{t=1}^{5} \frac{e'(X_t - AX_t)}{e'(X_0 - AX_0)} + w_2 \sum_{t=1}^{5} \frac{c'X_t + \xi_t}{c'X_0} \tag{5-54}$$

最终，多目标模型可以转化为如下单目标模型：

$$\begin{cases} \text{Minh}(X_t) = w_1 \sum_{t=1}^{5} \frac{e'(X_t - AX_t)}{e'(X_0 - AX_0)} + w_2 \sum_{t=1}^{5} \frac{c'X_t + \xi}{c'X_0} \\ \quad s.t \quad c_t'X_t + \xi_t \leqslant C_t \\ \quad \frac{c_t'X_t + \xi_t}{e'(X_t - AX_t)} \leqslant R_t \\ \quad X_t = A_tX_t + B_t(X_{t+1} - X_t) + Y_{ct} + Y_{et} \\ \quad (s_t + s_{f_t})e'(X_t - A_tX_t) \geqslant e'B_t(X_{t+1} - X_t) \\ \quad q_1X_{t-1} \leqslant X_t \leqslant q_2X_{t-1} \\ \quad X_t \geqslant 0 \end{cases} \tag{5-55}$$

式中，c_1，c_2，c_3，c_4，c_5 分别代表各年各行业能源消耗的技术测度系数，q_1，q_2 分别为产业上限、产业下限对角矩阵。

5. 模型中参数的处理

在对模型进行求解之前，先要对相应的参数进行估计。根据《云南能源年鉴》（2012）中关于2010年各产业能源消耗数据及云南2010年投入产出延长表各产业总产出数据设定能源消耗列向量 $c_t' = c_{2010}'$（见表5-29）。

根据国家"十二五"能源消费总量和强度控制目标，云南2015年能源消费总量控制为11160万吨标准煤，单位生产总值能耗较2010年下降16%。2010年云南能源消耗总量为8674.17万吨标准煤，设定云南能源消耗年均增长率为5.168%，2015年能源消耗总量将为11159.53万吨标准煤，在规划目标之内，整个规划期间云南能源消耗总量为50576.74万吨标准煤。根据上述数据，2011～2015年云南各时期能源消耗上限分别为：$C_{2011} =$

9122.45，$C_{2012} = 9593.90$，$C_{2013} = 10089.71$，$C_{2014} = 10611.15$，$C_{2015} = 11159.53$；2010 年云南单位生产总值能耗为 1.1229，2011~2015 年云南单位生产总值能耗上限分别为：$R_{2011} = 1.0845$，$R_{2012} = 1.0473$，$R_{2013} = 1.0114$，$R_{2014} = 0.9768$，$R_{2015} = 0.9433$。根据《云南统计年鉴》（2011）数据，设定 $s_t = s_0 = 0.41$，$s_{f_t} = s_{f_0} = 0.39$；根据云南产业历年发展状况以及产业结构演变规律，设定 $q_{11} = q_{12} = 0.8$，$q_{13} = 1.1$；$q_{21} = 1.1$，$q_{22} = q_{23} = 1.2$，其中 q_{1j} 表示第 j 产业的下限，q_{2j} 表示第 j 产业的上限，j 取 1，2，3，分别表示第一、第二、第三产业；取满意度 $\alpha = 0.95$，$\xi \sim N(\mu, \sigma^2)$。

表 5-29　云南能源消耗列向量

序号	行业	能耗系数	序号	行业	能耗系数
1	农、林、牧、渔业	0.0980	15	通用、专用设备制造业	0.1130
2	煤炭开采和洗选业	0.7767	16	交通运输设备制造业	0.0718
3	金属矿采选业	0.6434	17	电气、机械及器材制造业	0.0442
4	非金属矿及其他矿采选业	1.0949	18	通信设备、计算机及其他电子设备制造业	0.0657
5	食品制造及烟草加工业	0.1193	19	仪器仪表及文化办公用机械制造业	0.0624
6	纺织业	0.5727	20	工艺品废品废料及其他制造业	0.2340
7	纺织服装鞋帽皮革羽绒及其制品业	0.7117	21	电力、热力的生产和供应业	0.6007
8	木材加工及家具制造业	0.4109	22	燃气生产和供应业	0.4587
9	造纸印刷及文教体育用品制造业	0.4050	23	水的生产和供应业	0.2413
10	石油加工、炼焦及核燃料加工业	1.1055	24	建筑业	0.0619
11	化学工业	1.2187	25	交通运输业、邮政业和电信业	1.2454
12	非金属矿物制品业	3.1320	26	批发零售和住宿餐饮业	0.1243
13	金属冶炼及压延加工业	1.1236	27	其他行业	0.0592
14	金属制品业	0.2716			

资料来源：根据《云南能源年鉴》（2012）及云南 2010 年投入产出延长表相应数据整理而成。

三、实证结果及分析

(一) 模拟计算

1. 优化方案的设计

经济增长、能源消耗两个目标相互依存、相互制约。经济增长通常都伴随着能源消费的增长，反过来要降低能源消耗，在技术水平基本不变的情况下，就必须降低能源消费，从而限制经济的增长速度。如何同时实现经济增长和节能减排的目标是现阶段中国和地区经济发展所要面临的重要任务。

考察不同目标对云南产业结构优化结果的影响，设计三套优化方案：

第一，经济增长最大化方案，取 $w_1 = 1$，$w_2 = 0$；

第二，能源消耗最小化方案，取 $w_1 = 0$，$w_2 = 1$；

第三，多目标方案，即认为经济增长和能源消耗在经济发展过程中具有同等地位的作用，取 $w_1 = w_2 = 0.5$。

2. 优化结果分析

表 5-30、表 5-31、表 5-32 分别给出了经济增长最大化方案、能源消耗最小化方案、多目标方案下主要宏观经济指标变化情况。

表 5-30 显示，经济增长最大化方案下，总产出和 GDP 均呈现出较快的增长，2015 年，云南地区生产总值可以达到 15721 亿元，是 2010 年的 1.77 倍，地区生产总值增长率逐年上升，到 2015 年上升到 16.67%；2011 年，云南 GDP 增长率为负值，这说明云南近年来经济的高速增长是以牺牲资源为代价的，是一种不可持续的发展方式，如果不调整产业结构，抑制高能耗产业发展，淘汰落后产能，在能源约束的条件下不可能保持持续高速的增长。2012 年，云南经济增长率为 16.12%，说明产业结构优化后，云南资源获得了重组，资源在分配上更合理，2013～2015 年，云南经济增长率均超过 16%，优化后云南经济的快速增长有利于实现跨越式发展。

从能源消耗和能源强度角度看，经济增长最大化目标下，产业结构优化后 2011 年云南能源消耗为 9120.49 万吨标准煤，2011 年实际消耗

9540.28 万吨标准煤，优化后能源消耗小幅度下降，2015 年云南能源消耗上限为 11160 万吨标准煤，优化后 2015 年云南能源消耗总量仅为 11157.57 万吨标准煤，没有超过红线指标，较好完成了"十二五"规划国家分配给云南的能源消耗总量目标；但是能源消耗强度呈先增后减的趋势，到 2015 年降为 0.710，初步完成了能源消耗强度目标。

从三次产业产值占比来看，2010 年三次产业产值占比为 10.56：61.02：28.42，产业结构优化后，2011 年三次产业产值占比为 9.81：61.39：28.80，第二、第三产业产值比重有所上升，第一产业的产值比重下降了接近 1 个百分点；2012～2015 年，云南第一、第二产业产值比重逐渐下降，第三产业产值比重稳步上升；2015 年三次产业结构为 8.31：57.12：34.57，产业结构演变符合一般规律，且逐渐趋于合理。

表 5-30　经济增长最大化方案下主要宏观经济指标变化情况

指标	2010 年	2011 年	2012 年	2013 年	2014 年	2015 年
总产出（亿元）	17153	20311	23223	26690	30508	35087
GDP（亿元）	8893	8569	9951	11570	13474	15721
其中：第一产业产值占比（%）	10.56	9.81	9.43	9.06	8.69	8.31
第二产业产值占比（%）	61.02	61.39	60.34	59.26	58.18	57.12
第三产业产值占比（%）	28.42	28.80	30.23	31.68	33.14	34.57
总产出增长率（%）	—	18.41	14.3	14.50	14.73	15.01
GDP 增长率（%）	13.07	-3.64	16.12	16.27	16.46	16.67
能源消耗	8674.17	9120.49	9591.94	10087.75	10609.19	11157.57
能源强度	0.975	0.964	0.964	0.872	0.787	0.710

表 5-31 显示，在能源消耗最小化方案下，与经济增长最大化方案相比（见表 5-30），虽然能源消耗总量和强度大幅度下降，且三次产业产值结构演变状况有较大改善，2015 年三次产业产值结构接近发达国家的水平，但是总产出增长率 2011～2015 年均为负值，且经济增长率在 2011～2014 年也均为负值，能源消耗的减少是以牺牲经济的增长为代价的，优化结果不理想。

表 5-31　能源消耗最小化方案下主要宏观经济指标变化情况

指标	2010 年	2011 年	2012 年	2013 年	2014 年	2015 年
总产出（亿元）	17153	15185	13756	12775	12166	11874
GDP（亿元）	8893	6666	6288	6080	6019	6085
其中：第一产业产值占比（%）	10.56	9.54	8.42	7.26	6.10	5.00
第二产业产值占比（%）	61.02	55.15	48.70	41.95	35.24	28.88
第三产业产值占比（%）	28.42	35.32	42.88	50.79	58.67	66.12
总产出增长率（%）	—	-11.48	-9.41	-7.14	-4.76	-2.40
GDP 增长率（%）	13.07	-25.01	-5.86	-3.30	-1.00	1.116
能源消耗	8674.17	6646.81	5718.25	5015.48	4497.36	4131.36
能源强度	0.975	0.997	0.909	0.825	0.747	0.679

　　表 5-32 显示，在多目标优化方案下，与经济增长最大化方案相比，2011 年云南经济增长亦为负值，这也进一步说明了能源对云南经济的增长产生了强有力的约束，2012~2015 年，经济增长均在 12%以上，到 2015 年达到 16.06%，虽然经济增长略低于经济增长最大化方案下增长水平，但是该水平不仅能支撑云南经济社会的快速发展，且与经济增长最大化方案相比，能源消耗大幅减少，三次产业结构演变过程更趋于合理。

　　可见，三种优化方案中，多目标优化方案是一种比较理想的优化方案，也是一个基准方案。

表 5-32　多目标方案下主要宏观经济指标变化情况

指标	2010 年	2011 年	2012 年	2013 年	2014 年	2015 年
总产出（亿元）	17153	18065	19587	21749	24589	28198
GDP（亿元）	8893	7958	8915	10142	11667	13541
其中：第一产业产值占比（%）	10.56	11.02	11.18	11.08	10.78	10.34
第二产业产值占比（%）	61.02	56.98	53.81	51.48	49.86	48.84
第三产业产值占比（%）	28.42	31.99	35.01	37.44	39.36	40.82
总产出增长率（%）	—	5.32	8.43	11.04	13.06	14.68
GDP 增长率（%）	13.07	-10.51	12.02	13.77	15.04	16.06
能源消耗	8674.17	6899.11	6227.50	5796.90	5573.54	5539.77
能源强度	0.975	0.867	0.699	0.572	0.478	0.409

表5-33 为多目标方案下云南2011~2015年27产业产值变化，可以看出，优化后云南高能耗产业，如金属冶炼及压延加工业，化学工业，非金属矿物制品业，石油加工、炼焦及核燃料加工业，煤炭开采和洗选业，金属矿采选业等产值均呈下降趋势；食品制造及烟草加工业，通用、专用设备制造业，交通运输设备制造业，电气、机械及器材制造业，通信设备、计算机及其他电子设备制造业，仪器仪表及文化办公用机械制造业，工艺品及其他制造业等低耗能产业产值逐年上升。

表5-33 云南2011~2015年27产业产值变化（多目标方案）

单位：亿元

行业	2011年		2012年产值	2013年产值	2014年产值	2015年产值
	优化前产值	优化后产值				
农林牧渔业	1810.5	1991.6	2190.7	2409.8	2650.8	2915.9
煤炭开采和洗选业	359.8	287.8	230.3	184.2	147.4	117.9
金属矿采选业	317.0	253.6	202.9	162.3	129.9	103.9
非金属矿采选业	78.4	62.7	50.1	40.1	32.1	25.7
食品制造及烟草加工业	1677.4	2012.9	2415.5	2898.6	3478.3	4174.0
纺织业	16.3	13.1	10.5	8.4	6.7	5.4
服装皮革羽绒及其制品业	4.1	3.3	2.6	2.1	1.7	1.3
木材加工及家具制造业	38.5	30.8	24.6	19.7	15.8	12.6
造纸印刷及文教用品制造业	153.0	122.4	97.9	78.4	62.7	50.1
石油加工、炼焦及核燃料加工业	226.6	181.3	145.1	116.0	92.8	74.3
化学工业	971.1	776.9	621.5	497.2	397.8	318.2
非金属矿物制品业	304.8	243.8	195.0	156.0	124.8	99.9
金属冶炼及压延加工业	2107.9	1686.3	1349.0	1079.2	863.4	690.7
金属制品业	52.4	41.9	33.5	26.8	21.5	17.2
通用、专用设备制造业	189.9	227.9	273.5	328.2	393.8	472.6
交通运输设备制造业	167.1	200.5	240.6	288.7	346.4	415.7
电气、机械及器材制造业	89.1	106.9	128.3	153.9	184.7	221.7
通信设备、计算机及其他电子设备制造业	16.0	19.2	23.0	27.6	33.1	39.8

续表

行业	2011 年		2012 年产值	2013 年产值	2014 年产值	2015 年产值
	优化前产值	优化后产值				
仪器仪表及文化办公用机械制造业	20.2	24.2	29.1	34.9	41.9	50.2
工艺品及其他制造业	44.2	53.0	63.6	76.3	91.6	109.9
电力、热力的生产和供应业	989.4	791.5	633.2	506.6	405.3	324.2
燃气生产和供应业	47.5	38.0	30.4	24.3	19.4	15.6
水的生产和供应业	20.4	24.4	29.3	35.2	28.1	22.5
建筑业	2576.0	3091.2	3709.5	4451.4	5341.7	6410.0
交通运输、邮电仓储业及信息服务业	708.2	779.0	856.9	942.6	1036.8	1140.5
批发零售贸易业、住宿餐饮业	1319.8	1583.7	1900.4	2280.5	2736.6	3284.0
其他服务业	2847.2	3416.6	4099.9	4919.9	5903.9	7084.7

表 5-34 为多目标方案下云南 2011～2015 年 27 产业产值比重变化情况，2011～2015 年，产值比重上升的产业有食品制造及烟草加工业，通用、专用设备制造业，交通运输设备制造业，电气、机械及器材制造业，通信设备、计算机及其他电子设备制造业，仪器仪表及文化办公用机械制造业，工艺品及其他制造业，建筑业，批发零售贸易业，住宿餐饮业，其他服务业 11 个产业，其中 8 个产业属于工业部门，且大部分属于高端制造业，服务业占 3 个；农林牧渔业、交通运输、邮电仓储业及信息服务业比重先小幅上升后下降，其余产业产值比重均下降。

表 5-34 云南 2011～2015 年 27 产业产值比重变化   单位：%

行业	2011 年		2012 年比重	2013 年比重	2014 年比重	2015 年比重
	优化前比重	优化后比重				
农林牧渔业	10.56	11.02	11.18	11.08	10.78	10.34
煤炭开采和洗选业	2.10	1.59	1.18	0.85	0.60	0.42
金属矿采选业	1.85	1.40	1.04	0.75	0.53	0.37
非金属矿采选业	0.46	0.35	0.26	0.18	0.13	0.09

续表

行业	2011 年		2012 年比重	2013 年比重	2014 年比重	2015 年比重
	优化前比重	优化后比重				
食品制造及烟草加工业	9.78	11.14	12.33	13.33	14.15	14.80
纺织业	0.10	0.07	0.05	0.04	0.03	0.02
服装皮革羽绒及其制品业	0.02	0.02	0.01	0.01	0.01	0.00
木材加工及家具制造业	0.22	0.17	0.13	0.09	0.06	0.04
造纸印刷及文教用品制造业	0.89	0.68	0.50	0.36	0.25	0.18
石油加工、炼焦及核燃料加工业	1.32	1.00	0.74	0.53	0.38	0.26
化学工业	5.66	4.30	3.17	2.29	1.62	1.13
非金属矿物制品业	1.78	1.35	1.00	0.72	0.51	0.35
金属冶炼及压延加工业	12.29	9.33	6.89	4.96	3.51	2.45
金属制品业	0.31	0.23	0.17	0.12	0.09	0.06
通用、专用设备制造业	1.11	1.26	1.40	1.51	1.60	1.68
交通运输设备制造业	0.97	1.11	1.23	1.33	1.41	1.47
电气、机械及器材制造业	0.52	0.59	0.65	0.71	0.75	0.79
通信设备、计算机及其他电子设备制造业	0.09	0.11	0.12	0.13	0.13	0.14
仪器仪表及文化办公用机械制造业	0.12	0.13	0.15	0.16	0.17	0.18
工艺品及其他制造业	0.26	0.29	0.32	0.35	0.37	0.39
电力、热力的生产和供应业	5.77	4.38	3.23	2.33	1.65	1.15
燃气生产和供应业	0.28	0.21	0.16	0.11	0.08	0.06
水的生产和供应业	0.12	0.14	0.15	0.16	0.11	0.08
建筑业	15.02	17.11	18.94	20.47	21.72	22.73
交通运输、邮电仓储业及信息服务业	4.13	4.31	4.37	4.33	4.22	4.04
批发零售贸易业、住宿餐饮业	7.69	8.77	9.70	10.49	11.13	11.65
其他服务业	16.60	18.91	20.93	22.62	24.01	25.12

(二) 政策模拟实验

在前文分析中,我们假定节能技术在短时期不发生变化,且没有考虑资源型产业、高端制造业发展对产业结构调整的影响,这里对技术进步、资源型产业、高端制造业的发展政策进行政策模拟。

1. 技术进步政策模拟

技术进步不仅能提高能源利用率,而且能提高产品的附加价值,延长产业链。根据《云南统计年鉴》(2011) 中规模以上工业 R&D 经费投入情况及云南 "十二五" 规划能源强度目标,非金属采矿业、金属冶炼及压延加工业、非金属矿物制品业、化学工业、电力的生产与供应业五大重点资源型产业能耗系数每年降低 5 个百分点,其余行业每年降低 3 个百分点,以此模拟各行业技术进步对产业结构调整的影响。其他条件不变,转化后的多目标规划模型,以式 (5-56) 优化后主要宏观经济指标列于表 5-35,各产业比重列于表 5-36。

表 5-35 含技术进步的产业发展政策模拟结果主要宏观经济指标

指标	2010 年	2011 年	2012 年	2013 年	2014 年	2015 年
总产出 (亿元)	17153	18065	19587	21749	24589	28198
GDP (亿元)	8893	7958	8915	10142	11667	13541
其中: 第一产业产值占比 (%)	10.56	11.02	11.18	11.08	10.78	10.34
第二产业产值占比 (%)	61.02	56.98	53.81	51.48	49.86	48.84
第三产业产值占比 (%)	28.42	31.99	35.01	37.44	39.36	40.82
总产出增长率 (%)	—	5.32	8.43	11.04	13.06	14.68
GDP 增长率 (%)	—	-10.51	12.02	13.77	15.04	16.06
能源消耗	8674.17	6604.35	5704.63	5090.46	4699.57	4491.34
能源强度	0.975	0.366	0.291	0.234	0.191	0.159

在技术进步条件下,除烟草产业外,虽然其他各产业的比重没有得到进一步改善,但是各产业能源消耗明显降低,能源强度进一步下降,技术进步能有效缓解产业发展的能源压力。

表 5-36　含技术进步的产业发展政策对各行业比重影响的模拟结果

单位：%

行业	比重				
	2011 年	2012 年	2013 年	2014 年	2015 年
农林牧渔业	11.02	11.18	11.08	10.78	10.34
煤炭开采和洗选业	1.59	1.18	0.85	0.60	0.42
金属矿采选业	1.40	1.04	0.75	0.53	0.37
非金属矿采选业	0.35	0.26	0.18	0.13	0.09
食品制造及烟草加工业	11.14	12.33	13.33	14.15	14.80
纺织业	0.07	0.05	0.04	0.03	0.02
服装皮革羽绒及其制品业	0.02	0.01	0.01	0.01	0.00
木材加工及家具制造业	0.17	0.13	0.09	0.06	0.04
造纸印刷及文教用品制造业	0.68	0.50	0.36	0.25	0.18
石油加工、炼焦及核燃料加工业	1.00	0.74	0.53	0.38	0.26
化学工业	4.30	3.17	2.29	1.62	1.13
非金属矿物制品业	1.35	1.00	0.72	0.51	0.35
金属冶炼及压延加工业	9.33	6.89	4.96	3.51	2.45
金属制品业	0.23	0.17	0.12	0.09	0.06
通用、专用设备制造业	1.26	1.40	1.51	1.60	1.68
交通运输设备制造业	1.11	1.23	1.33	1.41	1.47
电气、机械及器材制造业	0.59	0.65	0.71	0.75	0.79
通信设备、计算机及其他电子设备制造业	0.11	0.12	0.13	0.13	0.14
仪器仪表及文化办公用机械制造业	0.13	0.15	0.16	0.17	0.18
工艺品及其他制造业	0.29	0.32	0.35	0.37	0.39
电力、热力的生产和供应业	4.38	3.23	2.33	1.65	1.15
燃气生产和供应业	0.21	0.16	0.11	0.08	0.06
水的生产和供应业	0.14	0.15	0.16	0.11	0.08
建筑业	17.11	18.94	20.47	21.72	22.73
交通运输、邮电仓储业及信息服务业	4.31	4.37	4.33	4.22	4.04
批发零售贸易业、住宿餐饮业	8.77	9.70	10.49	11.13	11.65
其他服务业	18.91	20.93	22.62	24.01	25.12

2. 适当限制资源型产业，鼓励高端制造业

资源型产业对云南的经济增长起着主导作用。2002 年以来，资源型产业对云南经济增长的贡献一直在 40% 以上。2011 年云南 100 强企业前 10 位中，有 9 个企业属于资源型产业，它们分别为：红云烟草集团有限责任公司、玉溪红塔烟草集团有限责任公司、昆明钢铁集团有限公司、云南铜业集团有限公司、云南冶金集团有限公司、云南锡业集团有限公司、云天化有限责任公司、中国石油化工股份有限公司、云南电网，该 9 个企业营业总收入达到前 100 强企业营业总收入的 55.54%，占据了半壁江山。但是，资源型产业不仅能耗系数较高，且在生产过程中伴随着大量工业废弃物，给环境造成了严重的污染。在能源硬约束条件下，限制高能耗资源型产业的发展，鼓励高端制造业发展，对云南完成"十二五"能源规划目标，实现经济的可持续发展极为重要。

根据云南产业历年发展状况，同时考虑适当限制资源型产业发展的政策，对能耗系数较高，且对云南经济发展影响较大的非金属采矿业、金属冶炼及压延加工业、非金属矿物制品业、化学工业、电力的生产与供应业五大资源型产业，设定发展的上下限分别为 0.9 和 1.2；对通用、专用设备制造业，交通运输设备制造业，电气机械及器材制造业，通信设备、计算机及其他电子设备制造业，仪器仪表及文化办公用机械制造业，工艺品及其他制造业六大高端制造业，设定产业发展的上下限分别为 1.2 和 1.3，同时考虑到三次产业的均衡发展和资源在三次产业中的合理高效配置，设定第一产业发展的上下限分别为 0.9 和 1.2，第三产业发展的上下限分别为 1.2 和 1.4，第二产业其他各产业部门发展上下限根据历年发展状况分别设定为 0.8 和 1.3。表 5-37、表 5-38 分别显示的是以式（5-53）优化后的主要宏观经济指标和各产业比重。

表 5-37　特定产业发展政策模拟结果主要宏观经济指标

指标	2010 年	2011 年	2012 年	2013 年	2014 年	2015 年
总产出（亿元）	17153	20075	24290	30200	38336	49426
GDP（亿元）	8893	8902	11206	14380	18716	24624
其中：第一产业产值占比（%）	10.56	10.82	10.73	10.36	9.79	9.11

续表

指标	2010 年	2011 年	2012 年	2013 年	2014 年	2015 年
第二产业产值占比（%）	61.02	55.88	51.44	47.73	44.62	41.98
第三产业产值占比（%）	28.42	33.29	37.82	41.91	45.59	48.91
总产出增长率（%）	—	17.04	21.00	24.33	26.94	28.93
GDP 增长率（%）	—	0.10	25.89	28.33	30.15	31.56
能源消耗	8674.17	7304.16	6984.87	6910.03	7085.73	7535.68
能源强度	0.975	0.364	0.288	0.229	0.185	0.152

表 5-38　特定产业发展政策对各行业比重影响的模拟结果　　单位：%

行业	比重				
	2011 年	2012 年	2013 年	2014 年	2015 年
农林牧渔业	10.82	10.73	10.36	9.79	9.11
煤炭开采和洗选业	1.43	0.95	0.61	0.38	0.24
金属矿采选业	1.26	0.84	0.54	0.34	0.21
非金属矿采选业	0.35	0.26	0.19	0.13	0.09
食品制造及烟草加工业	10.86	11.67	12.20	12.50	12.60
纺织业	0.07	0.04	0.03	0.02	0.01
服装皮革羽绒及其制品业	0.02	0.01	0.01	0.00	0.00
木材加工及家具制造业	0.15	0.10	0.07	0.04	0.03
造纸印刷及文教用品制造业	0.61	0.40	0.26	0.16	0.10
石油加工、炼焦及核燃料加工业	0.90	0.60	0.38	0.24	0.15
化学工业	4.35	3.24	2.34	1.66	1.16
非金属矿物制品业	1.37	1.02	0.74	0.52	0.36
金属冶炼及压延加工业	9.45	7.03	5.09	3.61	2.52
金属制品业	0.21	0.14	0.09	0.06	0.03
通用、专用设备制造业	1.23	1.32	1.38	1.41	1.32
交通运输设备制造业	1.08	1.16	1.22	1.24	1.25
电气、机械及器材制造业	0.58	0.62	0.65	0.66	0.67
通信设备、计算机及其他电子设备制造业	0.10	0.11	0.12	0.12	0.12
仪器仪表及文化办公用机械制造业	0.13	0.14	0.15	0.15	0.15
工艺品及其他制造业	0.29	0.31	0.32	0.33	0.33
电力、热力的生产和供应业	4.44	3.30	2.39	1.69	1.18

行业	比重				
	2011 年	2012 年	2013 年	2014 年	2015 年
燃气生产和供应业	0.19	0.13	0.08	0.05	0.03
水的生产和供应业	0.13	0.14	0.15	0.09	0.06
建筑业	16.68	17.92	18.74	19.19	19.35
交通运输、邮电仓储业及信息服务业	4.23	4.20	4.05	3.83	3.57
批发零售贸易业、住宿餐饮业	9.20	10.65	11.99	13.22	14.36
其他服务业	19.86	22.97	25.87	28.53	30.98

表 5-37 和表 5-35 结果相比，在制定特定产业发展政策之后，云南产业结构进一步趋于合理，三次产业总产出比重从 2010 年的 10.56：61.02：28.42 转变为 2015 年的 9.11：41.98：48.91，经济增长率明显提高，较无特定产业发展政策相比，每年上升了 10 多个百分点，且调整的第一年，经济仍保持正的增长。虽然能源消耗量有了一定的上升，但仍在可控范围之内，且能源强度明显低于无特定产业发展政策时对应的值。同时，金属采矿业、非金属采矿业、金属冶炼及压延加工业、非金属矿物制品业、化学工业、电力的生产与供应业等资源型产业产值所占比重明显降低；通用、专用设备制造业，交通运输设备制造业，电气、机械及器材制造业，通信设备、计算机及其他电子设备制造业，仪器仪表及文化办公用机械制造业，工艺品及其他制造业等高端制造业产值比重得到明显改善。

四、小结

第一，云南历年经济的快速增长是以牺牲资源为代价，是一种不可持续的发展方式，如果不调整产业结构、抑制高能耗产业发展、淘汰落后产能，在能源约束的条件下不可能保持持续高速的增长。

第二，从模型优化的结果来看，产业结构优化后不仅能源消耗总量和强度明显下降，而且 2011 年能保持每年 12% 的年均增长率，三次产业结构也逐渐趋于合理，模型总体优化结果较理想。云南今后产业结构调整的方向是进一步发展农业，大力发展高端制造业和服务业，限制高耗能资源型产业发展。

第三，政策模拟表明，技术进步虽然短时间内不能明显改善产业结构，但是能有效降低能源消耗总量；实施适当限制高能耗资源型产业发展，支持高端制造业发展的政策不仅使得云南经济增长速度明显加快，而且产业结构状况得到明显改善。

第四节　能源双控约束下云南工业的结构最优化与增长动力

一、模型构建思想

"十一五"时期，我国能源消费实施了强度控制，在此基础上，党的十八大报告中又明确提出了"控制能源消费总量"的控制导向。基于此，国家能源局在能源发展"十二五"规划的基础上，于 2013 年正式下发《控制能源消费总量工作方案》。这意味着，"十二五"期间国家对各省市区能源消费所采取的既控强度又控总量的"双控"措施正式拉开帷幕。就云南而言，同时要满足国家对云南单位生产总值能耗和能源消费总量控制的目标，存在较大的能源消耗指标缺口，对云南经济跨越发展产生了明显的约束。在能源消费"双控"下，确保经济增长目标必须明确产生结构调整方向，优化云南产业结构。

确保云南增长目标而调整工业结构须坚持三个基准：一是降低能源消耗。在能源双控的硬约束下，要实现云南跨越发展必须优先发展低能源消耗强度产业。二是发挥关联效应。一般情况下，前向关系、后向系数大的产业应该优先得到发展，加大关联效应强的产业份额。在两者兼顾的情况下，进行理论上产业结构再造。三是发挥比较结构竞争优势。工业产业结构总额为 100%，产业因结构竞争力不同，各产业对结构系数的竞争中有升有降，产业结构竞争力强的产业其结构系数上升。

二、目标

在统计上，每年度的工业增加值是各工业产业增加值之和，但从一个时期看，不同工业产业在一段时期内的重要性却有明显的差异。假设工业 GDP 为工业产业 GDP_i 的线性函数：

$$GDP = \alpha_1 GDP_1 + \alpha_2 GDP_2 + \cdots + \alpha_i GDP_i \tag{5-56}$$

式中，α_i 为 i 工业产业对 GDP 的边际贡献系数，$0 < \alpha_i < 1$，i = 1, 2, …, n。

1. 同质性目标函数的结构系数

$$\alpha_1 = \alpha_2 = \cdots = \alpha_i = \alpha_n = 1/n$$

2. 无关联异质性目标函数的结构系数

$$\alpha_i = GDP_i / \sum_{i=1}^{36} GDP_i \tag{5-57}$$

3. 关联异质性目标函数的结构系数

产业之间的关联性是异质性的重要表现。在云南 2012 年投入产出表中，是将投入产出关联（直接消耗）矩阵分为对角矩阵 w_l 和非对角矩阵 w_h 两部分：

$$\begin{bmatrix} c_{11} & c_{1i} & c_{1n} \\ c_{j1} & c_{ij} & c_{jn} \\ c_{n1} & c_{1n} & c_{nn} \end{bmatrix} = \begin{bmatrix} c_{11} & 0 & 0 \\ 0 & c_{ij} & 0 \\ 0 & 0 & c_{nn} \end{bmatrix} + \begin{bmatrix} 0 & c_{1i} & c_{1n} \\ c_{j1} & 0 & c_{jn} \\ c_{n1} & c_{1n} & 0 \end{bmatrix}$$

$$令\ w_l = \begin{bmatrix} c_{11} & 0 & 0 \\ 0 & c_{ij} & 0 \\ 0 & 0 & c_{nn} \end{bmatrix}, \quad w_h = \begin{bmatrix} 0 & c_{1i} & c_{1n} \\ c_{j1} & 0 & c_{jn} \\ c_{n1} & c_{ni} & 0 \end{bmatrix}$$

w_l 表示产业内溢出即水平溢出的异质性，而 w_h 表示产业间溢出即纵向溢出的异质性，这里还需进一步把 w_h 分为前向异质性矩阵和后向异质性矩阵。

$$w_h^f = \begin{bmatrix} 0 & c_{1i} & c_{1n} \\ c_{j1} & 0 & c_{jn} \\ c_{n1} & c_{ni} & 0 \end{bmatrix}, \quad w_h^b = (w_h^b)' = \begin{bmatrix} 0 & c_{j1} & c_{n1} \\ c_{1i} & 0 & c_{ni} \\ c_{1n} & c_{jn} & 0 \end{bmatrix}$$

w_h^f 表示前向溢出的异质性矩阵，w_h^b 为后向溢出的异质性矩阵，它是 w_h^f 的转置（见图 5-7）。

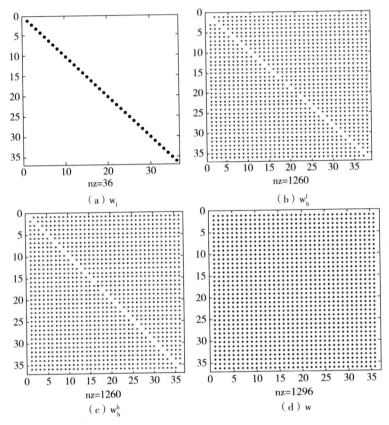

（a）w_l （b）w_h^f

（c）w_h^b （d）w

图 5-7 2012 年云南产业投入产出表的分解与合成

有了三个关联矩阵后，由投入产业表产生的全向关联矩阵为：

$$w = w_l + w_h^f + w_h^b$$

基于全向关联矩阵的产业 GDP 的关联 GDP 为：

$$GDP_i = wGDP_i \tag{5-58}$$

基于式（5-58）的关联异质性目标函数的结构系数：

$$\alpha_i = wGDP_i / \sum_{i=1}^{36} wGDP_i \tag{5-59}$$

表 5-39 显示的是规模以上工业产业增加值与由式（5-58）计算的产业关联增加值。根据表 5-39 中的相关数据，由相关系数公式可计算得出

2014 年云南工业产业 GDP 和 wGDP 的相关系数为 0.7237，两者高度相关。

表 5-39　2014 年云南规模以上工业产业 GDP 和 wGDP

单位：万元

产业	GDP_i	$wGDP_i$	产业	GDP_i	$wGDP_i$	产业	GDP_i	$wGDP_i$
B06	316.67	495.78	C21	1.76	109.73	C34	90.48	366.88
B08	190.12	317.12	C22	63.79	195.87	C35	93.01	382.79
B09	277.30	399.28	C23	69.80	154.66	C36	96.58	299.44
B10	105.52	241.10	C24	84.00	205.26	C37	186.88	244.22
C13	576.41	204.15	C25	236.80	375.62	C39	99.18	436.26
C14	195.61	79.80	C26	829.15	596.63	C40	17.37	146.57
C15	253.83	146.48	C27	284.53	152.70	C41	7.92	164.25
C16	1643.33	486.49	C28	15.41	159.29	C42	11.12	268.19
C17	22.08	82.69	C29~30	140.71	322.42	C43	11.73	28.44
C18	10.93	84.21	C31	481.00	379.96	D44	1450.96	965.44
C19	9.12	84.61	C32	1014.64	650.87	D45	35.66	139.09
C20	75.81	137.48	C33	1534.47	719.67	D46	23.36	197.83

4. 产业边际贡献值

表 5-40 所列为 2014 年云南规模以上产业增加值产生过程的三种目标函数系数：①同质性目标函数系数，它测定在同质等情况下目标函数最大化下的工业产业结构；②无关联异质性目标函数系数，它是以产业增加值数据为基础，按式（5-57）计算的结果；③关联异质性目标函数系数，它是以产业关联增加值数据为基础，按式（5-59）计算的结果。

表 5-40　2014 年云南规模以上工业产业三种边际贡献值

单位：万元

产业	（1）	（2）	（3）	产业	（1）	（2）	（3）
B06	0.0278	0.0304	0.0476	C15	0.0278	0.0244	0.0141
B08	0.0278	0.0182	0.0304	C16	0.0278	0.1577	0.0467
B09	0.0278	0.0266	0.0383	C17	0.0278	0.0021	0.0079
B10	0.0278	0.0101	0.0231	C18	0.0278	0.0010	0.0081
C13	0.0278	0.0553	0.0196	C19	0.0278	0.0009	0.0081
C14	0.0278	0.0019	0.0077	C20	0.0278	0.0073	0.0132

产业	（1）	（2）	（3）	产业	（1）	（2）	（3）
C21	0.0278	0.0002	0.0105	C34	0.0278	0.0087	0.0352
C22	0.0278	0.0061	0.0188	C35	0.0278	0.0089	0.0367
C23	0.0278	0.0067	0.0148	C36	0.0278	0.0093	0.0287
C24	0.0278	0.0119	0.0197	C37	0.0278	0.0179	0.0234
C25	0.0278	0.0227	0.0360	C39	0.0278	0.0095	0.0419
C26	0.0278	0.0796	0.0573	C40	0.0278	0.0017	0.0141
C27	0.0278	0.0273	0.0147	C41	0.0278	0.0008	0.0158
C28	0.0278	0.0015	0.0153	C42	0.0278	0.0011	0.0257
C29-30	0.0278	0.0135	0.0309	C43	0.0278	0.0011	0.0027
C31	0.0278	0.0462	0.0365	D44	0.0278	0.1392	0.0926
C32	0.0278	0.0974	0.0625	D45	0.0278	0.0034	0.0133
C33	0.0278	0.1472	0.0691	D46	0.0278	0.0022	0.0190

三、线性优化模型

选择线性优化模型检验在能源消耗约束下发挥产业关联效应和结构竞争力效应是实现增加值最大化的工业产业结构。在三者兼顾的情况下，进行理论上产业结构再造，优化模型：

$$\text{Maxf}(\text{GDP}_i) = \sum_{i=1}^{36} \alpha_i \text{GDP}_i \qquad (5\text{-}60)$$

$$\text{s. t.} \begin{cases} \sum_{i=1}^{n} c_i \text{GDP}_i \leqslant C \\ \sum_{i=1}^{n} L_{fi} \text{GDP}_i = \text{GDP} \\ \sum_{i=1}^{n} L_{bi} \text{GDP}_i = \text{GDP} \\ \sum_{i=1}^{n} C_i \text{GDP}_i = \text{GDP} \end{cases} \qquad (5\text{-}61)$$

式（5-60）为目标函数，式（5-61）为约束条件，其中，$c_i = c_1$，

c_2，…，c_n 为各产业单位产出的能源消耗强度系数，C 为产业能源消耗值，L_{fi} 为产业影响力系数，L_{bi} 为产业感应力系数，C_i 为产业综合关联系数。

四、优化结果

2014 年云南规模以上工业增加值为 3545.41 亿元，能源消耗为 5432.34 万吨标准煤（当量热值）。表 5-41 为以式（5-60）、式（5-61）进行优化计算的三种结构：

（1）以同质性为目标函数的最优结构

在表 5 41 中，结构系数前十位依次是烟草制造业、文教体育用品制造业、仪器仪表办公用机械制造业、电气机械及器材制造业、通用设备制造业、专用设备制造业、通信设备计算机设备制造业、金属制品业、橡胶与塑料制品业、交通运输设备制造业，占工业增加值的 88.37%，其中，烟草制造业和文教体育用品制造业的结构系数分别高达 46.03% 和 26.75%。前十强分布在制造业中，有八个属高端制造业。在不考虑目标函数异质性情况下，选择制造业，尤其是高端制造业，可以解除云南能源约束，发挥产业关联效应和竞争力。

（2）以无关联异质性为目标函数的最优结构

从表 5-41 可以看出，如果以目前结构系数为目标，以能源、前向、后向和综合关联为约束，最优的选择结构只是烟草制造业一个产业。这表明，在云南能源约束，发挥产业关联效应的情况下，目前工业产业结构优化严重不合理，发展烟草制造业是云南唯一的选择。这是因为烟草制造业单位能源消耗最小，同时烟草制造业的结构竞争力很强，云南发展烟草制造业会解除能源约束。

（3）以关联异质性为目标函数的最优结构

表 5-41 中（3）的结构系数前十位依次是烟草制造业、文教体育用品制造业、仪器仪表办公用机械制造业、通信设备计算机设备制造业、纺织服装鞋帽制造业、家具制造业、专用设备制造业、皮革毛皮羽毛及其制品业、印刷业和记录媒介的复制、橡胶与塑料制品业。这十个产业中，有四个高端制造业，六个低端制造业，没有 B 类和 D 类低端产业。其中，烟草

制造业上升 13.71 个百分点，文教体育用品制造业上升 25.878 个百分点，仪器仪表办公用机械制造业和通信设备计算机设备制造业分别上升 3.22 个百分点和 2.59 个百分点。结构系数下降幅度较大的五个产业是有色金属冶炼及压延加工业、电力热力的生产和供应业、黑色金属冶炼及压延加工业、化学原料及化学制品制造业和农副食品加工业，其结构系数下降幅度超过 4%，分别为 -13.76、-12.52、-9.16、-7.22、-4.66 个百分点。这表明，以发挥产业隐性关联效应为目标，在云南能源约束和发挥产业关联效应情况下，目前工业产业结构仍是次优化的，产业配置也严重不合理。这主要表现在，烟草制造业、有色金属冶炼及压延加工业、黑色金属冶炼及压延加工业、化学原料及化学制品制造业、电力热力的生产和供应业、煤炭开采和洗选业以及非金属矿物制品业结构系数过高。相反，文教体育用品制造业、通信设备计算机及其他电子设备制造业、专用设备制造业、仪器仪表及文化办公用机械制造业和电气机械及器材制造业等高端制造业发展不足。

表 5-41　2014 年云南规模以上工业实际结构与优化结构　　　单位：%

产业	2014 年实际	优化结构（1）	优化结构（2）	优化结构（3）	产业	2014 年实际	优化结构（1）	优化结构（2）	优化结构（3）
B06	3.039	0.542	0.000	1.006	C21	0.017	0.439	0.000	2.266
B08	1.824	0.351	0.000	0.650	C22	0.612	0.387	0.000	0.743
B09	2.661	0.626	0.000	1.033	C23	0.670	1.064	0.000	2.036
B10	1.013	0.412	0.000	0.782	C24	1.190	26.751	0.000	27.068
C13	5.531	0.338	0.000	0.867	C25	2.272	0.267	0.000	0.494
C14	0.188	0.373	0.000	1.133	C26	7.957	0.397	0.000	0.728
C15	2.436	0.346	0.000	1.141	C27	2.7304	0.0002	0.0000	1.4238
C16	15.769	46.033	100.000	29.476	C28	0.1478	0.4044	0.0000	0.7935
C17	0.212	0.449	0.000	0.991	C29-30	1.3502	1.2804	0.0000	1.7416
C18	0.105	0.423	0.000	2.358	C31	4.6157	0.1889	0.0000	0.3554
C19	0.088	0.457	0.000	2.064	C32	9.7365	0.3190	0.0000	0.5752
C20	0.727	0.539	0.000	1.177	C33	14.7248	0.6369	0.0000	0.9640

续表

产业	2014年实际	优化结构（1）	优化结构（2）	优化结构（3）	产业	2014年实际	优化结构（1）	优化结构（2）	优化结构（3）
C34	0.8682	1.3955	0.0000	1.4960	C41	0.0760	3.3285	0.0000	3.3059
C35	0.8925	2.1585	0.0000	1.6741	C42	0.1067	0.3875	0.0000	0.6974
C36	0.9268	2.1131	0.0000	2.0670	C43	0.1126	0.2490	0.0000	0.5230
C37	1.7933	1.1353	0.0000	1.6620	D44	13.9234	0.9422	0.0000	1.4006
C39	0.9517	2.4348	0.0000	0.3664	D45	0.3422	0.6622	0.0000	1.2095
C40	0.1667	1.7439	0.0000	2.7640	D46	0.2242	0.4259	0.0000	0.9686

进一步对表5-41进行四分类统计后，能源约束下的结构优化对 B 类、CL类、CH 类和 D 类都产生较大影响，而低端制造业（B 类、CL 类和 D 类）的比重大幅下降，CH 类高端制造业份额却有较大的提升（见表5-42）。这表明，在能源约束下的优化工业结构就必须压缩低端制造业的产能，扩大高端制造业的产能。换言之，大力发展高端制造业是在能源约束下云南保增长、调结构和转变增长方式的重要途径。

表5-42　2014年云南规模以上工业产业四分类实际结构与优化结构

单位：%

分类	2014年实际	优化结构（1）	优化结构（2）	优化结构（3）
B	8.43	1.9306	0.0000	3.4707
CL	71.44	54.3419	100.0000	51.3264
CH	5.83	41.6972	0.0000	41.6242
D	14.30	2.0303	0.0000	3.5787

从云南工业比较优势四分类看，在能源约束下的结构优化对主导工业群和支柱工业群产生较大影响，要优化结构，目前云南的战略工业产业群份额必须降低，幅度要超过50%；先导产业群份额要有较大幅度的上升，而劣势产业群也要转劣为优，获得新生（见表5-43）。显然，在能源约束下的优化工业结构就必须重整云南产业，而主导工业群和支柱工业群的优

势是以能源消耗与环境污染换来的，对劣势产业有较强的挤出作用，这导致了云南工业粗放型扩张。这也意味着，云南主导产业、支柱产业必须面临大幅度交替，以在能源约束下实现云南可持续增长。

表5-43　2014年云南工业比较优势四分类实际结构与优化结构　　单位：%

工业产业群	2014年实际	优化结构（1）	优化结构（2）	优化结构（3）
主导工业群	24.0704	1.4690	0.0000	2.6230
先导工业群	16.1560	34.9355	0.0000	42.4518
劣势工业群	51.2260	47.9282	100.0000	32.7483
支柱工业群	8.5476	15.6673	0.0000	22.1769

五、小结

目前，云南工业产业中能源消耗强度高、消耗规模大的双高产业集中度较高，主导产业及支柱产业的能源消耗强度高且规模大，感应力强且影响力也强的产业占工业增加值、消耗结构较大，能源消耗强度也高。这几类产业主要由冶金、化工、电力等低端产业构成。这种工业结构表明云南工业结构化水平低，结构不合理，云南工业主要由能耗强度高、能耗规模大的工业产业推动。因此，在能源消费的"双控"约束下，实现云南可持续增长，那么要对主导工业群和支柱工业群造成较大冲击，必须大幅度调低两类产业比重，同时要在先导工业群中培育新主导产业，振兴劣势工业群部分产业，回归支柱产业，形成新的能源集约型结构。这也意味着，在能源消费的"双控"约束下，云南主导产业及支柱产业要发生大规模替代，实现工业结构的重组与再造。

虽然，烟草制造业和文教体育用品制造业是优化结构的理想产业，但实际发展面临较大约束，尤其是烟草制造业受烟草专卖的制约，提高结构系数已没有可能，但是优化结构为云南工业结构调节提供方向，不失指导价值。在能源消费的"双控"约束下要实现云南持续发展，既要推动云南工业产业向优化结构迈进，又要保住高能耗产业优势和增长率，实现增量调节，确定云南工业结构平稳转型。

显然，云南要优化产业结构，一是要抑制高耗能产业继续过快扩张，加快淘汰落后产能，使剩余能力有序退出，实现能源消耗配置的合理化；二是推动高能耗产业技术改造升级，延长产业链，增加附加值，做强高能耗产业；三是要振兴高端制造业，发挥后发优势，提高高端制造业在工业体系中的比重，成为云南工业发展的新主导产业群，提升工业结构的高度；四是要稳定烟草制品业及低耗能的低端产业；五是要优化能源消费结构，提高清洁、可再生能源比重。

第六章

云南经济增长的宏观新动力

第一节 云南经济增长的宏观动力因素研究

影响经济增长的宏观因素有很多，从供给侧来讲，劳动（就业）和资本（固定资本等）是影响经济增长的重要因素；从需求侧来讲，消费、投资、净出口是经济增长的主要组成部分，也是影响经济增长的重要因素；此外，经济增长还受自身滞后期的影响。基于此，将从供给侧、需求侧和经济增长自身视角来探究云南经济增长的宏观新动力。

一、数据说明及特征事实

（一）数据说明

根据文献分析可知，劳动、资本、消费、投资、净出口和经济增长滞后期都是影响经济增长的宏观因素。常用的劳动衡量指标有劳动力、就业人员等，其中劳动力包含了 16~60 岁的男性和 16~55 岁的女性，它是根据年龄结构来确定的，但劳动力中常常存在一些失业的劳动力，将这部分失业人员计算到劳动当中，明显不合适；然而就业人员就避免了此类问题的发生，因此，本书将选用就业人员作为衡量劳动的指标。资本包括固定资本和人力资本，其中固定资本是影响地区经济增长的重要宏观因素，基于此，本书选择全社会固定资产投资作为衡量资本的指标。消费、投资和净出口是拉动经济增长的"三驾马车",其中消费用最终消费衡量,投资用资本形成衡量,净出口为出口额与进口额之差。常用的衡量净出口的指标有净出口总额、净出口占地区经济增长的比等,由于本书的其他影响经济增长的变量都是总量指标且都为正,可以对其取对数来消除异方差,但净出口有正有负,不能直接对其取对数,会导致很多缺失值,基于此,本书以净出口占地区经济增长的比作为净出口的衡量指标。关于经济增长本书选择用地区生产总值来衡量,原因是影响经济增长的宏观动力变量的衡量指标用的基本都是总量指标,为了保持数据一致性,本书也选择经济增长总量指标作为衡量经济增长的指标,即地区生产总值。

根据上述相关变量的衡量指标及数据的可得性,这里选择1978 2016年云南省的就业人员(EMP)、全社会固定资产投资(CAP)、最终消费(CONS)、资本形成(INV)、净出口比(NXR)和地区生产总值(GDP)相关数据作为样本对其进行研究。本部分的数据可以通过各年的《中国统计年鉴》《云南统计年鉴》《上海统计年鉴》和《贵州统计年鉴》获得。

为了消除异方差和保持数据的一致性,这里对就业人员(EMP)、全社会固定资产投资(CAP)、最终消费(CONS)、资本形成(INV)和地区生产总值(GDP)都取对数,分别用 LnEMP,LnCAP,LnCONS,LnINV 和LnGDP 表示。

此外,为了找出云南经济增长宏观因素的新动力,这里我们采用比较分析方法。通过云南与全国、上海和贵州比较,找出现阶段云南经济增长宏观因素的动力与不足之处,为今后云南经济增长提供参考。

(二) 特征事实

利用1978~2016 年云南、全国、上海和贵州相关变量数据,对其进行描述性统计分析,结果见表6-1 至表6-4。

根据表6-1 可知,1978~2016 年云南地区生产总值的对数、就业人员的对数、全社会固定资产投资的对数、消费和资本形成的对数的均值均为正,且其 JB 值都小于5%显著水平临界值(5.9231),说明应该接受变量服从正态分布的原假设;1978~2016 年云南净出口比(NXR$_t$)的均值为负数,这表明自改革开放以来,云南进口额大于出口额,属于进口型省份;且其 JB

值为 10.5758，大于 5%显著水平临界值（5.9231），说明净出口比为非正态分布变量。

通过比较表 6-1 至表 6-4 可知，自改革开放以来，云南经济增长的平均水平滞后于上海，但比贵州要高。

表 6-1　云南经济增长宏观动力变量的描述性统计分析

变量	均值	最大值	最小值	标准差	偏度	峰度	JB 值	样本量
$LnGDP_t$	7.0501	9.5970	4.2348	1.6876	-0.1799	1.7873	2.6001	39
$LnEMP_t$	7.6635	8.0060	7.1804	0.2364	-0.3895	2.1908	2.0499	39
$LnCAP_t$	6.0490	9.6878	2.7107	2.1804	0.0395	1.7538	2.5336	39
$LnCONS_t$	6.6366	9.1701	3.9518	1.6291	-0.1356	1.7697	2.5790	39
$LnINV_t$	6.2720	9.5340	3.2944	2.0016	0.0148	1.7937	2.3662	39
NXR_t	-15.4368	4.5476	-59.1552	17.5166	-1.2478	3.5290	10.5758	39

表 6-2　全国经济增长宏观动力变量的描述性统计分析

变量	均值	最大值	最小值	标准差	偏度	峰度	JB 值	样本量
$LnGDP_t$	10.9889	13.5229	8.1902	1.6942	-0.1359	1.7381	2.7077	39
$LnEMP_t$	11.0600	11.2594	10.6004	0.2136	-0.9216	2.3463	6.2156	39
$LnCAP_t$	9.9873	13.3154	6.6593	2.1063	-0.0077	1.7898	2.3804	39
$LnCONS_t$	10.4464	12.8997	7.7138	1.5966	-0.1655	1.7746	2.6181	39
$LnINV_t$	10.0535	12.7060	7.2283	1.7933	-0.0979	1.7353	2.6614	39
NXR_t	2.0280	8.8868	-4.0444	2.6538	0.3940	3.7010	1.8075	39

表 6-3　上海经济增长宏观动力变量的描述性统计分析

变量	均值	最大值	最小值	标准差	偏度	峰度	JB 值	样本量
$LnGDP_t$	7.9114	10.2463	5.6088	1.5753	-0.0512	1.5528	3.4202	39
$LnEMP_t$	6.7866	7.2194	6.5487	0.1849	1.0220	2.9825	6.7895	39
$LnCAP_t$	6.7405	8.8182	3.3290	1.7679	-0.4948	1.7793	4.0128	39
$LnCONS_t$	7.0580	9.6913	4.0786	1.8086	-0.1533	1.6655	3.0466	39
$LnINV_t$	6.9996	9.3344	3.7753	1.7677	-0.3912	1.8051	3.3152	39
NXR_t	13.9880	60.7712	-11.7682	19.3884	1.2708	3.3969	10.7530	39

表6-4　贵州经济增长宏观动力变量的描述性统计分析

变量	均值	最大值	最小值	标准差	偏度	峰度	JB 值	样本量
$LnGDP_t$	6.5690	9.3739	3.8420	1.6521	0.0313	1.8825	2.0357	39
$LnEMP_t$	5.5832	9.4883	2.3915	2.1815	0.2042	1.8378	2.4660	39
$LnCAP_t$	7.4326	7.7372	6.9600	0.2221	-0.7136	2.5006	3.7151	39
$LnCONS_t$	6.2949	8.8167	3.6478	1.5646	-0.1066	1.7728	2.5211	39
$LnINV_t$	5.7019	9.0113	2.9074	1.9010	0.1454	1.7977	2.4864	39
NXR_t	-20.7290	-2.1595	-43.7954	11.0326	-0.2567	2.2683	1.2983	39

二、模型与研究方法

时间序列数据是由同一截面在不同时间点的数据构成的序列数据。在对时间序列数据建模之前，需要对相关时间序列数据进行一系列的检验，只有时间序列数据通过了这些检验，才能够建立相关模型。

(一) 平稳性检验

1. 相关概述

假定某个时间序列是由某一随机过程（Stochastic Process）生成的，即假定时间序列 $\{X_t\}$（t = 1，2，…，n）的每一个数值都是从一个概率分布中随机得到，如果满足下列条件：

其一，均值 $E(X_t) = \mu$ 是与时间 t 无关的常数；

其二，方差 $Var(X_t) = \sigma^2$ 是与时间 t 无关的常数；

其二，协方差 $Cov(X_t，X_{t+k}) = \gamma_k$ 是只与时期间隔 k 有关，与时间 t 无关的常数。

如果时间序列满足上述三个条件，则称该随机时间序列是平稳的（Stationary），而该随机过程是一平稳随机过程（Stationary Stochastic Process）。现实生活中，很多时间序列数据都是不平稳的，如果把非平稳的时间序列当作平稳序列，事实上会破坏古典线性回归模型的基本假设，用这样的模型进行回归，得到的统计量都是失效的，分析、检验和预测结果都是无效的，对计量回归分析的有效性有很大的影响。

常用的检验时间序列平稳性的方法有：分布图形检验、自相关图检验和单位根检验。其中，分布图形检验和自相关图检验是对序列平稳性的初步检验，单位根检验是学术界最常用的检验序列平稳性的方法。这里，我们也将利用单位根检验法对相关时间序列数据的平稳性进行检验。

2. 单位根检验

单位根检验包括 DF 检验、ADF 检验等，其中 ADF 检验是在 DF 检验基础上的延伸，ADF 检验克服了 DF 检验的缺陷，现已成为学术界变量平稳性检验最常见的方法。

ADF 检验是通过下面三个模型完成的：

$$\Delta X_t = \delta X_{t-1} + \sum_{i=1}^{m} \beta_i \Delta X_{t-1} + \varepsilon_t \qquad (6-1)$$

$$\Delta X_t = \alpha + \delta X_{t-1} + \sum_{i=1}^{m} \beta_i \Delta X_{t-1} + \varepsilon_t \qquad (6-2)$$

$$\Delta X_t = \alpha + \beta t + \delta X_{t-1} + \sum_{i=1}^{m} \beta_i \Delta X_{t-1} + \varepsilon_t \qquad (6-3)$$

式（6-3）中，t 是时间变量，代表了时间序列随时间变化的某种趋势（如果有的话）。式（6-1）与另两模型的差别在于是否包含有常数项和趋势项。

检验的假设都是：针对 H_1：$\delta < 0$，检验 H_0：$\delta = 0$，即存在单位根。

实际检验时从模型（6-1）开始，然后是模型（6-2）、模型（6-3）。何时检验拒绝零假设，即原序列不存在单位根，为平稳序列，何时检验停止。否则，就要继续检验，直到检验完模型（6-3）为止。只要其中有一个模型的检验结果拒绝了零假设，就可以认为时间序列是平稳的；当三个模型的检验结果都不能拒绝零假设时，则认为时间序列是非平稳的。

（二）协整检验

协整检验的目的是决定一组非平稳序列的线性组合是否具有稳定的均衡关系。其基本思想在于：如果两个或多个时间序列变量是不平稳的，但它们的同阶差分是平稳的，则这些非平稳的时间序列变量之间可能存在协整关系。在经济学意义上，这种协整关系的存在便可以通过一个变量的绝对值的变化影响另一个变量的绝对值的变化，若变量之间没有协整关系，则不存在一个变量来影响另一个变量的绝对值变化的基础。

如果序列 $\{X_{1t}, X_{2t}, \cdots, X_{kt}\}$ 都是 d 阶单整，存在向量：$\alpha = (\alpha_1, \alpha_2, \cdots, \alpha_k)$，使得：

$$Z_t = \alpha X^T \sim I(d-b) \tag{6-4}$$

式中，b>0，$X = (X_{1t}, X_{2t}, \cdots, X_{kt})^T$，则认为序列 $\{X_{1t}, X_{2t}, \cdots, X_{kt}\}$ 是 (d, b) 阶协整，记为 $X_t \sim CI(d, b)$，α 为协整向量（Cointegrated Vector）。

由此可见：如果两个变量都是单整变量，只有当它们的单整阶数相同时，才可能协整；如果它们的单整阶数不相同，就不可能协整。

协整检验从检验的对象上可以分为两种：一种是由 Engle 和 Granger 提出的基于回归残差的协整检验，主要检验两变量之间的协整关系，通常称为 E-G 检验。另一种是由 Johansen 和 Juselius 提出的用向量自回归模型进行检验的方法，通常称为 Johansen 协整检验。E-G 检验主要对双变量间的协整关系进行检验，这里涉及多个变量，因此，采用 Johansen 协整检验。

向量自回归模型：

$$y_t = \alpha + \prod_1 y_{t-1} + \cdots + \prod_p y_{t-p} + u_t \tag{6-5}$$

如果 y_t 表示 M 个 I(1) 过程构成的向量，对式（6-5）进行差分变换可以得到：

$$\Delta y_t = \sum_{j=1}^{p} \Gamma_j \Delta y_{t-j} + \prod y_{t-1} + \varepsilon_t \tag{6-6}$$

式中，Δy_t，$\Delta y_{t-j}(j=1, 2, \cdots, p)$ 都是 I(0) 变量构成的向量，那么只有 $\prod y_{t-1}$ 是 I(0) 变量构成的向量，即 y_{1t-1}，y_{2t-1}，$\cdots$，y_{Mt-1} 之间具有协整关系，才能保证新生误差是平稳过程。于是将 y_t 的协整检验变成对矩阵 $\prod$ 的分析问题，矩阵 $\prod$ 的秩等于它的非零特征根的个数，设矩阵 $\prod$ 的特征根为 $\lambda_1 > \lambda_2 > \cdots > \lambda_k$。

原假设：$\lambda_r > 0$，$\lambda_{r+1} = 0$ VS 备择假设：$\lambda_{r+1} > 0$

相应的统计量：

$$\eta_r = -T \sum_{i=r+1}^{k} \ln(1 - \lambda_i) \tag{6-7}$$

如果 $\eta_r <$ Johansen 临界值，接受原假设；如果 $\eta_r >$ Johansen 临界值，拒

绝原假设。

(三) 模型参数估计

如果变量间存在协整关系，说明可以建立变量间的回归模型。运用
OLS回归分析方法，对模型中各个变量的参数进行估计：

$$y_{1t} = \beta_2 y_{2t} + \beta_3 y_{3t} + \cdots + \beta_k y_{kt} + u_t \qquad (6-8)$$

式中，β_2，β_3，$\cdots$，β_k 分别是变量 y_{2t}，y_{3t}，$\cdots$，y_{kt} 关于被解释变量
y_{1t} 的回归系数，u_t 为随机误差项。

三、实证结果及分析

(一) 云南经济增长宏观动力模型

1. 平稳性检验

利用 ADF 单位根检验法对影响云南经济增长的宏观动力因素及云南经
济增长变量进行平稳性检验。

根据表 6-5 可知，云南 1978~2016 年的地区生产总值的对数（LnG-
DP$_t$）、就业人员对数（LnEMP$_t$）、全社会固定资产投资对数（LnCAP$_t$）、
最终消费的对数（LnCONS$_t$）、资本形成的对数（LnINV$_t$）和净出口比
（NXR$_t$）的原序列数据均不平稳，但其一阶差分序列都是平稳的。由于变
量不平稳阶数相同，说明变量间可能存在长期稳定的协整关系。

表 6-5　云南 1978~2016 年各变量平稳性检验结果

变量	检验形式	ADF 检验	临界值（5%）	结论
LnGDP$_t$	(C, T, 1)	-1.5759	-3.5366	不平稳
ΔLnGDP$_t$	(C, 0, 0)	-3.0117	-2.9434	平稳
LnEMP$_t$	(0, 0, 1)	2.6089	-1.9501	不平稳
ΔLnEMP$_t$	(C, T, 0)	-4.2646	-3.5366	平稳
LnCAP$_t$	(C, T, 1)	-2.8547	-3.5366	不平稳
ΔLnCAP$_t$	(C, T, 0)	-4.7849	-3.5366	平稳

续表

变量	检验形式	ADF 检验	临界值（5%）	结论
$LnCONS_t$	（C，T，1）	−1.3468	−3.5366	不平稳
$\Delta LnCONS_t$	（C，T，0）	−4.5689	−3.5366	平稳
$LnINV_t$	（C，0，0）	0.4429	−2.9411	不平稳
$\Delta LnINV_t$	（C，T，0）	−4.9987	−3.5366	平稳
NXR_t	（C，T，0）	−1.2807	−3.5366	不平稳
ΔNXR_t	（C，T，0）	−5.8782	−3.5366	平稳

2. 协整检验

利用 Johansen 协整检验方法，对云南变量间的协整关系进行检验。

表 6-6 云南 1978~2016 年各变量协整检验结果

原假设	供给侧模型		需求侧模型		供给侧和需求侧模型	
	统计量	临界值（5%）	统计量	临界值（5%）	统计量	临界值（5%）
不存在协整关系	37.1173	29.7971	45.5308	47.856	137.9381	95.7536
最多存在一个协整关系	10.9049	15.4947	25.1779	29.797	82.03	69.8188
最多存在两个协整关系	1.0537	3.8415	9.1169	15.494	41.1214	47.8561
最多存在三个协整关系	—	—	0.5609	3.8414	22.797	29.797
最多存在四个协整关系	—	—	—	—	7.4089	15.4947
最多存在五个协整关系	—	—	—	—	0.8397	3.8414

表 6-6 中，第一个为供给侧模型中变量间的协整关系检验（$LnGDP_t$，$LnEMP_t$，$LnCAP_t$），第二个为需求侧模型中变量间的协整关系检验（$LnGDP_t$，$LnCONS_t$，$LnINV_t$，NXR_t），第三个为供给侧和需求侧模型中变量间的协整关系检验（$LnGDP_t$，$LnEMP_t$，$LnCAP_t$，$LnCONS_t$，$LnINV_t$，$LnNX_t$）。根据检验结果可知，所有模型变量间不存在协整关系的统计量值都大于 5% 显著水平下的临界值，说明应该拒绝不存在协整关系的原假设，即都存在协整关系。

具体来说，供给侧模型、需求侧模型变量间最多存在一个协整关系的统计量值小于其临界值（5%），说明应该接受变量间存在一个协整关系的假设，即供给侧变量与地区生产总值间存在一个协整关系，需求侧变量与地区生产总值间存在一个协整关系。需求侧和供给侧模型中变量间最多存在一个协整关系的统计量值大于5%水平下的临界值，而需求侧和供给侧模型中变量间最多存在两个协整关系的统计量值小于5%水平下的临界值，说明它们之间存在两个协整关系。

3. 参数估计

根据前面分析结果可知，变量间存在协整关系，这表明它们之间存在长期稳定的协整关系，可以建立变量间的模型。

表6-7为云南宏观经济增长动力模型，其中模型1和模型2是供给侧变量对经济增长影响模型，模型3和模型4是需求侧变量对经济增长影响模型，模型5和模型6是供给侧和需求侧所有变量对经济增长影响模型。

具体来讲，模型1为劳动和资本对云南地区经济增长的影响模型，模型2在劳动和资本的基础上，引入了经济增长滞后期。通过比较模型1和模型2，模型2的拟合优度值为0.9989，大于模型1，说明模型2的拟合程度比模型1好。序列相关会影响回归结果的有效性，因此，在对时间序列模型进行回归的时候，需要消除序列相关。模型1的DW值为0.3318，说明变量间存在明显的序列相关；模型2的DW值为1.9187，说明变量间不存在序列相关；这表明模型2比模型1好。此外，模型2的AIC值（-2.9772）小于模型1（-1.5252），在回归模型中AIC值越小，说明模型效果越好。通过比较模型1和模型2的拟合优度值、DW值和AIC值，都表明模型2比模型1好，因此，选择模型2作为供给侧变量对经济增长的模型。根据模型2的回归结果可知：劳动和资本对云南经济增长都具有正向显著影响。就业人员每增加1个百分点，会使云南地区生产总值提高4.9559个百分点；全社会固定资产每增加1个百分点，会使云南地区生产总值提高0.2642个百分点；同时，滞后期的地区生产总值也会对地区经济增长产生显著影响，滞后一期的地区生产总值对当前地区生产总值具有显著的正向影响；滞后二期的地区生产总值对当前地区生产总值具有显著的负向影响。

模型3为消费、投资和净出口对云南地区经济增长影响模型，模型4在模型3的基础上，引入了云南地区生产总值滞后期。通过比较模型3和模型4：模型4中拟合优度值（$\overline{R}^2$）大于模型3；模型3存在序列相关，模型 4 不存在序列相关；模型 4 的 AIC 值小于模型 3；这表明模型 4 比模型 3 要好，因此，选择模型 4 作为需求侧影响云南经济增长的模型。根据模型 4 的回归结果可知：消费、投资和净出口都对地区经济增长具有显著正向影响。最终消费每增加 1 个百分点，会使云南地区生产总值提高 0.6483 个百分点；资本形成每增加 1 个百分点，会使云南地区生产总值提高 0.3782 个百分点；净出口比每增加 1 单位，会使云南地区生产总值提高 0.0082 个百分点。此外，云南前一期的地区生产总值也对当前经济增长产生正向影响，且显著。

模型 5 为供给侧和需求侧影响地区经济增长的模型，模型 6 为供给侧、需求侧和经济滞后期对云南地区经济增长影响的模型。通过比较模型 5 和模型 6，模型 6 的拟合优度值（$\bar{R}^2$）大于模型 5，其 AIC 值小于模型 5，且不存在序列相关，说明模型 6 比模型 5 好，选择模型 6 作为供给侧和需求侧对地区经济增长的模型。根据模型 6 的回归结果可知：就业人员对地区生产总值具有显著的正向影响，就业人员每增加 1 个百分点，会使地区生产总值提高 0.5672 个百分点；全社会固定资产投资对地区生产总值的影响为负且不显著，这与模型 2 中全社会固定资产投资对地区生产总值的影响结果不同，这是因为变量间存在共线性问题；最终消费每增加 1 个百分点，使地区生产总值提高 0.6157 个百分点；资本形成每增加 1 个百分点，使地区生产总值提高 0.3706 个百分点；净出口比每增加 1 单位，会使地区生产总值提高 0.0081 个百分点；此外，前一期地区生产总值也对当前地区生产总值具有显著的正向影响。

表 6-7 云南经济增长宏观模型参数估计结果

变量	供给侧		需求侧		供给侧和需求侧	
	模型 1	模型 2	模型 3	模型 4	模型 5	模型 6
C	−19.1562 *** (−7.0491)	−32.5719 *** (−6.8299)	0.6813 *** (16.6679)	0.4947 ** (2.3694)	−1.8201 *** (−2.7905)	−3.636 ** (−2.2196)
$LnEMP_t$	3.0697 *** (7.9313)	4.9559 *** (7.4165)	—	—	0.3724 *** (3.8247)	0.5672 ** (2.4791)
$LnCAP_t$	0.4432 *** (10.5634)	0.2642 *** (4.2243)	—	—	−0.0024 (−0.1126)	−0.0042 (−0.1955)

变量	供给侧		需求侧		供给侧和需求侧	
	模型1	模型2	模型3	模型4	模型5	模型6
$LnCONS_t$	—	—	0.5994 *** (20.9362)	0.6483 *** (21.6287)	0.5552 *** (19.6114)	0.6157 *** (17.1577)
$LnINV_t$	—	—	0.3975 *** (16.0291)	0.3782 *** (17.0893)	0.3891 *** (13.9993)	0.3706 *** (13.036)
NXR_t	—	—	0.0066 *** (18.4597)	0.0082 *** (16.5424)	0.0061 *** (17.6443)	0.0081 *** (16.8497)
AR(1)	—	1.0554 *** (6.6747)	—	0.9324 *** (13.2749)	—	0.9232 *** (18.5823)
AR(2)	—	−0.3443 ** (−2.4108)	—	—	—	—
$\overline{R}^2$	0.9958	0.9989	0.9998	0.9999	0.9998	0.9999
DW	0.3318	1.9187	0.6381	1.9199	1.0471	2.1442
AIC	−1.5252	−2.9772	−4.8473	−5.7446	−5.1165	−5.8266

注：括号内的值为 t 值，*** 、** 、* 分别表示 t 统计量在 1%、5%和 10%水平下显著。余表同。

(二) 中国经济增长宏观动力模型

1. 平稳性检验

利用 ADF 单位根检验法对影响中国经济增长的宏观动力因素及全国经济增长变量进行平稳性检验 (见表 6-8)。

由表 6-8 可知，全国 1978～2016 年的 $LnGDP_t$，$LnEMP_t$，$LnCONS_t$，NXR_t 的原序列数据均不平稳，但其一阶差分序列都是平稳的，说明变量间可能存在长期稳定的协整关系。

表 6-8　全国 1978~2016 年各变量平稳性检验结果

变量	检验形式	ADF 检验	临界值 (5%)	结论
$LnGDP_t$	(C, T, 1)	−2.5858	−3.5366	不平稳
$\Delta LnGDP_t$	(C, T, 3)	−3.7651	−3.5484	平稳
$LnEMP_t$	(C, T, 0)	−0.8811	−3.5366	不平稳

续表

变量	检验形式	ADF 检验	临界值（5%）	结论
$\Delta LnEMP_t$	（C，T，0）	−6.4749	−3.5366	平稳
$LnCAP_t$	（C，0，0）	−0.7278	−2.9458	不平稳
$\Delta LnCAP_t$	（C，0，0）	−3.2626	−2.9434	平稳
$LnCONS_t$	（C，T，1）	−2.0206	−3.5366	不平稳
$\Delta LnCONS_t$	（C，T，0）	−3.1011	−3.5366	平稳
$LnINV_t$	（C，T，1）	−2.9779	−3.5366	不平稳
$\Delta LnINV_t$	（C，T，3）	−3.8439	−3.5484	平稳
NXR_t	（C，T，1）	−3.1344	−3.5366	不平稳
ΔNXR_t	（C，0，0）	−5.3242	−2.9434	平稳

2. 协整检验

利用 Johansen 协整检验方法，对我国变量间的协整关系进行检验（见表6-9）。

根据检验结果可知，所有模型变量间不存在协整关系的统计量值都大于5%显著水平下的临界值，说明应该拒绝不存在协整关系的原假设，即都存在协整关系。对于供给侧模型来说，其最多存在一个协整关系的统计量值小于临界值，说明应该接受最多存在一个协整关系的假设，即变量间存在一个协整关系。对于需求侧模型来说，其最多存在一个协整关系的统计量值大于临界值，最多存在两个协整关系的统计量值小于临界值，说明应该拒绝最多存在一个协整关系的假设，接受最多存在两个协整关系的假设，即变量间存在两个协整关系。对于供给侧和需求侧模型来说，最多存在一个协整关系和最多存在两个协整关系的统计量值都大于临界值，而最多存在三个协整关系的统计量值大于临界值，说明应该接受最多存在三个协整关系的假设，即变量间存在三个协整关系。

表6-9　我国1978~2016年各变量协整检验结果

假设	供给侧		需求侧		供给侧和需求侧	
	统计量	临界值（5%）	统计量	临界值（5%）	统计量	临界值（5%）
不存在协整关系	36.5223	29.7971	69.0066	47.8561	155.1089	103.8473

续表

假设	供给侧		需求侧		供给侧和需求侧	
	统计量	临界值（5%）	统计量	临界值（5%）	统计量	临界值（5%）
最多存在一个协整关系	9.8468	15.4947	35.4288	29.7971	101.0836	76.9727
最多存在两个协整关系	2.6142	3.8414	11.3031	15.4947	65.7579	54.0709
最多存在三个协整关系	—	—	2.0274	3.8414	36.8746	35.1927
最多存在四个协整关系	—	—	—	—	16.5898	20.2618
最多存在五个协整关系	—	—	—	—	6.4914	9.1645

3. 参数估计

根据前面分析结果可知，建立我国经济增长宏观动力模型（见表6-10）。

表6-10为全国宏观经济增长动力模型，其中模型1和模型2是供给侧变量对经济增长影响模型，模型3和模型4是需求侧变量对经济增长影响模型，模型5和模型6是供给侧和需求侧所有变量对经济增长影响模型。根据各个模型的拟合优度值（$\bar{R}^2$）、DW值和AIC值的比较，最终选择模型2作为全国宏观经济增长供给侧模型，模型4作为全国宏观经济增长需求侧模型，模型6作为全国宏观经济增长供给侧和需求侧模型。

表6-10　全国经济增长宏观模型参数估计结果

变量	供给侧		需求侧		供给侧和需求侧	
	模型1	模型2	模型3	模型4	模型5	模型6
C	−7.8855 *** (−5.2526)	−5.3974 * (−1.7939)	0.7055 *** (54.5636)	0.6853 ** (39.1186)	0.9465 *** (9.1955)	1.006 *** (11.5403)
$LnEMP_t$	1.072 *** (7.2408)	0.8282 *** (2.8288)	—	—	−0.0234 (−1.0129)	−0.0292 (−1.0378)
$LnCAP_t$	0.7027 *** (46.8121)	0.7231 *** (26.5932)	—	—	0.0139 * (1.9171)	0.0055 (1.0441)
$LnCONS_t$	—	—	0.5767 *** (74.4698)	0.5902 *** (71.8381)	0.5896 *** (77.2594)	0.5791 *** (88.0424)
$LnINV_t$	—	—	0.4214 *** (61.241)	0.4093 *** (56.6566)	0.3959 *** (38.7755)	0.4157 *** (48.286)

续表

变量	供给侧		需求侧		供给侧和需求侧	
	模型 1	模型 2	模型 3	模型 4	模型 5	模型 6
NXR_t	—	—	0.0105 *** (28.5611)	0.0104 *** (52.141)	0.0108 *** (34.7755)	0.0107 *** (48.9119)
AR (1)	—	1.1006 *** (6.0554)	—	1.4544 *** (10.5177)	—	1.2405 *** (9.4986)
AR (2)	—	−0.4047 ** (−2.2776)	—	−0.6246 *** (−4.5434)	—	−0.6667 *** (−5.5412)
$\overline{R}^2$	0.9978	0.999	0.9999	0.9999	0.9999	0.9999
DW	0.4716	1.9909	0.3094	2.1088	0.4964	2.3271
AIC	−2.1927	−3.0895	−7.8226	−9.7961	−8.1745	−9.7032

由于本书主要研究的是云南经济增长宏观动力，因此，这里不再对全国经济增长宏观动力模型进行详细阐述，主要是比较同一条件下，云南与全国模型之间的差异，以找出云南经济增长强项和不足之处。通过比较表6-7与表6-10中模型2，我们发现：云南就业人员每增加1个百分点，会使其地区生产总值提高4.9559个百分点；然而全国就业人员每增加1个百分点，会使其地区生产总值提高0.8282个百分点；云南全社会固定资产投资每增加1个百分点，会使其地区生产总值提高0.2642个百分点；然而全国全社会固定资产投资每增加1个百分点，会使其地区生产总值提高0.7231个百分点；这表明劳动对云南经济增长的贡献大于全国总体水平，资本对云南经济增长的贡献小于全国总体水平。经济增长初期，劳动对经济增长的作用大于资本，随着经济的发展，资本对经济增长的作用逐渐增强，劳动对经济增长的作用越大，说明经济越滞后。通过比较可以得到，现阶段云南经济增长滞后于全国总体水平，这也说明现阶段云南经济还是以劳动密集型为主的经济发展模式，这严重制约了云南经济增长。

通过比较表6-7与表6-10中模型4：消费每增加1个百分点，会使云南地区生产总值提高0.6483个百分点，会使全国地区生产总值提高0.5902个百分点；资本形成每增加1个百分点，会使云南地区生产总值提高0.3782个百分点，会使全国地区生产总值提高0.4093个百分点；净出口比每增加 1 单位，会使云南地区生产总值提高 0.0082 个百分点，会使全国地区生产总值提高 0.0104 个百分点；消费对云南经济增长的拉动作用大于全国，资本形成和净出口对全国经济增长的贡献大于云南，这表明云南的资本形成（投资）和净出口水平对其经济增长的作用还有待提高。同时，无论是云南还是全国，消费对经济增长的贡献都大于资本形成和净出口，这表明现阶段消费仍然是拉动全国及云南经济增长的重要拉力。

通过比较表 6-7 与表 6-10 中模型 6：就业人员对云南经济增长具有显著影响，但对全国经济增长作用不显著；全社会固定资产投资对云南和全国经济增长作用均不显著，这是由于变量间存在共线性问题。然而表 6-7 与表 6-10 模型 6 中的最终消费、资本形成和净出口比对云南和全国经济增长影响的方向与模型 4 中一致，比较结果也一致，这里就不再赘述。

(三) 上海经济增长宏观动力模型

1. 平稳性检验

利用 ADF 单位根检验法对影响上海经济增长的宏观动力因素及上海经济增长变量进行平稳性检验。

根据表 6-11 知，上海 1978~2016 年的 $LnGDP_t$，$LnEMP_t$，$LnCAP_t$，$LnCONS_t$，$LnINV_t$ 和 NXR_t 的原序列数据均不平稳，但其一阶差分序列都是平稳的，说明变量间可能存在长期稳定的协整关系。

表 6-11　上海 1978~2016 年各变量平稳性检验结果

变量	检验形式	ADF 检验	临界值（5%）	结论
$LnGDP_t$	(C, T, 1)	−2.1088	−3.5366	不平稳
$\Delta LnGDP_t$	(C, 0, 0)	−3.7859	−2.9434	平稳
$LnEMP_t$	(C, T, 0)	−0.8864	−3.5366	不平稳
$\Delta LnEMP_t$	(0, 0, 0)	−5.3473	−1.9501	平稳
$LnCAP_t$	(C, 0, 1)	−1.6164	−2.9434	不平稳
$\Delta LnCAP_t$	(C, T, 3)	−4.5384	−3.5484	平稳
$LnCONS_t$	(C, T, 1)	−1.2298	−3.5366	不平稳

续表

变量	检验形式	ADF 检验	临界值（5%）	结论
ΔLnCONS$_t$	（C，0，0）	−3.5822	−2.9434	平稳
LnINV$_t$	（C，0，2）	−1.4121	−2.9458	不平稳
ΔLnINV$_t$	（C，0，1）	−4.3304	−2.9458	平稳
NXR$_t$	（C，0，2）	−2.4814	−2.9458	不平稳
ΔNXR$_t$	（C，T，1）	−4.7024	−3.5366	平稳

2. 协整检验

利用 Johansen 协整检验方法，对上海变量间的协整关系进行检验。

根据检验结果可知，所有模型变量间不存在协整关系的统计量值都大于 5% 显著水平下的临界值，说明应该拒绝不存在协整关系的原假设，即都存在协整关系。根据协整检验的判断规则，对于供给侧模型，应该接受最多存在一个协整关系的假设；对于需求侧模型，应该接受最多存在两个协整关系的假设；对于供给侧和需求侧模型，应该接受最多存在三个协整关系的假设。

表 6-12　上海 1978~2016 年各变量协整检验结果

假设	供给侧		需求侧		供给侧和需求侧	
	统计量	临界值（5%）	统计量	临界值（5%）	统计量	临界值（5%）
不存在协整关系	31.6533	29.7971	68.9318	47.8561	130.4549	95.7536
最多存在一个协整关系	10.0587	15.4947	37.6987	29.7971	80.4683	69.8188
最多存在两个协整关系	0.2198	3.8414	12.3109	15.4947	49.8772	47.8561
最多存在三个协整关系	—	—	2.2933	3.8414	26.3714	29.7971
最多存在四个协整关系	—	—	—	—	10.275	15.4947
最多存在五个协整关系	—	—	—	—	0.1231	3.8414

3. 参数估计

根据前面分析结果可知，建立上海经济增长宏观动力模型。

表 6-13 为上海宏观经济增长动力模型，其中模型 1 和模型 2 是供给侧变量对经济增长影响模型，模型 3 和模型 4 是需求侧变量对经济增长影响

模型，模型5和模型6是供给侧和需求侧所有变量对经济增长影响模型。根据各个模型的拟合优度值（$\overline{R}^2$）、DW值和AIC值的比较，最终选择出模型2作为上海宏观经济增长供给侧模型，模型4作为上海宏观经济增长需求侧模型，模型6作为上海宏观经济增长供给侧和需求侧模型。

表6-13　上海经济增长宏观模型参数估计结果

变量	供给侧		需求侧		供给侧和需求侧	
	模型1	模型2	模型3	模型4	模型5	模型6
C	-12.7274 ***	-40.7936	0.6955 ***	0.9263 **	0.5501	0.3873
	(-6.2229)	(-0.1021)	(7.2881)	(11.6557)	(0.9699)	(1.3867)
$LnEMP_t$	2.3749 ***	0.6315 ***	—	—	0.0265	0.067
	(7.2418)	(4.7992)			(0.2887)	(1.3823)
$LnCAP_t$	0.6707 ***	0.8279 ***	—	—	0.0623	0.1194 ***
	(19.5497)	(16.849)			(1.3674)	(5.9525)
$LnCONS_t$	—	—	0.5277 ***	0.6462 ***	0.5408 ***	0.6129 ***
			(9.0719)	(20.7557)	(8.6441)	(25.0302)
$LnINV_t$	—	—	0.4706 ***	0.3247 ***	0.3924 ***	0.2521 ***
			(6.8644)	(8.8338)	(4.4975)	(9.9189)
NXR_t	—	—	0.0141 ***	0.0097 ***	0.014 ***	0.0089 ***
			(12.2002)	(8.9944)	(12.1652)	(12.6939)
AR（1）	—	1.6157 ***	—	1.1057 ***	—	0.8069 ***
		(12.292)		(6.7317)		(22.3211)
AR（2）	—	-0.6151 ***	—	-0.3539 **	—	—
		(-4.0627)		(-2.3826)		
$\overline{R}^2$	0.9798	0.9994	0.9994	0.9999	0.9994	0.9999
DW	0.3196	2.1685	0.4453	1.7319	0.4297	2.3116
AIC	-0.0851	-3.6583	-3.6555	-5.3883	-3.6144	-5.9365

通过比较表6-7与表6-13中模型2：就业人员增加1个百分点，会使云南地区生产总值提高4.9559个百分点，会使上海地区生产总值提高0.6315个百分点；全社会固定资本投资每增加1个百分点，会使云南地区生产总值提高0.2642个百分点，会使上海地区生产总值提高0.8279个百

分点；这表明劳动对云南经济增长的贡献大于上海，资本对云南经济增长的贡献小于上海，这是因为云南较上海，其经济发展水平相对滞后于上海。同时，上海的全社会固定资产投资对经济增长的贡献大于就业人员，这说明上海已经进入到了经济增长的发达阶段。

通过比较表6-7与表6-13中模型4：消费每增加1个百分点，会使云南地区生产总值提高0.6483个百分点，会使上海地区生产总值提高0.6462个百分点；资本形成每增加1个百分点，会使云南地区生产总值提高0.3782个百分点，会使上海地区生产总值提高0.3247个百分点；净出口比每增加1单位，会使云南地区生产总值提高0.0082个百分点，会使上海地区生产总值提高0.0097个百分点；消费和资本形成对云南经济增长的拉动作用大于上海，净出口对上海经济增长的贡献大于云南。

通过比较表6-7与表6-13中模型6：就业人员对云南经济增长具有显著影响，但对上海经济增长作用不显著；全社会固定资产投资对云南经济增长作用不显著，对上海经济增长具有正向显著影响，这是由于变量间存在共线性问题。表6-7与表6-13模型6中的最终消费和净出口比对云南和上海经济增长影响的方向与模型4中一致，其资本形成对上海经济增长的作用小于云南，这些变化都是由于变量间存在多重共线性问题，所以在研究供给侧和需求侧对经济增长影响的模型时，应该分别建立供给侧对经济增长模型、需求侧对经济增长模型。

(四) 贵州经济增长宏观动力模型

1. 平稳性检验

利用ADF单位根检验法对影响贵州经济增长的宏观动力因素及贵州经济增长变量进行平稳性检验。

表6-14　贵州 1978~2016 年各变量平稳性检验结果

变量	检验形式	ADF检验	临界值（5%）	结论
$LnGDP_t$	(C, T, 1)	−2.4313	−3.5366	不平稳
$\Delta LnGDP_t$	(C, 0, 0)	−3.8572	−2.9434	平稳
$LnEMP_t$	(C, T, 1)	−1.6707	−3.5366	不平稳

变量	检验形式	ADF 检验	临界值（5%）	结论
$\Delta LnEMP_t$	（C，T，0）	−4.7916	−3.5366	平稳
$LnCAP_t$	（C，T，2）	−2.4292	−3.5403	不平稳
$\Delta LnCAP_t$	（C，0，0）	−4.5574	−2.9434	平稳
$LnCONS_t$	（C，T，1）	−1.6972	−3.5366	不平稳
$\Delta LnCONS_t$	（C，0，0）	−3.4789	−2.9484	平稳
$LnINV_t$	（C，0，0）	1.744	−2.9411	不平稳
$\Delta LnINV_t$	（C，T，0）	−5.2584	−3.5366	平稳
NXR_t	（C，T，1）	−1.6973	−3.5366	不平稳
ΔNXR_t	（C，0，0）	−5.0958	−2.9434	平稳

根据表 6-14 可知，贵州 1978～2016 年的 $LnGDP_t$，$LnEMP_t$，$LnCAP_t$，$LnCONS_t$，$LnINV_t$ 和 NXR_t 的原序列数据均不平稳，但其一阶差分序列都是平稳的，说明变量间可能存在长期稳定的协整关系。

2. 协整检验

利用 Johansen 协整检验方法，对贵州变量间的协整关系进行检验。

根据协整检验的判断规则，对于供给侧模型，应该接受最多存在一个协整关系的假设；对于需求侧模型，应该接受最多存在两个协整关系的假设；对于供给侧和需求侧模型，应该接受最多存在三个协整关系的假设。

表 6-15　贵州 1978～2016 年各变量协整检验结果

假设	供给侧		需求侧		供给侧和需求侧	
	统计量	临界值（5%）	统计量	临界值（5%）	统计量	临界值（5%）
不存在协整关系	30.0719	29.7971	50.5307	47.8561	141.6832	103.8473
最多存在一个协整关系	7.9928	15.4947	23.4011	29.7971	87.8235	76.9727
最多存在两个协整关系	0.6431	3.8414	8.4295	15.4947	57.7348	54.0709
最多存在三个协整关系	—	—	3.5368	3.8414	29.4481	35.1927
最多存在四个协整关系	—	—	—	—	10.824	20.2618
最多存在五个协整关系	—	—	—	—	4.0022	9.1645

3. 参数估计

根据前面分析结果可知，建立贵州经济增长宏观动力模型。

表6-16为贵州宏观经济增长动力模型，其中模型1和模型2是供给侧变量对经济增长影响模型，模型3和模型4是需求侧变量对经济增长影响模型，模型5和模型6是供给侧和需求侧所有变量对经济增长影响模型。根据各个模型的拟合优度值（$\bar{R}^2$）、DW值和AIC值的比较，最终选择出模型2、模型4和模型6分别作为贵州宏观经济增长供给侧模型、需求侧模型、供给侧和需求侧模型。

表 6-16 贵州经济增长宏观模型参数估计结果

变量	供给侧		需求侧		供给侧和需求侧	
	模型 1	模型 2	模型 3	模型 4	模型 5	模型 6
C	−2.7786 *** (−2.936)	−1.2553 (−1.0963)	0.6543 *** (29.6672)	0.4321 *** (3.0331)	1.0403 *** (6.4202)	0.358 (1.5134)
$LnEMP_t$	0.7357 *** (5.4348)	0.5184 *** (3.1795)	—	—	−0.054 (−1.3388)	0.0343 (1.0473)
$LnCAP_t$	0.6947 *** (50.4038)	0.7067 *** (26.9819)	—	—	0.0445 ** (2.1208)	0.0115 (0.7779)
$LnCONS_t$	—	—	0.6291 *** (50.3446)	0.7201 *** (33.7323)	0.6457 *** (35.6699)	0.6939 *** (30.7084)
$LnINV_t$	—	—	0.3753 *** (36.446)	0.3111 *** (22.4481)	0.3152 *** (16.5365)	0.3013 *** (20.8033)
NXR_t	—	—	0.0089 *** (34.8161)	0.0088 ** (23.8539)	0.0087 *** (41.333)	0.0083 *** (24.4977)
AR（1）	—	0.8206 *** (6.2318)	—	1.1766 *** (6.5747)	—	1.3731 *** (7.3336)
AR（2）	—	—	—	−0.2529 *** (−3.3556)	—	−0.404 * (−1.9394)
$\bar{R}^2$	0.9953	0.9981	0.9999	0.9999	0.9999	0.9999
DW	0.4405	1.7598	0.4636	2.0895	0.6209	2.2452
AIC	−1.4583	−2.2675	−5.3809	−6.6752	−5.8199	−6.4782

通过比较表 6-7 与表 6-16 中模型 2：就业人员增加 1 个百分点，会使云南地区生产总值提高 4.9559 个百分点，会使贵州地区生产总值提高 0.5184 个百分点；全社会固定资本投资每增加 1 个百分点，会使云南地区生产总值提高 0.2642 个百分点，会使贵州地区生产总值提高 0.7067 个百分点；这表明劳动对云南经济增长的贡献大于贵州，资本对云南经济增长的贡献小于贵州，虽然贵州整体经济水平相对滞后于云南，但其资本对经济增长的贡献大于云南，这表明云南需要加大资本投入，来提高经济增长的效率。

通过比较表 6-7 与表 6-16 中模型 4，消费每增加 1 个百分点，会使云南地区生产总值提高 0.6483 个百分点，会使贵州地区生产总值提高 0.7201 个百分点；资本形成每增加 1 个百分点，会使云南地区生产总值提高 0.3782 个百分点，会使贵州地区生产总值提高 0.3111 个百分点；净出口比每增加 1 单位，会使云南地区生产总值提高 0.0082 个百分点，会使贵州地区生产总值提高 0.0088 个百分点；消费和净出口对云南经济增长的拉动作用小于贵州，资本形成对贵州经济增长的贡献小于云南，这表明云南的消费和净出口水平对其经济增长的作用还有待提高，同时还需要继续通过提高资本形成（投资）来促进地区经济增长。

通过比较表 6-7 与表 6-16 中模型 6：就业人员和全社会固定资产投资回归系数大小及显著性不同，是因为变量间存在共线性问题。表 6-7 与表 6-16 模型 6 中的最终消费、资本形成和净出口比对云南和贵州经济增长影响的方向与模型 4 中一致，这里就不再赘述。

四、小结

根据上述对云南经济增长宏观动力因素的分析及与全国、上海和贵州经济增长宏观动力因素的分析比较结果，可以得到以下几个结论：

供给侧的就业人员和全社会固定资产投资、需求侧的消费、资本形成和净出口都会对云南经济增长产生显著的正向影响，即能够促进云南地区经济增长，是云南经济增长的宏观动力。

相比全国而言，劳动和消费对云南经济增长的贡献大于全国，而全社会固定资产投资、资本形成和净出口对全国经济增长的贡献大于云南。根据相关经济发展原理，经济越发达，其资本对经济增长的贡献越大，这也是云南经济滞后于全国的原因。这表明劳动和消费是云南经济增长的主要动力，同时云南需要加大全社会固定资产投资、资本形成和净出口来促进其经济增长。

与上海相比，云南经济增长相对滞后于上海。上海的全社会固定资产投资对经济增长的贡献大于劳动，说明上海已经进入到经济发展的快速阶段，而云南仍然处于劳动密集型的传统经济发展阶段。同时，消费和资本形成对云南经济增长的影响大于上海，净出口对云南经济增长的影响小于上海，这表明消费和资本形成是云南经济增长的动力，净出口对经济增长的贡献还有待提高。

与贵州相比，贵州经济发展水平相对滞后于云南。劳动和资本形成对云南经济增长的影响大于贵州，全社会固定资产投资、消费和净出口对云南经济增长影响小于贵州，这表明与贵州相比，劳动和资本形成是云南经济增长的宏观动力。

根据上述分析及比较可以发现，现阶段劳动、消费和投资是云南经济增长的主要宏观动力，下一步需要巩固劳动、消费和投资对云南经济增长的作用，同时还需要提高全社会固定资产投资和净出口对云南经济增长的贡献。

第二节　能源约束下云南省 GDP 最优增长路径研究
——基于新古典增长理论和 DSGE 模型

随着经济的快速发展，能源消耗不断增加，能源对国家和地区经济发展的约束日益明显，能源问题成为制约经济发展的一个重大问题。近些年云南经济的快速发展伴随着大量的能源消耗，能源利用率低一直是制约云南经济发展的一个大问题。因此研究能源约束下云南省经济增长路径具有重大的理论意义和现实意义。

一、数据说明及特征事实

（一）数据说明

所要研究的问题是能源约束下云南省 GDP 最优的增长路径。因此，以《云南统计年鉴》和国家统计局作为基础数据来源，选取的变量有云南省 GDP、能源消费总量、煤炭消耗量占能源消耗总量的比重、石油消耗量占能源消耗总量的比重、天然气消耗量占能源消耗总量的比重、一次电消耗量占能源消耗总量的比重、资本（金融机构年末存款）、劳动（就业人数）、R&D 经费内部支出、云南省单位能耗产值、GDP 增长率、能源消费弹性系数、全国能耗产值等相关指标变量。其中 1978～2016 年有关云南省的数据截取于《云南统计年鉴》（2017），国家相关的数据在国家统计局官网上得到，所获取的数据均取自于权威性网站，真实可靠。

（二）特征事实

能源作为一个国家经济发展和人类生存的物质基础，是关系着国家经济命脉和安全的重要战略物资。近年来，由于中国经济迅猛发展，对能源的需求量也迅速增长，尽管技术进步提高了能源的利用效率，降低了单位的产出能耗，但是仍然存在着由于不合理的经济结构、迅速上升的经济总量抵消了技术进步对能源需求的降低，最终导致能源消耗大幅度上涨。在党的十八大报告中提出"要始终把改革创新精神贯彻到治国理政各个环节"，同时指出"推动能源生产和消费革命，控制能源消费总量，加强节能降耗，支持节能低碳产业和新能源、可再生能源发展，确保国家能源安全"。

1. 云南省能源消耗现状

云南省能源消费总量的增长速度有所减慢，且近年来随着国家对能源越来越重视，对能源利用的控制越来越严格，全国各地都在不断加大节能减排的力度，因此能源消费总量的年平均增速有所放慢，但是随着"十二五"以来云南省经济的快速增长和经济的快速发展，对能源的需求量呈现出快速增长的趋势。2012 年能源消费总量初步估算为 10580 万吨标准煤，用电量 1316 亿千瓦时，"十二五"头两年，能源消费年均增速 10.4%，用电量年均增速 14.5%，能源生产和消费的高速增长对经济的快速发展起到支撑作用。

同时能源消费结构不断优化。近年来，云南省委、省政府对以水电为主的清洁能源产业的发展越来越重视，与此同时随着清洁能源的快速发展，能源消费结构将会不断优化，2011 年非化石能源占能源消费比重提升到了 26%。

能源利用经济效益也在稳步提高。随着能源利用技术进步的发展，云南省能源利用率逐年提高，单位 GDP 能耗也逐步下降。从每吨能源创造生产总值看，2011 年全省吨能创造生产总值 0.93 万元，比 2006 年提高了 0.32 万元。

2012 年，全省能源消费总量为 10433.68 万吨标准煤，与 2005 年相比年均增长 8.2%，与 2010 年相比年均增长 9.7%；2012 年全省 GDP 总量 10309.47 亿元，与 2005 年相比年均增长 12.2%，与 2010 年相比年均增长 13.3%；2012 年，全省电力消费量为 1315.86 亿千瓦时，与 2005 年相比年均增长 13.1%，与 2010 年相比年均增长 14.5%。"十二五"期间，国家确定云南单位 GDP 能耗下降 15%，年均下降 3.2%，2011 年全省单位 GDP 能耗下降 3.22%，2012 年全省单位 GDP 能效下降 3.24%，圆满超额完成了"十二五"平均目标。近几年全省能源及生产总值增长状况见图 6-1 及图 6-2。

从图 6-1 与图 6-2 中可以看出，改革开放之初，在 1978 年云南省能源消费总量仅为 1065.9 万吨标准煤，能源消费总量较低，国民生产总值为 69.05 亿元，也处于比较低的水平。1978~1990 年，云南省 GDP 增速较为缓慢，能源消费总量增速也比较缓慢。但从 2000 年开始，尤其是 2005 年之后，云南省的 GDP 迅速增长，经济发展加快，而伴随着 GDP 快速增长而来的是能源消费总量的迅猛增长。2000 年之后，云南省能源消费总量急剧增加，尤其是 2005~2012 年，达到了 7.96% 的能源消耗年平均增长率，高于全国 6.68% 的水平。

（亿元）

图 6-1 云南省 1978~2016 年 GDP 总量

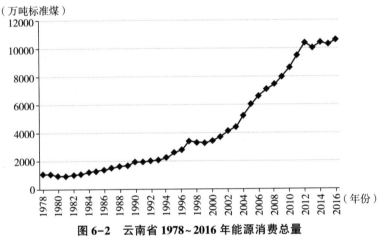

（万吨标准煤）

图 6-2 云南省 1978~2016 年能源消费总量

能源消费弹性系数=能源消费量年平均增长速度/国民经济年平均增长速度，对于一般情况而言，随着科学技术的发展进步，能源利用效率将会不断提高，能源消费弹性系数则会普遍下降。也就是说，如果一个地区的能源消费弹性系数越高，那么该地区能源利用效率则会越低。图 6-3 描绘了云南省 1978~2016 年能源消费弹性系数。首先排除图中 1998~1999 年的两个负值，出现这个结果的原因是受东南亚金融危机的影响，造成云南省这两年出口下滑、企业压缩生产、工业增速明显放缓、部分企业甚至停产关门。从图中可以看出，近些年云南省能源消费弹性系数总体呈下降趋势，能源利用效率明显提高。

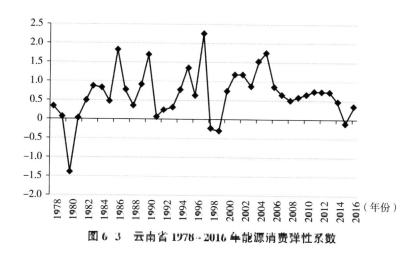

图 6-3　云南省 1978~2016 年能源消费弹性系数

　　图 6-4 是 1978~2016 年云南省单位能耗产值和全国单位能耗产值对比图。可以看出，云南省的单位能耗产值在逐年增加，特别是 2005 年以来单位能耗产值大幅度上升，能源利用率进步较为明显。但是相对于全国单位能耗产值来说，云南省的情况明显低于全国的平均水平，2011 年云南省单位能耗产值为 0.93 万元/吨标准煤，而全国平均水平则达到了 1.35 万元/吨标准煤。因此，在新的规划期间，云南省想要完成规划所定目标，一定要继续大力推动技术进步，加强节能减排力度不放松。

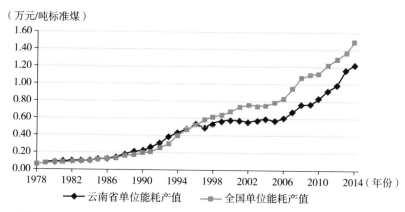

图 6-4　1978~2016 年云南省单位能耗产值和全国单位能耗产值对比图

2. 云南省能源结构分析

中国能源结构问题历来受到政府的重视，云南省也同样如此。总的来说，控制能源消耗总量、保护环境、提高能源利用效率和保证能源供给安全等构成了云南省乃至全中国能源结构改善的多种制约因素。

随着科学技术的不断进步，持续开拓出新的生产领域，不断改变着社会产品结构，不断产生新产品、新工艺和新材料。正是由于科学技术的持续进步，人类社会对资源，尤其是对能源的需求也发生了重大变化。随着劳动生产率的大幅度提高，社会产品产量急剧增加，因此能源消耗量也随之迅猛上涨；代表着高技术、高性能的新产品正在不断取代传统意义上的老产品，低能耗产品不断取代高能耗产品；产品质量在不断提高，同时单位产值耗能减少，废品率降低，能源利用率也在不断提高。

虽然云南省对能源产品的需求随着经济发展不断发生变化，但云南的能源消耗结构依旧呈现出明显的"富煤贫油少气"的特征。

一直以来，对煤炭的需求量始终占据着能源消耗的绝大部分，可以说，煤炭的消耗总量在云南省能源消耗总量当中一直占有绝对的比重，云南省能源消耗总量从 1978 年的 1065.90 万吨标准煤上升到 2014 年的 4502.90 万吨标准煤，能源消耗总量呈现出剧增的状态，而在这些消耗的能源类型当中，煤炭消耗量一直占据着能源消耗总量的一半以上，甚至在 1978 年达到了 78% 的比重，因此煤炭是支撑云南省经济增长的主要能源。虽然从总的趋势来说，煤炭消耗量所占据能源消耗总量的比重在逐年下降，但煤炭消耗量的比重依然稳稳占据了能源消耗总量的一半左右，仍是不可撼动的经济增长主要来源（见图 6-5）。

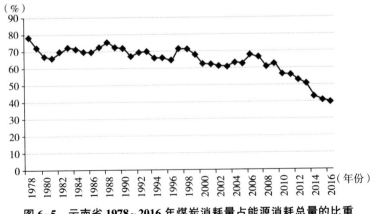

图 6-5　云南省 1978~2016 年煤炭消耗量占能源消耗总量的比重

石油是云南省经济发展所依赖的次要能源。在 1997 年之前，石油消耗量占能源消耗总量的比重一直保持在 7%～9%；然而 1998 年以后，石油消耗量占能源消耗总量的比重一直都处于快速增长趋势，尤其是 2001 年和 2010 年（见图 6-6）。

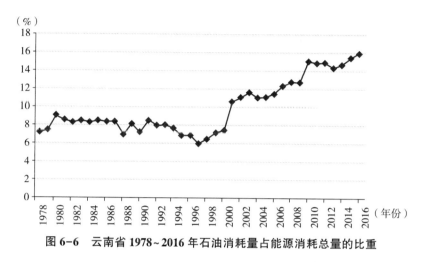

图 6-6　云南省 1978～2016 年石油消耗量占能源消耗总量的比重

相比于煤炭和石油，天然气的消耗量则要少得多，其在能源消耗总量中的比重也少得多，天然气在能源消耗构成中所占比重最低。从图 6-7 中不难看出，1982 年至今，天然气的消耗比重也一直处于下降的趋势。

图 6-7　云南省 1979～2016 年天然气消耗量占能源消耗总量的比重

从 1978 年至 2016 年，电的消耗构成比重波动较大，而水电、风电、核电等优质电力能源发展相对滞后（见图6-8）。

图6-8　云南省1978~2016年电消耗量占能源消耗总量的比重

一直以来，云南省能源供需品种结构突出和明显，能源供应和能源消耗都以煤为主，而洁净能源供应不足，且"污染"能源与洁净能源之间的结构性差距很大，这种结构性差距可以通过2013年四种能源的消耗结构图更加清晰地体现出来（见图6-9）。

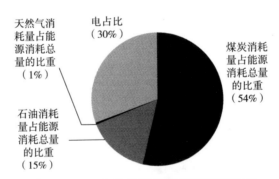

图6-9　2013年云南省四种能源消耗构成图

3. 云南省能源消耗存在的问题

目前云南省的能源发展战略面临着三个方面的挑战：首先，云南省的能源消耗过度依赖于不可再生的化石原料，不利于能源的可持续供应；其次，经济的可持续发展与环境保护之间的冲突；最后，能源在开采、运输、使用等环节上的挑战，突出表现在石油安全问题上。

第一，煤在云南省乃至全国，都是能源消耗的主要部分，占到了能源消费总量的一半以上。但是，煤作为动力燃料和化工原料，会产生大量的废弃物，造成严重的环境污染，同时还会造成能源的浪费。电、天然气等高质量能源的产出明显优于煤的产出且污染少，对环境的负产出也相对少得多。

以合成氨行业为例：生产 1 吨合成氨，如果以煤为原料需要 1.2 吨标准煤，同时耗电 1000 千瓦时左右，而以天然气为原料则只需要耗天然气 1000 立方米，耗电 40 千瓦时，两种原料的能耗相差 60% 左右，而污染物排放却可以减少 50% 以上。

第二，以煤为主的能源结构，相较高质量优等能源，会造成更严重的环境污染，给生态环境带来极大威胁，进而加大治污成本，造成经济损失。值得我们反思的是，中国的二氧化硫和二氧化碳排放量分别居世界第一位和第二位。

第三，日益增长的石油消费量同隐藏在石油开采、运输、使用等过程中发生的安全问题之间的矛盾。

第四，电力能源结构不合理，优质电力能源水电、风电、核电等发展滞后。电力作为二次能源，其强劲的需求也加剧了一次能源的紧张程度，使电力能源结构出现劣质化倾向，电煤、电油迅速增加，且小火电机组建设有抬头之势。

第五，天然气应用占比的不断下降。作为一种清洁、环保的能源品种，天然气应该被广泛推广，用天然气替代传统燃料可以降低环境污染，减少废弃物排放。但在云南省，天然气的消耗占比却一直处于减幅的状态。云南是全国自然环境较好、生态环境保护较好的省份之一，为进一步巩固和发展好云南的特色生态环境，我们要高度重视生态文明建设，把加快结构调整、转型发展放在更加突出的位置，天然气在未来能源结构调整和工业结构调整中具有重要意义，其在能源消费中的比重应该相应提高。

二、DSGE 模型建立及政策模拟

考虑建立封闭条件下的 DSGE 模型，包含的经济主体有居民、厂商和政府三个部门，其中又将厂商分为中间产品生产者和最终产品生产者。居民是劳动力主体，为社会生产提供劳动力，进而获得工资，并将工资用于消费和投资；中间产品生产者利用资本、劳动力和能源进行生产，得到的中间产品出售给最终产品生产者；最终产品生产者利用资本、劳动力和买来的中间产品进行生产，获得最终产品，这些最终产品形成了社会总收入。政府部门主要是执行货币政策应对经济波动的影响。因此，建立的模型中包含了五种冲击：技术冲击、劳动力供给冲击、能源价格冲击、政府购买力冲击和货币政策冲击。

(一) 居民

对于居民来讲，他们消费最终产品及休闲，进而获得效用。因此，居民的最终目标是使获得的期望效用最大化。

居民效用函数为：

$$E_0 \sum_{t=0}^{\infty} \beta^t U(C_t, H_t) \tag{6-9}$$

式中，β 为折现系数，C_t 为居民消费，H_t 为劳动力供给。效用函数服从常相对风险厌恶型，具体函数形式为：

$$U(C_t, H_t) = \frac{c_t^{1-\sigma}}{1-\sigma} - \theta \varepsilon_{H,t} \frac{H_t^{1+\eta}}{1+\eta}$$

其中，$\varepsilon_{H,t}$ 为劳动力供给冲击；$\theta>0$，代表劳动对效用的影响；σ 为消费替代弹性的倒数；η 为劳动供给弹性的倒数。

预算约束为：

$$C_t = \frac{W_t}{P_t} H_t - \frac{D_t - (1 + R_{n,t-1}) D_{t-1}}{P_t} \tag{6-10}$$

式中，P_t 为价格总水平，$R_{n,t-1}$ 为存款名义利率，W_t 为名义工资，D_t 为储蓄存款。

根据效用最大化，构造拉格朗日函数为：

$$L = E_0 \sum_{t=0}^{\infty} \beta^t \left[\frac{C_t^{1-\sigma}}{1-\sigma} - \theta \varepsilon_{H,t} \frac{H_t^{1+\eta}}{1+\eta} + \lambda_t \left(\frac{W_t}{P_t} H_t - \frac{D_t - (1+R_{n,t-1}) D_{t-1}}{P_t} - C_t \right) \right]$$

由一阶条件可得：

$$\frac{\partial L}{\partial C_t} = 0 \Rightarrow C_t^{-\sigma} = \lambda_t \tag{6-11}$$

$$\frac{\partial L}{\partial C_{t+1}} = 0 \Rightarrow \beta E_t \left[C_{t+1}^{-\sigma} \right] = \lambda_{t+1} \tag{6-12}$$

$$\frac{\partial L}{\partial H_t} = 0 \Rightarrow \theta \varepsilon_{H,t} H_t^{\eta} = \lambda_t \frac{W_t}{P_t} \tag{6-13}$$

$$\frac{\partial L}{\partial D_t} = 0 \Rightarrow \frac{\lambda_t}{\lambda_{t+1}} = \frac{P_t}{P_{t+1}} (1 + R_{n,t}) \tag{6-14}$$

根据式（6-11）和式（6-13）可推出最优消费和劳动力供给：

$$\theta \varepsilon_{H,t} H_t^{\eta} = C_t^{-\sigma} \frac{W_t}{P_t}$$

对上式进行对数线性化后得出：

$$\hat{W}_t - \hat{P}_t = \sigma \hat{C}_t + \eta \hat{H}_t + \hat{\varepsilon}_{H,t} \tag{6-15}$$

式中，$(\hat{*})$ 表示各变量偏离均衡状态的百分比。

根据式（6-11）、式（6-12）和式（6-14）可推出跨期消费：

$$C_t^{-\sigma} = \beta E_t \left[C_{t+1}^{-\sigma} (1 + R_{n,t}) \frac{P_t}{P_{t+1}} \right]$$

对上式进行对数线性化后得出：

$$\hat{C}_t = E_t \hat{C}_{t+1} - \frac{1}{\sigma} E_t \pi_{t+1} - \frac{1}{\sigma} \hat{R}_{n,t} \frac{\overline{R}_N}{1 + \overline{R}_N} \tag{6-16}$$

式中，$E_t \pi_{t+1} = E_t \hat{P}_{t+1} - \hat{P}_t$。

（二）中间产品生产部门

一般假定中间产品生产市场是完全竞争的，厂商利用从居民手中借来的资本与购买的能源生产中间产品，模型的设定参考了 De Fiore 等的研究。对于中间产品生产厂商来说，在每一期中他们所面临的问题都是成本最小化问题：

$$\text{Min}_{K_t; \, e_{p,t}} \frac{R_t^K}{p_t} K_t + \frac{P_t^e}{P_t} e_{p,t} \tag{6-17}$$

$$\text{s. t. } K_{e,t} = \left[\varphi^{\frac{1}{\gamma}} K_t^{\frac{\gamma-1}{\gamma}} + (1-\varphi)^{\frac{1}{\gamma}} e_{p,t}^{\frac{\gamma-1}{\gamma}} \right]^{\frac{\lambda}{\lambda-1}}$$

式中，$K_{e,t}$ 代表生产出的中间品，R_t^K 代表资本的名义租金，P_t^e 代表能源的名义价格，$e_{p,t}$ 代表能源的消费量。参数 $\varphi \in (0, 1)$ 代表中间品生产投入中资本的份额，$\gamma > 0$ 代表能源的需求相对价格弹性。中间生产者直接从居民手中借来资本，K_t 代表资本存量，资本的积累满足以下方程：

$$K_t = (1 - \delta)K_{t-1} + I_t \tag{6-18}$$

式中，I_t 代表每一期的新增投资。

构建成本最小化问题的拉格朗日函数：

$$L = \frac{R_t^K}{P_t}K_t + \frac{R_t^e}{P_t}e_{p,t} + \mu\left\{K_{e,t} - \left[\varphi^{\frac{1}{\gamma}}K_t^{\frac{\gamma-1}{\gamma}} + (1-\varphi)^{\frac{1}{\gamma}}e_{p,t}^{\frac{\gamma-1}{\gamma}}\right]^{\frac{\gamma}{\gamma-1}}\right\}$$

由一阶条件可得：

$$\frac{\partial L}{\partial K} = 0 \Rightarrow \frac{R_t^K}{P_t} = \mu_t\left[\varphi^{\frac{1}{\gamma}}K_t^{\frac{\gamma-1}{\gamma}} + (1-\varphi)^{\frac{1}{\gamma}}e_{p,t}^{\frac{\gamma-1}{\gamma}}\right]^{\frac{1}{\gamma-1}}\varphi^{\frac{1}{\gamma}}K_t^{-\frac{1}{\gamma}} \tag{6-19}$$

$$\frac{\partial L}{\partial e_{p,t}} = 0 \Rightarrow \frac{P_t^e}{P_t} = \mu_t\left[\varphi^{\frac{1}{\gamma}}K_t^{\frac{\gamma-1}{\gamma}} + (1-\varphi)^{\frac{1}{\gamma}}e_{p,t}^{\frac{\gamma-1}{\gamma}}\right]^{\frac{1}{\gamma-1}}(1-\varphi)^{\frac{1}{\gamma}}e_{p,t}^{-\frac{1}{\gamma}} \tag{6-20}$$

由式（6-19）、式（6-20）可以得到：

$$\left(\frac{R_t^K}{P_t^e}\right)^{\gamma} = \frac{\varphi}{1-\varphi}\frac{e_{p,t}}{K_t}$$

从而得到：

$$K_t = \varphi\left(\frac{R_t^K}{P_t^{Ke}}\right)^{-\gamma}K_{e,t}$$

对数线性化得到：

$$\hat{K}_{e,t} - \hat{K}_t = \gamma(\hat{R}_t^K - \hat{P}_t^{Ke}) \tag{6-21}$$

$$e_{p,t} = (1-\varphi)\left(\frac{P_t^e}{P_t^{Ke}}\right)^{-\gamma}K_{e,t}$$

式中，$\dfrac{P_t^e}{P_t^{Ke}} = \left[\varphi^{\frac{1}{\gamma}}K_t^{\frac{\gamma-1}{\gamma}} + (1-\varphi)^{\frac{1}{\gamma}}e_{p,t}^{\frac{\gamma-1}{\gamma}}\right]^{\frac{1}{\gamma-1}}$ 为中间品 $K_{e,t}$ 的平减物价指数，

对数线性化得到：

$$\hat{K}_{e,t} - \hat{e}_{p,t} = \gamma(\hat{P}_t^e - \hat{P}_t^{Ke}) \tag{6-22}$$

对数线性化后为：

$$\hat{P}_t^{Ke} = \frac{(1-\varphi)\overline{P}^{e1-\gamma}}{\varphi\,\overline{R}^{K1-\gamma} + (1-\varphi)\overline{P}^{e1-\gamma}}\hat{P}_t^e + \frac{(1-\varphi)^{\frac{1}{\gamma}}\overline{e}^{\frac{\gamma-1}{\gamma}}}{\varphi^{\frac{1}{\gamma}}\overline{R}^{K1-\gamma} + (1-\varphi)\overline{P}^{e1-\gamma}}\hat{R}_t^e \tag{6-23}$$

式中，$\overline{R}^K$，$\overline{P}^e$ 分别是资本与能源在稳态时的名义价格。

将式（6-17）对数线性化后得：

$$\hat{K}_{e,t} = \frac{\varphi^{\frac{1}{\gamma}}\overline{K}^{-\frac{\gamma-1}{\gamma}}}{\varphi^{\frac{1}{\gamma}}\overline{K}^{-\frac{\gamma-1}{\gamma}} + (1-\varphi)^{\frac{1}{\gamma}}\overline{e}_p^{\frac{\gamma-1}{\gamma}}}\hat{K}_t + \frac{(1-\varphi)^{\frac{1}{\gamma}}\overline{e}_p^{\frac{\gamma-1}{\gamma}}}{\varphi^{\frac{1}{\gamma}}\overline{K}^{-\frac{\gamma-1}{\gamma}} + (1-\varphi)^{\frac{1}{\gamma}}\overline{e}_p^{\frac{\gamma-1}{\gamma}}}\hat{e}_{p,t}$$

$$\tag{6-24}$$

式中，$\overline{K}$ 代表稳态时的资本存量，$\overline{e}_p$ 代表稳态时的能源消费量。综合式（6-21）、式（6-22）、式（6-23）和式（6-24）可以推出：

$$\hat{K}_t = \hat{e}_{p,t} - \frac{\varphi^{\frac{1}{\gamma}}\overline{K}^{-\frac{\gamma-1}{\gamma}} + (1-\varphi)^{\frac{1}{\gamma}}\overline{e}_p^{\frac{\gamma-1}{\gamma}}}{(1-\varphi)^{\frac{1}{\gamma}}\overline{e}_p^{\frac{\gamma-1}{\gamma}}}\frac{\gamma(1-\varphi)\overline{P}^{e1-\gamma}}{\varphi\,\overline{R}^{K1-\gamma} + (1-\varphi)\overline{P}^{e1-\gamma}}$$
$$\left[(\hat{R}_t^K - \hat{P}_t) - (\hat{P}_t^e - \hat{P}_t)\right] \tag{6-25}$$

$$\hat{e}_{p,t} = \hat{K}_t - \frac{\varphi^{\frac{1}{\gamma}}\overline{R}^{-\frac{\gamma-1}{\gamma}} + (1-\varphi)^{\frac{1}{\gamma}}\overline{e}_p^{\frac{\gamma-1}{\gamma}}}{\varphi^{\frac{1}{\gamma}}\overline{K}^{-\frac{\gamma-1}{\gamma}}}\frac{\gamma\varphi\overline{R}^{K1-\gamma}}{\varphi\overline{R}^{K1-\gamma} + (1-\varphi)\overline{P}^{e1-\gamma}}$$
$$\left[(\hat{R}_t^K - \hat{P}_t) - (\hat{P}_t^e - \hat{P}_t)\right] \tag{6-26}$$

（三）最终产品生产部门

假定最终产品市场为垄断竞争市场，厂商利用从中间品生产部门购买的中间品以及雇用的劳动力来生产差异化的最终产品，我们认为价格具有名义价格黏性，采用 Calvo 的方式。

首先考虑成本最小化问题。厂商在给定生产水平的情况下追求成本最小化：

$$\text{Min}_{K_{e,t};\,H_t}\ \frac{W_t}{P_t}H_t + \frac{P_t^{Ke}}{P_t}K_{e,t} \tag{6-27}$$

s. t. $Y_t = \varepsilon_{A,t}H_t^{1-b}K_{e,t}^b$

式中，Y_t 代表最终产品产出，$\varepsilon_{A,t}$ 代表技术冲击，$1-b$ 为劳动的产出弹性。

建立成本最小化问题的拉格朗日函数：

$$L = \frac{W_t}{P_t}H_t + \frac{P_t^{Ke}}{P_t}K_{e,t} + \xi_t(Y_t - \varepsilon_{A,t}H_t^{1-b}K_{e,t}^b)$$

其一阶条件为：

$$\frac{\partial L}{\partial H_t} = 0 \Rightarrow \frac{W_t}{P_t} = \xi_t(1-b)\frac{Y_t}{H_t} \tag{6-28}$$

$$\frac{\partial L}{\partial K_{e,t}} = 0 \Rightarrow \frac{P_t^{Ke}}{P_t} = \xi_t b\frac{Y_t}{K_{e,t}} \tag{6-29}$$

由式（6-28）、式（6-29）可以得到：

$$H_t = \frac{1-b}{b}\left(\frac{P_t^{Ke}}{P_t}\right)\left(\frac{W_t}{P_t}\right)^{-1}K_{e,t} \tag{6-30}$$

进行对数线性化后可得：

$$\hat{H}_t = \hat{P}_t^{Ke} - \hat{W}_t + \hat{K}_{e,t} \tag{6-31}$$

将式（6-30）代入生产函数（6-31）中，可得到：

$$Y_t = \varepsilon_{A,t}\left[\frac{1-b}{b}\left(\frac{P_t^{Ke}}{P_t}\right)\left(\frac{W_t}{P_t}\right)^{-1}\right]^{1-b}K_{e,t} \tag{6-32}$$

对数线性化后得：

$$\hat{Y}_t = \hat{\varepsilon}_{A,t} + (1-b)(\hat{P}_t^{Ke} - \hat{W}_t) + \hat{K}_{e,t} \tag{6-33}$$

将式（6-30）、式（6-32）代入成本函数中得：

$$TC = \frac{W_t}{P_t}H_t + \frac{P_t^{Ke}}{P_t}K_{e,t} = \frac{1}{\varepsilon_{A,t}}\frac{\left(\frac{P_t^{Ke}}{P_t}\right)^b\left(\frac{W_t}{P_t}\right)^{1-b}}{(1-b)^{1-b}b^b}Y_t$$

边际成本：

$$MC_t = \frac{1}{\varepsilon_{A,t}}\frac{\left(\frac{P_t^{Ke}}{P_t}\right)^b\left(\frac{W_t}{P_t}\right)^{1-b}}{(1-b)^{1-b}b^b}$$

对边际成本进行对数线性化后得：

$$\hat{MC}_t = -\hat{\varepsilon}_{A,t} + b\hat{P}_t^{Ke} + (1-b)\hat{W}_t - \hat{P}_t \tag{6-34}$$

用式（6-23）、式（6-24）代替式（6-31）、式（6-33）和式

(6-34) 中的 $\hat{P}_t^{Ke}$ 与 $\hat{K}_{e,t}$，得到整理后的方程：

$$\hat{H}_t = \frac{(1-\varphi)\,\overline{P}^{e1-\gamma}}{\varphi\,\overline{R}^{K1-\gamma}+(1-\varphi)\,\overline{P}^{e1-\gamma}}\left(\hat{P}_t^e-\hat{P}_t\right)+\frac{\varphi\,\overline{R}^{K1-\gamma}}{\varphi\,\overline{R}^{K1-\gamma}+(1-\varphi)\,\overline{P}^{e1-\gamma}}\left(\hat{R}_t^K-\hat{P}_t\right)-$$

$$\left(\hat{W}_t-\hat{P}_t\right)+\frac{\varphi^{\frac{1}{\gamma}}\overline{K}^{\frac{-\gamma-1}{\gamma}}}{\varphi^{\frac{1}{\gamma}}\overline{K}^{\frac{-\gamma-1}{\gamma}}+(1-\varphi)^{\frac{1}{\gamma}}\overline{e}_p^{\frac{\gamma-1}{\gamma}}}\hat{K}_t+\frac{(1-\varphi)^{\frac{1}{\gamma}}\overline{e}_p^{\frac{\gamma-1}{\gamma}}}{\varphi^{\frac{1}{\gamma}}\overline{K}^{\frac{-\gamma-1}{\gamma}}+(1-\varphi)^{\frac{1}{\gamma}}\overline{e}_p^{\frac{\gamma-1}{\gamma}}}\hat{e}_{p,t}$$

$$(6-35)$$

$$\hat{Y}_t = \hat{\varepsilon}_{A,t}+(1+b)\left[\frac{(1-\varphi)\,\overline{P}^{e1-\gamma}}{\varphi\,\overline{R}^{K1-\gamma}+(1-\varphi)\,\overline{P}^{e1-\gamma}}\left(\hat{P}_t^e-\hat{P}_t\right)+\right.$$

$$(6-36)$$

$$\left.\frac{\varphi\,\overline{R}^{K1-\gamma}}{\varphi\,\overline{R}^{K1-\gamma}+(1-\varphi)\,\overline{P}^{e1-\gamma}}\left(\hat{R}_t^K-\hat{P}_t\right)-\left(\hat{W}_t-\hat{P}_t\right)\right]$$

$$\hat{MC}_t = -\hat{\varepsilon}_{A,t}+b\left[\frac{(1-\varphi)\,\overline{P}^{e1-\gamma}}{\varphi\,\overline{R}^{K1-\gamma}+(1-\varphi)\,\overline{P}^{e1-\gamma}}\left(\hat{P}_t^e-\hat{P}_t\right)+\right.$$

$$\left.\frac{\varphi\,\overline{R}^{K1-\gamma}}{\varphi\,\overline{R}^{K1-\gamma}+(1-\varphi)\,\overline{P}^{e1-\gamma}}\left(\hat{R}_t^K-\hat{P}_t\right)\right]+(1-b)\left(\hat{W}_t-\hat{P}_t\right) \qquad (6-37)$$

（四）价格设定

在垄断竞争市场，厂商可以设定价格，引入名义价格黏性的假定后，每一期所有厂商中只有占 $(1-\Psi)$ 比例随机选择的厂商允许重新设定价格，Ψ 代表了交错设定价格的程度。这些厂商设定最优价格以实现当期和未来所有期利润现值之和的最大化，最优化问题为：

$$\underset{P_L(Z)}{\mathrm{Max}}E_t\sum_{i=0}^{\infty}\Psi^i\beta^i\left(\frac{C_{t+i}}{C_t}\right)^{-\sigma}\left[\frac{P_t(Z)-P_{t+i}MC_{t+i}}{P_{t+i}}Y_{t+i}(Z)\right]$$

$$\mathrm{s.t}\ Y_{t+i}(Z)=\left[\frac{P_t(Z)}{P_{t+i}}\right]^{-\varepsilon}Y_{t+i}$$

其中，$P_t(Z)$ 代表厂商 Z 在 t 期设定的价格，$\beta^i(C_{t+i}/C_t)^{-\sigma}$ 代表随机折现因子，令 $\Lambda_{t,i}=\Psi^i\beta^i(C_{t+i}/C_t)^{-\sigma}$，$Y_{t+i}(Z)$ 为厂商 Z 的产出，Y_{t+i} 为总产出，ε 为厂商之间的替代弹性。因为厂商同质，所以在 t 期调价的所有厂商都会设定相同的最优价格 P_t^*。

建立拉格朗日函数：

$$L = E_t \sum_{i=0}^{\infty} \Lambda_{t,\,i} \left[\frac{P_t(Z) - P_{t+i} MC_{t+i}}{P_{t+i}} \right] \left[\frac{P_t(Z)}{P_{t+i}} \right]^{-\varepsilon} Y_{t+i}$$

一阶条件：

$$\frac{\partial L}{\partial P_t(Z)} = 0 \Rightarrow E_t \sum_{i=0}^{\infty} \Lambda_{t,\,i} \left[\frac{1}{P_{t+i}} \frac{P_t(Z)^{-\varepsilon}}{P_{t+i}^{-\varepsilon}} + \left(\frac{P_t(Z)}{P_{t+i}} - MC_{t+i} \right) \right.$$

$$\left. \left(-\varepsilon \frac{P_t(Z)^{-\varepsilon-1}}{P_{t+i}^{-\varepsilon}} \right) \right] Y_{t+i} = 0$$

$$\Rightarrow E_t \sum_{i=0}^{\infty} \Lambda_{t,\,i} \left[(1-\varepsilon) \frac{P_t(Z)^{-\varepsilon}}{P_{t+i}^{1-\varepsilon}} - \varepsilon \frac{P_t(Z)^{-\varepsilon}}{P_{t+i}^{1-\varepsilon}} + \right.$$

$$\left. \varepsilon \frac{P_t(Z)^{-\varepsilon-1}}{P_{t+i}^{-\varepsilon}} MC_{t+i} \right] Y_{t+i} = 0$$

$$\Rightarrow P_t^* = \frac{\varepsilon}{\varepsilon - 1} \frac{E_t \sum_{i=0}^{\infty} \Lambda_{t,\,i} MC_{t+i} Y_{t+i} P_{t+i}^{\varepsilon}}{E_t \sum_{i=0}^{\infty} \Lambda_{t,\,i} Y_{t+i} P_{t+i}^{\varepsilon-1}}$$

令 Q_t 为最优相对价格，则

$$Q_t = \frac{P_t^*}{P_t} = \frac{\varepsilon}{\varepsilon - 1} \frac{E_t \sum_{i=0}^{\infty} \Lambda_{t,\,i} MC_{t+i} Y_{t+i} \left(\frac{P_{t+i}}{P_t} \right)^{\varepsilon}}{E_t \sum_{i=0}^{\infty} \Lambda_{t,\,i} Y_{t+i} \left(\frac{P_{t+i}}{P_t} \right)^{\varepsilon-1}} \tag{6-38}$$

t 期调价的零售商设定相同的价格 P_t^*，不调价厂商的平均价等于 t−1 期的总体价格水平 P_{t-1}，得 t 期的总体价格水平 P_t：

$$P_t = \left[\Psi P_{t-1}^{1-\varepsilon} + (1-\Psi) P_t^{*\,1-\varepsilon} \right]^{\frac{1}{1-\varepsilon}} \tag{6-39}$$

根据式（6-39）可以推出新凯恩斯主义菲利普斯曲线，此曲线描述了通货膨胀是如何随着边际成本的移动偏离其稳定状态的：

$$\pi_t = \beta E_t \pi_{t+1} + \lambda \hat{MC}_t \tag{6-40}$$

式中，$\lambda = (1-\Psi)(1-\Psi\beta)/\Psi$。

在稳态附近线性化得到：

$$1 = (1-\Psi)\overline{Q}^{1-\varepsilon}[1+(1-\varepsilon)\hat{q}_t] + \Psi\left(\frac{\overline{P}}{P}\right)^{1-\varepsilon}[1+(1-\varepsilon)\hat{P}_{t-1}][1+(1-\varepsilon)\hat{P}_t]$$

其中，$\hat{q}_t$ 为 Q_t 偏离稳态值的百分比。如果所有的厂商都允许调整价格，所有厂商都具有相同的垄断力，都会设定相同的价格，所以 $P_t^* = P_t \Rightarrow Q_t = 1$，这也是稳态的相对价格 $\overline{Q}$。则上式可以简化为：

$$\hat{q}_t = \frac{\Psi}{1-\Psi}\pi_t \tag{6-41}$$

将式（6-39）重写为：

$$F_t\sum_{i=0}^{\infty}\Lambda_{t,i}Y_{t+i}\left(\frac{P_{t+i}}{P_t}\right)^{\varepsilon-1}Q_t = \frac{\varepsilon}{\varepsilon-1}E_t\sum_{i=0}^{\infty}\Lambda_{t,i}MC_{t+i}Y_{t+i}\left(\frac{P_{t+i}}{P_t}\right)^{\varepsilon}$$

将 $\Lambda_{t,i} = \Psi^i\beta^i(C_{t+i}/C_t)^{-\sigma}$ 代入得到：

$$E_t\sum_{i=0}^{\infty}\Psi^i\beta^i\left(\frac{C_{t+i}}{C_t}\right)^{-\sigma}Y_{t+i}\left(\frac{P_{t+i}}{P_t}\right)^{\varepsilon-1}Q_t = \frac{\varepsilon}{\varepsilon-1}$$

$$E_t\sum_{i=0}^{\infty}\Psi^i\beta^i\left(\frac{C_{t+i}}{C_t}\right)^{-\sigma}MC_{t+i}Y_{t+i}\left(\frac{P_{t+i}}{P_t}\right)^{\varepsilon}$$

在稳态附近线性化得：

$$E_t\sum_{i=0}^{\infty}\Psi^i\beta^i\left(\frac{C_{t+i}}{C_t}\right)^{-\sigma}(1-\sigma\hat{C}_{t+1})(1-\sigma\hat{C}_t)\overline{Y}(1+\hat{Y}_{t+1})\overline{Q}(1+\hat{q}_t)\left(\frac{\overline{p}}{\overline{p}}\right)^{\varepsilon-1}[1+$$

$$(\varepsilon-1)\hat{P}_{t+1}][1-(\varepsilon-1)\hat{P}_t] = \frac{\varepsilon}{\varepsilon-1}E_t\sum_{i=0}^{\infty}\Psi^i\beta^i\left(\frac{C_{t+i}}{C_t}\right)^{-\sigma}(1-\sigma\hat{C}_{t+1})$$

$$(1+\sigma\hat{C}_t)\overline{Y}(1+\hat{Y}_{t+1})\overline{MC}(1+\hat{MC}_{t+1})\left(\frac{\overline{p}}{\overline{p}}\right)^{\varepsilon}(1+\varepsilon\hat{P}_{t+1})(1-\varepsilon\hat{P}_t)$$

由式（6-38）可知，在稳态处 $\overline{Q} = 1 = \frac{\varepsilon}{\varepsilon-1}\overline{MC}$，代入上式可以简化为：

$$E_t\sum_{i=0}^{\infty}\Psi^i\beta^i[1-(\varepsilon-1)\hat{P}_t+(\varepsilon-1)\hat{P}_{t+1}+\hat{Y}_{t+1}+\hat{q}_t+\sigma\hat{C}_t-\sigma\hat{C}_{t+1}] =$$

$$E_t\sum_{i=0}^{\infty}\Psi^i\beta^i(1-\varepsilon\hat{P}_t+\varepsilon\hat{P}_{t+1}+\hat{MC}_{t+1}+\hat{Y}_{t+1}+\sigma\hat{C}_t-\sigma\hat{C}_{t+1})$$

$$\Rightarrow \sum_{i=0}^{\infty}\Psi^i\beta^i(E_t\hat{MC}_{t+1}+E_t\hat{P}_{t+1}) = \frac{1}{1-\psi\beta}(\hat{p}_t+\hat{q}_t)$$

$$\Rightarrow (\hat{p}_t + \hat{q}_t) = (1 - \psi\beta)(\hat{MC}_t + \hat{P}_t) + (1 - \psi\beta)\sum_{i=1}^{\infty}\Psi^i\beta^i(E_t\hat{MC}_{t+1} + E_t\hat{P}_{t+1})$$

$$\Rightarrow (\hat{p}_t + \hat{q}_t) = (1 - \psi\beta)(\hat{MC}_t + \hat{P}_t) + \Psi\beta(E_t\hat{MC}_{t+1} + E_t\hat{P}_{t+1})$$

$$\Rightarrow \hat{q}_t = (1 - \psi\beta)\hat{MC}_t + \Psi\beta(E_t\hat{q}_{t+1} + E_t\pi_{t+1})$$

代入式（6-41）得到：

$$\frac{\Psi}{1-\Psi}\pi_t = (1 - \Psi\beta)\hat{MC}_t + \Psi\beta\left(\frac{\Psi}{1-\Psi}E_t\pi_{t+1} + E_t\pi_{t+1}\right)$$

$$\Rightarrow \pi_t = \beta E_t\pi_{t+1} + \lambda\hat{MC}_t$$

其中，$\lambda = \dfrac{(1-\Psi)(1-\Psi\beta)}{\Psi}$。

（五）政府

政府执行如下的货币政策：

$$\log\frac{R_{n,t}}{\overline{R}_n} = \rho_R\log\frac{R_{n,t-1}}{\overline{R}_n} + (1-\rho_R)\left(\phi_\pi\pi_\pi + \phi_q\log\frac{Y_t}{\overline{Y}_t}\right) + v_t$$

其中，ρ_R 为利率平滑系数，ϕ_π 为通胀反应系数，ϕ_q 为产出反应系数，v_t 为货币政策冲击。根据对数逼近的原则，上式可化为：

$$\hat{R}_{n,t} = \rho_R\hat{R}_{n,t-1} + (1-\rho_R)[\phi_\pi\pi_t + \phi_q\hat{Y}_t] + v_t \tag{6-42}$$

（六）经济总体资源约束

在封闭经济模型中，总体资源约束为：

$$Y_t = C_t + G_t + I_t$$

将资本积累方程（6-18）代入上式得：

$$Y_t = C_t + G_t + K_t - (1-\delta)K_{t-1}$$

线性化后得：

$$\hat{G}_t = \frac{\overline{Y}}{\overline{G}}\hat{Y}_t - \frac{\overline{C}}{\overline{G}}\hat{C}_t - \frac{\overline{K}}{\overline{G}}\hat{K}_t - (1-\delta)\frac{\overline{K}}{\overline{G}}K_{t-1} \tag{6-43}$$

（七）外生冲击

在模型中引入五种冲击，分别为：劳动力供给冲击、政府购买力冲击、货币政策冲击、技术冲击，以及能源价格冲击，假定外生冲击服从一阶自回归过程。

劳动力供给冲击：

$$\log\varepsilon_{H,t}-\log\overline{\varepsilon}_H=\rho_H(\log\varepsilon_{H,t-1}-\log\overline{\varepsilon}_H)+e_{H,t}\Rightarrow\hat{\varepsilon}_{H,t}=\rho_H\hat{\varepsilon}_{H,t-1}+e_{H,t} \qquad (6-44)$$

政府购买力冲击：

$$\log G_t-\log\overline{G}=\rho_G(\log G_{t-1}-\log\overline{G})+e_{G,t}\Rightarrow\hat{G}_t=\rho_G\hat{G}_{t-1}+e_{G,t} \qquad (6-45)$$

货币政策冲击：

$$v_t=\rho_M v_{t-1}+e_{M,t} \qquad (6-46)$$

技术冲击：

$$\log\varepsilon_{A,t}-\log\overline{\varepsilon}_A=\rho_A(\log\varepsilon_{A,t-1}-\log\overline{\varepsilon}_A)+e_{A,t}\Rightarrow\hat{\varepsilon}_{A,t}=\rho_A\hat{\varepsilon}_{A,t-1}+e_{A,t} \qquad (6-47)$$

能源价格冲击：

$$\hat{P}_t^e-\hat{P}_t=\rho_e(\hat{P}_{t-1}^e-\hat{P}_{t-1})+e_{e,t} \qquad (6-48)$$

式（6-44）至式（6-48）中，ρ_H，ρ_G，ρ_M，ρ_A，ρ_e 代表五种冲击的持续性，五种冲击的随机扰动项 $e_{H,t}$，$e_{G,t}$，$e_{M,t}$，$e_{A,t}$，$e_{e,t}$ 均服从正态分布，且均值为零，标准差分别为 σ_H，σ_G，σ_M，σ_A，σ_e。

三、模拟结果及分析

（一）参数校准估计

前面小节建立了基本的 DSGE 模型，并进行了线性化，本部分将对模型的参数进行校准估计。

折现因子 β 取值 0.9840，同龚六堂（2005）的研究，稳态时满足 $1=\beta(1+\overline{R}_n)$，则稳态时无风险利率 $\overline{R}_n$ 为 1.63%，而本区间活期存款利率平均值也基本相同。国内外文献大多设定年折旧率为 0.1000，我们假定固定资产平均寿命为 10 年，即 δ 为 0.0100。劳动对效用的贡献度 θ 取值 0.0100，参考陈昆亭等（2004）。消费替代弹性的倒数 σ 取值 0.77，参考李浩（2007）。这里假定名义价格黏性，因此劳动供给弹性的倒数 η 取值 2.5。中间品生产投入中能源的份额 $1-\varphi$ 定义为历年能源消费总额与名义总产出之比的均值，计算得 $1-\varphi$ 为 0.063，则中间品生产投入中资本的份额 φ 为 0.9371。较低的弹性适合分析商业周期，较高的弹性适合分析能源消费的长期改变，能源的需求相对价格弹性 γ 取值 0.0900。劳动的产出弹性 $1-b$ 为 0.349，参考李浩（2007），$b=0.6510$，即劳动投入每增长 1%，经济增长就提高约 0.349%。厂商之间的替代弹性国内外文献大多取值 11.0000；同样，取 $\varepsilon=11.0000$。由 $1=\varepsilon/(\varepsilon-1)\overline{MC}$ 得稳态时 $\overline{MC}=0.9091$。

劳动投入指标定义为每年的就业人数，将劳动正规化为 1，则均衡劳动供给 $\overline{H}=0.5280$。均衡时居民消费与产出比 $\overline{C}/\overline{Y}$ 定义为样本区间名义居民消费与名义产出之比的均值，则 $\overline{C}/\overline{Y}$ 为 0.4920。均衡时政府支出与产出比 $\overline{G}/\overline{Y}=0.1540$，则居民消费与政府支出之比 $\overline{C}/\overline{G}=3.1950$。由 $\overline{Y}=\overline{C}+\overline{G}+\overline{I}=\overline{C}+\overline{G}+\overline{K}-(1-\delta)\overline{K}=\overline{C}+\overline{G}+\delta\overline{K}$ 知，均衡时资本存量与产出之比 $\overline{K}/\overline{Y}=3.5400$，所以均衡时资本存量与政府支出之比 $\overline{K}/\overline{G}=22.987$。均衡时的能源消费与产出 $\overline{e}_p/\overline{Y}$ 定义为样本区间能源消费总额与名义产出之比的均值，则 $\overline{e}_p/\overline{Y}=0.0629$。将 $\overline{e}_p/\overline{Y}=0.0629$ 代入式（6-17），得稳态时 $\overline{K}_e/\overline{Y}=1.314$，则式（6-24）中 $\hat{K}_t$ 的系数为 0.0000217，$\hat{e}_{p,t}$ 的系数为 0.9999783423。将式（6-22）结果代入式（6-23）可得 $\hat{P}_t^e$ 的系数为 0.9999783447，$\hat{R}_t^K$ 的系数为 0.0000216553。

王彬运用贝叶斯估计方法估计出交错设定价格的程度，即每一期价格固定不变的概率 Ψ 的事后均值为 0.5884，利率平滑系数 ρ_R 的事后均值为 0.5986，通胀反应系数 ϕ_π 的事后均值为 0.5795，产出反应系数 ϕ_q 的事后均值为 2.3844。另外，劳动供给冲击的 AR(1) 系数 ρ_H 的事后均值为 0.8977，劳动供给冲击的随机扰动项的标准差 σ_H 的事后均值为 0.0151。货币政策冲击的 AR(1) 系数 ρ_M 的事后均值为 0.8123，货币政策冲击的随机扰动项的标准差 σ_M 的事后均值为 0.0137。黄赜琳估计出技术冲击 AR(1) 系数 ρ_A 为 0.676，技术冲击的随机扰动项的标准差 σ_A 为 0.0254。

政府购买力冲击的 AR(1) 系数及其随机扰动项方差通过以下一阶自回归方程估计得到：

$$\log G_t = (1 - \rho_G)\log \overline{G} + \rho_G \log G_{t-1} + e_{G,t} \tag{6-49}$$

运用 H-P 滤波消除趋势后，进行最小二乘估计，回归结果为：

$$\log G_t = 0.0024 + 0.4767\log G_{t-1} + e_{G,t} \tag{6-50}$$

式（6-50）残差平稳，其标准差为 0.0482，所以，政府购买力冲击的 AR（1）系数 $\rho_G = 0.4767$，随机扰动项的标准差 $\sigma_G = 0.0482$。

能源价格冲击的 AR(1) 系数及其随机扰动项方差通过以下一阶自回归方程估计得到：

$$\log \frac{P_t^e}{P_t} = \alpha_0 + \rho_e \log \frac{P_{t-1}^e}{P_{t-1}} + e_{e,t} \tag{6-51}$$

同样地，运用 H-P 滤波消除趋势后，进行最小二乘估计，回归结果为：

$$\log \frac{P_t^e}{P_t} = -0.0086 + 0.2640\log \frac{P_{t-1}^e}{P_{t-1}} + e_{e,t} \tag{6-52}$$

式中，残差平稳，其标准差为 0.1355，所以，能源价格冲击的 AR(1) 系数 $\rho_e = 0.2640$，随机扰动项的标准差 $\sigma_e = 0.1355$。

表 6-17　结构性参数

变量	取值	变量	取值	变量	取值	变量	取值
β	0.9840	δ	0.1000	θ	0.0100	σ	0.7700
η	2.5000	φ	0.9371	γ	0.0900	b	0.6510
ε	11.0000	ψ	0.5884	ρ_R	0.5986	ϕ_π	0.5795
ϕ_q	2.3844	ρ_H	0.8977	σ_H	0.0151	ρ_M	0.8123
σ_M	0.0137	ρ_A	0.6760	σ_A	0.0254	ρ_G	0.4767
σ_G	0.0482	ρ_o	0.2640	σ_o	0.1355	—	—

表 6-18　部分内生变量稳态值

变量	取值	变量	取值	变量	取值	变量	取值
$\overline{R}_w$	0.0163	$\overline{MC}$	0.9091	$\overline{H}$	0.5280	$\overline{C/Y}$	0.4920
$\overline{G/Y}$	0.1540	$\overline{C/G}$	3.1950	$\overline{K/Y}$	3.5400	$\overline{e_p/Y}$	0.0629

（二）脉冲响应函数模拟结果分析

图6-10展示了五种外生变量的动态变化过程。在 t＝0 时，系统受到五种正向外生冲击的作用，其冲击幅度分别是在参加参数校准估计中所获得的各种冲击随机扰动项的标准差，技术冲击（ea）正向偏离其均衡状态2.54%，政府购买力冲击（g）正向偏离其均衡状态4.82%，劳动力供给冲击（eh）正向偏离其均衡状态1.51%，货币政策冲击（v）正向偏离其

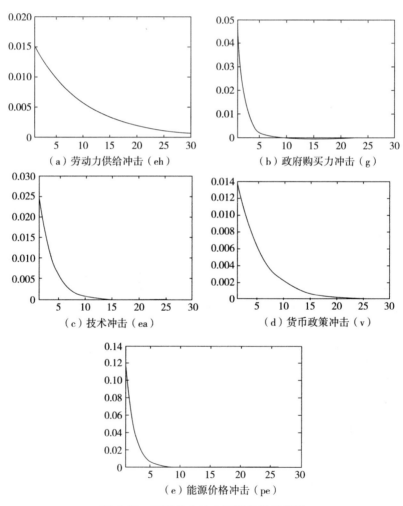

（a）劳动力供给冲击（eh）

（b）政府购买力冲击（g）

（c）技术冲击（ea）

（d）货币政策冲击（v）

（e）能源价格冲击（pe）

图6-10　五种外生冲击变量的动态趋势

均衡状态 2.54%,能源价格冲击（pe）正向偏离其均衡状态 13.55%。随着时间的推移,五种冲击都逐渐趋近于 0,达到均衡状态,从图中可看出,它们对经济的作用能力也随着时间的推移在逐渐变弱。但是,它们的收敛速度却有快有慢,差别很大,其中能源价格冲击消失得最快,4 期左右就基本消失;然而最慢的是劳动力供给冲击,持续了 30 多期。

当经济系统受到技术冲击（$\sigma_A = 2.54\%$）时将直接作用于实际产出 y,使产出正向偏离其均衡状态约 2.5%,在持续大约 18 期后才逐渐恢复到原来的均衡状态。实际产出增加,这就使得对劳动力的需求也在增加,使劳动力供给量 h 正向偏离其均衡状态,在持续 15 期左右才逐渐恢复到原来的均衡状态。然而消费 c 最初减少,波动剧烈,负向偏离均衡状态,并且最终在均衡状态附近又经历了一次波动才达到均衡状态。实际产出的增加也使得资本存量 k 和对能源的消费 ep 都正向偏离其均衡状态,且要经历 25 期左右才能回到均衡状态。技术冲击直接作用于最终产品生产厂商的边际成本 mc,对其产生负向效用,整体产出水平的提高使得通货膨胀率 pie 正向波动,并经历 20 期恢复均衡状态。利率 rn 对实际产出与通货膨胀率的偏离做出反应,因为两者受到冲击后都先上升,所以利率先是正向偏离然后逐渐恢复均衡（见图 6-11）。

当经济系统受到政府购买力冲击（$\sigma_G = 4.82\%$）时将直接作用于实际产出 y,使产出正向偏离其均衡状态,在持续大约 20 期后才逐渐恢复到原来的均衡状态。实际产出增加,这就使得对劳动力的需求也在增加,使劳动力供给量 h 正向偏离其均衡状态,在持续 10 期左右才逐渐恢复到原来的均衡状态。然而消费 c 最初减少,负向偏离均衡状态,并且最终经历 10 期才达到均衡状态。资本存量 k 和对能源的消费 ep 在冲击刚刚发生时负向变动,经历两期之后两者均出现了显著的增加,最终要经历 20 期左右才能恢复均衡状态。政府购买力冲击对价格变量的影响首先作用于劳动力的相对工资 w,劳动力供给增加使得相对工资下降,因此导致了最终产品生产厂商的边际成本 mc 降低。这又会促使通货膨胀率 pie 降低。由于通货膨胀率 pie 通常具有顺周期特征,因此实际产出的正向波动导致了通货膨胀率的正向波动。利率 rn 对实际产出与通货膨胀率的偏离做出反应,因为

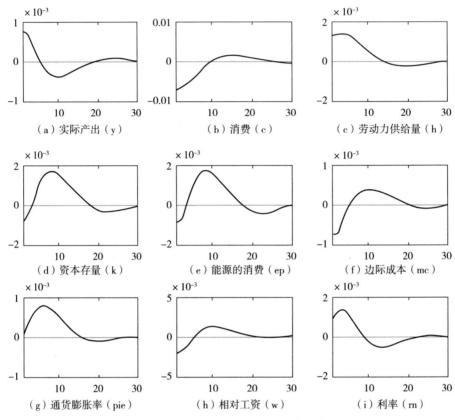

图 6-11 技术冲击对经济系统的影响

两者受到冲击后都先上升，所以利率先是正向偏离然后逐渐恢复均衡（见图 6-12）。

当经济系统受到劳动力供给冲击（$\sigma_H = 1.51\%$）时劳动力供给量 h 负向偏离其均衡状态。而消费 c 最初增加，正向偏离均衡状态，并且最终在均衡状态附近又经历了一次波动才达到均衡状态。劳动力供给冲击同样直接作用于实际产出 y，使产出负向偏离其均衡状态，在持续大约 15 期后才逐渐恢复到原来的均衡状态。由于实际产出减少，资本存量 k 和对能源的消费 ep 均负向偏离均衡状态，最终要经历 20 期左右才能回到均衡状态。劳动力供给冲击对价格变量的影响首先作用于劳动力的相对工资 w，使相对工资提高，因此导致了最终产品生产厂商的边际成本 mc 增长，这又会

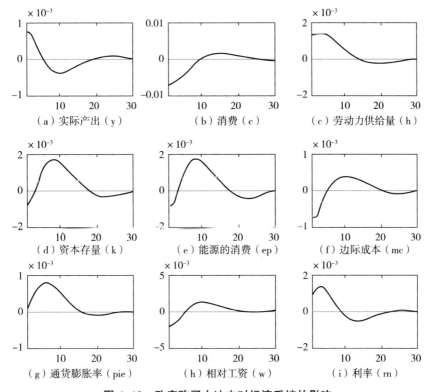

图6-12　政府购买力冲击对经济系统的影响

促使通货膨胀率 pie 上升。图6-13中显示通货膨胀率 pie 负向变动，原因可能是整体物价水平的降低。利率 rn 对实际产出与通货膨胀率的偏离做出反应，因为二者受到冲击后都先下降，所以利率先是负向偏离然后逐渐恢复均衡（见图6-13）。

当经济系统受到货币政策冲击（$\sigma_M = 1.37\%$）时，利率 rn 正向偏离均衡状态。利率的增加导致消费的减少，使得消费 c 最初负向变动。消费减少导致劳动力供给量 h 增加，使其最初正向偏离。利率增加在减少消费的同时还抑制投资，导致实际产出 y 负向变动，在持续大约20期后才逐渐恢复到原来的均衡状态。实际产出增加，这就使得对劳动力的需求也在增加，使劳动力供给量 h 正向偏离其均衡状态，在持续大约10期后才逐渐恢复到原来的均衡状态。而消费 c 最初减少，负向偏离均衡状态，并且最终经

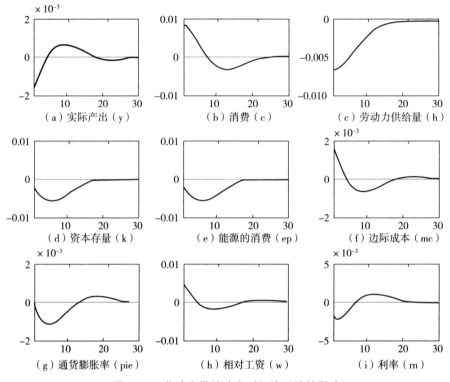

（a）实际产出（y） （b）消费（c） （c）劳动力供给量（h）

（d）资本存量（k） （e）能源的消费（ep） （f）边际成本（mc）

（g）通货膨胀率（pie） （h）相对工资（w） （i）利率（rn）

图 6-13　劳动力供给冲击对经济系统的影响

历 25 期后才达到均衡状态。实际产出减少导致物价水平下降，通货膨胀率负向偏离均衡状态，且持续 20 期。劳动供给增加首先作用于劳动力的相对工资 w，使得相对工资下降，但随后呈周期性波动。最终产品生产厂商的边际成本 mc 与相对工资同周期波动。资本存量 k 和对能源的消费 ep 均正向偏离均衡状态（见图 6-14）。

当经济系统受到能源冲击（σ_e = 13.55%）时，能源价格的上涨直接导致能源的消费 ep 负向波动。能源价格的上涨会刺激居民对一般产品的消费，使得消费 c 最初正向波动。劳动力供给量 h 最初负向偏离均衡状态。能源的消费与劳动力供给量的减少会使得实际产出 y 减少，但图中显示正向偏离均衡状态，可能的原因是消费大量增加刺激产出增加，消费增加使得投资减少，资本存量减少，图中显示其负向偏离均衡状态。劳动力供给量减少使得相对工资提高，导致了最终产品生产厂商的边际成本 mc 提高。

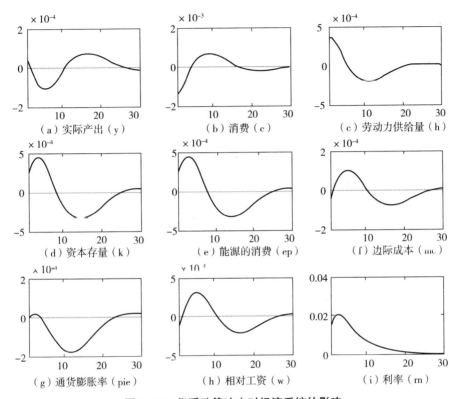

图 6-14　货币政策冲击对经济系统的影响

利率 rn 在短暂的负向偏离之后呈现持续的正向偏离（见图 6-15）。

以上分别对五种外生冲击对经济系统的影响以及传导机制进行了分析，各冲击变量根据模型内部经济变量之间的关系对各变量产生影响。模型结构决定了变量之间的相互关系，所以各个冲击传导机制存在一定的相似性。但是从脉冲图也可以看出，各个变量在受到冲击后波动情况存在差异。表 6-19 描述了各个变量波动的方差分解。不难看出，对于任何 一个变量来说，能源冲击所占的权重都是最大的，其次是技术冲击。

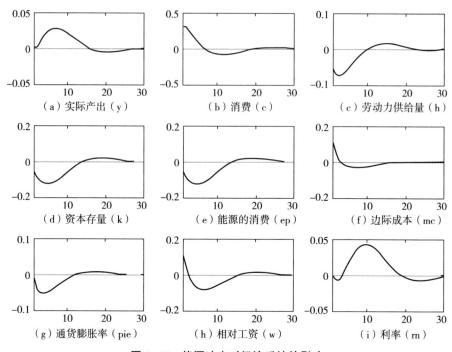

图 6-15　能源冲击对经济系统的影响

表 6-19　各变量的方差分析

	ureh	urg	urv	urea	urpe
y	0.12	0.04	0.00	21.97	77.87
c	0.09	0.07	0.00	7.96	91.88
h	0.93	0.04	0.00	11.79	87.24
k	0.22	0.02	0.00	13.34	86.43
ep	0.22	0.02	0.00	13.34	86.43
mc	0.03	0.01	0.00	5.57	94.39
pie	0.06	0.03	0.00	7.68	92.23
w	0.10	0.03	0.00	10.59	89.28
rn	0.13	0.05	12.57	20.15	67.10

四、小结

通过对三部门 DSGE 模型的分析研究，由各个经济变量方差分解来看

（见表6-19），实际经济能源价格数据中得到的能源冲击随机扰动项方差最大，决定了能源冲击是经济波动的主要来源。技术冲击略低于能源冲击，位居其次。通过上述结论可以说明能源与技术进步对经济增长的影响占比较大。政府购买力冲击、劳动力供给冲击以及货币政策冲击对经济波动的影响都较小，可忽略不计。

能源是一个国家经济发展和人类生存的物质基础，在经济生产中乃至军事发展、行动中占有至关重要的地位，是关系国家经济命脉和安全的重要战略物资。近年来，中国的经济发展迅猛，对能源的需求迅速扩大，虽然在不断的技术更新发展中我们提高了能源的利用效率，在同等的能源使用中降低了单位产出能耗，然而我们国家在经济飞速发展的同时带来的经济结构的不平衡、不协调以及迅速上升的经济总量抵消的技术进步对能源需求的降低，最终导致能源消耗大幅度上涨，能源需求不断增加。党的十八大报告提出"要始终把改革创新精神贯彻到治国理政各个环节"，同时指出"推动能源生产和消费革命，控制能源消费总量，加强节能降耗，支持节能低碳产业和新能源、可再生能源发展，确保国家能源安全"。

云南省经济目前正处于快速发展的阶段，能源的需求和消耗只会不断地增加，而在中国，新能源的开发尚处在起步阶段，许多新能源技术的应用目前还处于试验阶段，云南省在新能源的应用上相对落后，而传统能源的稀缺性决定了能源价格必然会快速上涨。技术进步虽然在短时间内不能明显改善能源消耗情况，但是发展新能源可以从根本上解决能源需求以及消耗的不断增加同传统能源的稀缺性之间的不匹配，从而可以放开脚步大力发展经济，这是较好的方法。我们应该适当限制高能耗产业的发展，大力支持发展一些能耗较低的高新技术产业与高端制造业，支持洁净能源的开发利用，从而提高能源利用效率。

第七章

基于城市化的云南经济发展新动力

云南省地处边境山区，虽然有很大的区位优势，但与东部地区相比，经济发展的先天条件不足，发展经济要面临更多挑战。随着经济进入新常态，我国的经济增长模式已经从过去的依赖投资和工业化驱动转向以城市化为基础的增长模式。另外，根据云南省第九届人民代表大会第四次会议提出的目标，与 2010 年相比，2020 年云南省要实现地区生产总值"翻两番"，城乡居民收入"增 3 倍"，和全国共同步入全面小康。在这样的目标背景下，要加速云南省经济增长，城市化的作用就更加不可或缺。基于此，本书将从县域、市州和省级视角，对云南城市化的经济增长效应进行分析。

第一节 云南省县域城市化的经济增长效应

研究云南省城市化的经济增长效应，使用的是 2012~2016 年云南省县域面板数据，旨在确定云南省城市化的经济增长效应，确定其是否存在空间溢出，从而检验滇中城市群对云南省其他地区的辐射和带动作用究竟如何，作为云南省经济发展最重要的地区，同时也是保证云南省建设"一带一路"倡议的核心，滇中城市群的作用不可忽视。

一、数据说明及特征事实

（一）数据说明

本节选取的主要变量如下：

经济增长（Y）。经济增长一般用生产总值衡量，常用的有生产总值总量和人均生产总值。由于总量数据会受到人数的影响，因此使用人均地区生产总值作为经济增长的代理变量。

城市化率（Urb）。前面讨论了不同的城市化率的衡量方式，由于目前没有完美的指标，经过综合考虑，选取城市常住人口占总人口的比率，即人口城市化率作为衡量城市化水平的指标。

投资（Inv）。投资是促进经济增长的基础因素之一。改革开放以来，我国经济增长模式带有明显的投资驱动特征，投资为拉动我国经济增长做出了巨大贡献。尽管进入经济"新常态"以后，投资对我国经济增长的贡献有所降低，但其重要性仍然不可忽视，以固定资产投资作为投资的代理变量。

消费（Con）。消费是社会生产流通的最终环节，也是新的社会在生产的起点。只有产生了消费，才会最终促进生产。近年来，我国消费率不断上升，对经济增长的贡献率日趋显著，消费正在取代投资，逐渐成为我国经济增长的首要力量，因此选择消费作为控制变量，用社会消费品零售总额作为消费的代理变量。

政府支出规模（Gov）。受计划经济思维影响，我国政府对经济的干预程度比大部分国家要高。通过转移支付和社会保障等再分配手段、市场干预以及对基础性和公益性项目的投资，政府可以显著地影响经济增长，因此用一般公共财政支出作为政府支出的代理变量。

选取2012~2016年云南省的县级数据，除城市化率以外，所有的原始数据均来自《云南统计年鉴》和《云南领导干部手册》。城市化率数据主要来源于各地统计年鉴和统计公报，少量数据来自政府工作报告。部分地区未直接提供城市化率，但提供了常住人口数量，从而可以间接计算出其城市化率。

（二）特征事实

表7-1是2012~2016年云南省县级人均地区生产总值的描述统计，从总体来看，2012~2016年云南省县级人均地区生产总值增长明显，年增长率分别为13.72%、8.32%、7.13%和8.35%。但是省内各县域的地区差异

很大，从最低的几千元到最高的十多万元，并且最低值和最高值所在的地区也十分稳定（镇雄县和玉溪市红塔区）。从统计量的数值看，地区生产总值的分布呈明显的非正态分布，可能存在一定的集聚。

表7-1　2012~2016年云南省县级人均地区生产总值的描述统计

年份	平均值	标准差	最小值	最大值	偏度	峰度	JB 统计量
2012	20322.26	15134.59	6131	112702	3.16	16.25	1159
2013	23110.38	16591.30	7120	116254	2.93	14.07	844.8
2014	25032.92	17618.91	6192	122267	2.78	13.07	712.5
2015	26817.52	18351.06	6634	121622	2.63	11.85	569.9
2016	29056.38	19229.50	7354	120129	2.47	10.79	458.9

表7-2是2012~2016年云南省县域城市化率的描述统计。2012~2016年，云南省城市化率的平均值稳步提升，最大值和最小值的情况和地区生产总值类似，但城市化率的标准差在减小，说明县域地区之间的分散程度正在减弱，不同地区之间城市化率呈趋同趋势。和地区生产总值一样，城市化率的分布也是显著的非正态分布，但JB统计量的显著性在逐渐减小。

表7-2　2012~2016年云南省县域城市化率的描述统计

年份	平均值	标准差	最小值	最大值	偏度	峰度	JB 统计量
2012	0.3553	0.1701	0.1164	0.9622	0.3553	1.69	6.25
2013	0.3679	0.1690	0.1223	0.9660	0.3679	1.67	6.19
2014	0.3808	0.1679	0.1285	0.9698	0.3808	1.64	6.09
2015	0.3971	0.1651	0.1350	0.9736	0.3971	1.61	6.03
2016	0.4161	0.1656	0.1418	0.9877	0.4161	1.52	5.62

表7-3是2012~2016年控制变量的描述统计。2012~2016年，消费和投资的平均值均呈稳步上升趋势，且增长速度很快，消费相对2016年增长超过60%，而投资更是超过100%。政府支出的增长速度也较快，年平均增长率略高于经济的年平均增长率。

表 7-3　2012~2016 年控制变量的描述统计

年份	消费		投资		政府支出规模	
	平均值	标准差	平均值	标准差	平均值	标准差
2012	27.71	55.33	54.35	69.83	0.3713	0.2116
2013	31.59	62.88	69.89	84.83	0.3671	0.2197
2014	35.91	70.45	82.58	89.68	0.3723	0.2087
2015	39.58	75.63	98.32	100.38	0.3845	0.2307
2016	44.36	84.36	119.15	115.86	0.3732	0.2106

二、云南省县域经济增长的空间自相关分析

(一) 空间自相关检验

受地域分布连续空间过程的影响，许多区域经济现象在空间上具有相关性（Anselin，1988）。空间依赖性是指空间中的元素并非独立存在，而是与相邻空间单元的同样的元素或其他元素存在某种空间关联性。对空间数据进行分析，主要是了解研究对象在空间上的分布特征和空间依赖性。空间自相关源于对地理学第一定律的理解，即空间上的事物是相互联系的，并且地理距离越近（远）的事物相互之间的作用力越大（小）。发展的事实表明，地理上相邻的地区之间经济增长会产生关联性，即相邻地区互相影响对方的经济增长。使用 Moran's I 检验云南省县域经济增长的空间自相关，是为了研究经济增长的空间动力机制。

其中，Moran'I 指数计算公式为：

$$\text{Moran's I} = \frac{n \sum_{i=1}^{n} \sum_{j=1}^{n} W^q (y_i - \bar{y})(y_j - \bar{y})}{\sum_{i=1}^{n} \sum_{j==1}^{n} W^q \sum_{i=1}^{n} (y_i - \bar{y})^2} \tag{7-1}$$

式中，n 为空间单元的个数，即样本个数，W^q 为 q 阶 n×n 阶的空间权重矩阵。

空间权重矩阵选取 1 到 6 阶 K 近邻空间权重矩阵，其空间权重矩阵参

见图4-1。

利用上述的空间权重矩阵计算云南省县域经济增长的空间自相关，表7-4列出了计算结果，括号中是每个Moran's I对应的得分。从空间角度看，所有阶数都在1%的显著性水平上显著（得分临界值±2.58）；1阶空间权重矩阵的Moran's I最大，说明一个县域的经济增长受其最邻近县域的经济增长影响最大；随着矩阵阶数的增加，Moran's I的大小逐渐下降，这说明云南省经济增长的空间动力随着空间距离的增大而减小。从时间角度看，1阶空间权重矩阵的Moran's I随着时间的推移逐渐增大，表明云南省县域经济增长的空间自相关在逐渐加强，各地区之间的经济联系日益紧密。

云南省的经济发展现状也能印证上述结果。2012~2016年，云南省地区生产总值增长率一直保持在8%以上，位居全国前列，增长势头强劲。高速增长的背后，是以滇中城市群为主导的经济增长动力，同期以昆明为中心，曲靖、玉溪、楚雄和红河部分县组成外围的滇中城市群对云南省经济增长的贡献接近2/3，而昆明市的贡献尤其多，2016年全年地区生产总值4302.93亿元，占当年云南省地区生产总值的28.62%，远超其他地级市。由此可见，云南省经济增长已经集聚到滇中城市群，同时随着滇中城市群战略规划的推进，未来云南省的经济增长还将更加依赖于滇中城市群经济中心的地位。

表7-4　2012~2016年人均地区生产总值1到6阶的Moran's I

年份	1阶	2阶	3阶	4阶	5阶	6阶
2012	0.5163 (4.65)	0.4917 (4.99)	0.4782 (5.14)	0.3388 (3.66)	0.2905 (3.29)	0.2065 (2.60)
2013	0.5293 (4.77)	0.5078 (5.15)	0.4945 (5.31)	0.3355 (3.63)	0.2978 (3.37)	0.2071 (2.63)
2014	0.5327 (4.80)	0.4892 (4.96)	0.4818 (5.17)	0.3439 (3.71)	0.2884 (3.26)	0.2339 (2.64)
2015	0.5356 (4.82)	0.5001 (5.07)	0.4973 (5.33)	0.3517 (3.79)	0.2933 (3.31)	0.2502 (2.82)
2016	0.5552 (4.99)	0.5137 (5.20)	0.5110 (5.48)	0.3569 (3.85)	0.3008 (3.40)	0.2591 (2.91)

（二）空间可视化分析

根据前面所得的 Moran's I 结果发现，每年的 1 阶空间权重矩阵的 Moran's I 都是当年最高，说明 1 阶邻近也就是和某个地区距离最近的地区对其影响最大，因此利用 1 阶空间权重矩阵对云南县域经济增长进行可视化分析。为了便于比较，首先将地区生产总值和其 1 阶空间滞后地区生产总值分别做标准化处理，使它们各自的均值为 0，标准差均为 1，再以（0，0）为原点，可作出 Moran 散点图。

图 7-1 是云南省 2012~2016 年经济增长的 Moran 散点图，空心圆和实心点分别代表属于和不属于滇中城市群，它展示了各县域地区之间的经济增长水平差异。图 7-2 把各县域地区分为四个象限：高—高集聚（HH），由地区生产总值大于 0 且 1 阶空间滞后地区生产总值也大于 0 的地区构成；低—低集聚（LL），由地区生产总值小于 0 且 1 阶空间滞后地区生产总值也小于 0 的地区构成；高—低集聚（HL），由地区生产总值大于 0 且 1 阶空间滞后地区生产总值小于 0 的地区构成；低—高集聚（LH），由地区生产总值小于 0 且 1 阶空间滞后地区生产总值大于 0 的地区构成。

根据图 7-1 可知，高—高象限的地区几乎全部都属于滇中城市群，这也符合滇中城市群的经济增长水平；同时高—高象限地区在图上的分布一直很分散，说明即使在滇中城市群内部，经济增长水平的相对差距也不亚于滇中城市群和非滇中城市群之间的整体差异。随着时间的推移，高—高象限的地区呈现出一定的向原点集中的趋势，在图形上表现为原点右侧和上方的坐标轴越来越短，这说明经济发达地区产生了集聚效应，发展水平逐渐趋同，地区之间的依赖程度逐渐加深。

低—低象限地区数量也很多，大部分集中在原点附近，但也有不少在远离原点的左下角。对于低—低象限，一方面，原点附近的地区因为位于高—高象限的发达地区存在增长趋同而缩小了与发达地区之间的距离；另一方面，与高—高象限相反，随着时间的推移，整个低—低象限的点变得更加分散，位于左下角地区愈发远离原点，这说明相对于整体经济增长平均水平，一些经济落后的地区正变得更加落后，同时因为横轴代表空间滞后，它们的邻居也和它们一样，与整体平均经济增长水平的差距在拉大。

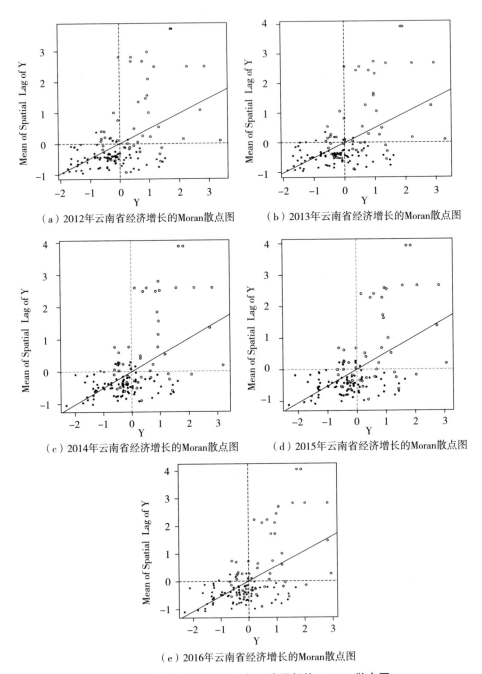

（a）2012年云南省经济增长的Moran散点图　　（b）2013年云南省经济增长的Moran散点图

（c）2014年云南省经济增长的Moran散点图　　（d）2015年云南省经济增长的Moran散点图

（e）2016年云南省经济增长的Moran散点图

图7-1　云南省 2012~2016 年经济增长的 Moran 散点图

高—低和低—高象限地区数量都不多，高—低象限地区尤其少，这部分地区一般是滇中城市群内部和外部交界地方的地区。

表7-5和表7-6分别是各年四个象限地区所占的比例以及各地区每年具体所属象限。从表7-5可以看出，云南省经济增长在空间上呈现出典型的俱乐部特征，低—低象限地区数量最多，每年的占比都在40%左右；数量排名第二的高—高象限地区每年占比也在26%~27%。低—低和高—高象限地区的数量合计占比接近70%，构成了云南省经济增长空间自相关的主导力量。观察表7-5可以发现高—高集聚地区基本都属于滇中城市群，西部和西南部地区大多属于低—低集聚，说明云南省已经形成滇中城市群的中心—外围结构。

表7-5　2012~2016年云南省各地区四分类所占比例　　　单位：%

	2012年	2013年	2014年	2015年	2016年
HH	0.27	0.26	0.26	0.27	0.26
HL	0.16	0.18	0.16	0.17	0.18
LH	0.16	0.15	0.18	0.17	0.17
LL	0.41	0.41	0.4	0.39	0.39

表7-6　2012~2016年云南省各县域地区四分类

地区	2012年	2013年	2014年	2015年	2016年	地区	2012年	2013年	2014年	2015年	2016年
五华区	HH	HH	HH	HH	HH	云县	LL	LL	LL	LL	LL
盘龙区	HH	HH	HH	HH	HH	永德县	LL	LL	LL	LL	LH
官渡区	HH	HH	HH	HH	HH	镇康县	LL	LL	LL	LL	LL
西山区	HH	HH	HH	HH	HH	双江县	LL	LL	LL	LL	LH
东川区	LL	HL	HH	HL	HL	耿马县	LL	LL	HL	HL	HL
呈贡区	HH	HH	HH	HH	HH	沧源县	LL	LL	LL	LL	LH
晋宁县	HH	HH	HH	HH	HH	楚雄市	HL	HL	HL	HL	HL
富民县	HH	HH	HH	HH	HH	双柏县	LH	LH	LH	LH	LH
宜良县	HH	HH	HH	HH	HH	牟定县	LH	LH	LH	LH	LH
石林县	LH	HH	HH	HH	HH	南华县	LH	LH	LH	LH	LL
嵩明县	LL	HL	HH	HH	HL	姚安县	LL	LL	LL	LL	LL
禄劝县	LH	LH	LH	LH	LL	大姚县	LL	LL	LL	HL	LL

续表

地区	2012 年	2013 年	2014 年	2015 年	2016 年	地区	2012 年	2013 年	2014 年	2015 年	2016 年
寻甸县	LH	LH	LH	LH	LH	永仁县	LL	LL	HL	HL	HL
安宁市	HH	HH	HH	HH	HH	元谋县	LL	LL	LL	HL	LL
麒麟区	HH	HH	HH	HH	HH	武定县	LL	LL	LL	LH	LL
沾益区	HH	HH	HH	HH	HH	禄丰县	HH	HH	HH	HH	HH
马龙县	LH	LH	LH	HH	HH	个旧市	HH	HH	HH	HH	HH
陆良县	LH	LH	LH	LH	LH	开远市	HH	HH	HH	HH	HH
师宗县	LL	LL	HL	HH	HH	蒙自市	LH	HH	HH	HH	HH
罗平县	LL	HL	HL	HH	HH	弥勒市	HH	HH	HL	HH	HL
富源县	LH	LH	LH	LH	LH	屏边县	LL	LL	LL	LL	LL
会泽县	LL	LL	LL	LL	LH	建水县	LH	LH	LH	HH	LL
宣威市	LH	LH	LH	LH	LH	石屏县	LH	LH	LH	LH	LH
红塔区	HH	HH	HH	HH	HH	泸西县	LH	LH	LH	LH	LH
江川区	LH	LH	HH	HH	HH	元阳县	LL	LL	LL	LL	LH
澄江县	HH	HH	HH	HH	HH	红河县	LL	LL	LL	LL	LL
通海县	LH	HH	HH	HH	HL	金平县	LL	LL	LL	LL	LL
华宁县	LH	HH	HH	HH	HH	绿春县	LL	LL	LL	LL	LL
易门县	LH	HH	HH	HH	HH	河口县	LL	HL	HL	HL	HL
峨山县	HH	HH	HH	HH	HH	文山市	HL	HL	HL	HL	HL
新平县	HH	HH	HH	HH	HH	砚山县	LL	LL	LL	LL	LH
元江县	LL	LL	HL	HL	HL	西畴县	LH	LH	LH	LH	LL
隆阳区	LL	LL	LL	HL	LL	麻栗坡县	LL	LL	LL	LL	LL
施甸县	LL	LL	LL	LL	LL	马关县	LL	LL	LL	LL	LL
龙陵县	LL	LL	LL	HL	LL	丘北县	LH	LH	LH	LH	LL
昌宁县	LL	LL	LL	LL	HL	广南县	LL	LL	LL	LL	LL
腾冲市	LL	LL	LL	HL	LL	富宁县	LL	LL	LL	LL	LL
昭阳区	LL	LL	HL	HL	HL	景洪市	LH	HH	HH	HH	HL
鲁甸县	LL	LL	LL	LL	LH	勐海县	LL	LL	HL	HL	HH
巧家县	LL	LL	LL	LL	LL	勐腊县	LH	LH	HH	HH	HH
盐津县	LL	LL	LL	LL	LL	大理市	HL	HL	HL	HL	HL
大关县	LL	LL	LL	LL	LL	漾濞县	LH	LH	LH	LH	LH
永善县	LL	LL	LL	LL	LL	祥云县	LH	LH	HH	HH	HL

续表

地区	2012 年	2013 年	2014 年	2015 年	2016 年	地区	2012 年	2013 年	2014 年	2015 年	2016 年
绥江县	LL	LL	LL	LL	LH	宾川县	LL	LL	LL	HL	HH
镇雄县	LL	LL	LL	LL	LL	弥渡县	LL	LL	LL	LL	LH
彝良县	LL	LL	LL	LL	LL	南涧县	LL	LL	LL	HL	LL
威信县	LL	LL	LL	LL	LL	巍山县	LL	LL	LL	LL	LL
水富县	HL	HL	HL	HL	HL	永平县	LL	LL	LL	LL	LH
古城区	HL	HL	HL	HL	HL	云龙县	LL	LL	LL	LL	LL
玉龙县	LH	LH	LH	HH	LH	洱源县	LL	LL	LL	LL	LL
永胜县	LH	LH	LH	LH	LH	剑川县	LL	LL	LL	LL	LL
华坪县	LL	HL	LL	LL	LL	鹤庆县	LL	LL	LL	HL	LL
宁蒗县	LL	LL	LL	LL	LL	瑞丽市	LL	HL	IIL	IIL	IIL
思茅区	LH	HH	HH	HH	HL	芒市	LL	LL	LL	HL	LL
宁洱县	LL	LL	LL	HL	LH	梁河县	LL	LL	LL	LL	LL
墨江县	LL	LL	LL	LL	LH	盈江县	LL	LL	HL	LL	LL
景东县	LL	LL	LL	LL	LL	陇川县	LL	LL	LL	LL	LL
景谷县	LH	HH	HH	HL	HL	泸水市	LL	LL	LL	HL	HH
镇沅县	LL	LL	LL	LL	LL	福贡县	LH	LH	LL	LL	LL
江城县	LL	LL	LL	LL	LL	贡山县	LL	LL	HL	HL	HH
孟连县	LL	LL	LL	LL	LL	兰坪县	LL	LL	LL	LL	LL
澜沧县	LL	LL	LL	LL	LL	香格里拉市	HH	HH	HL	HL	HL
西盟县	LL	LL	LL	LL	LL	德钦县	LH	HH	HL	HL	HL
临翔区	LL	LL	HL	HL	HL	维西县	LH	LH	LH	HL	HL
凤庆县	LL	LL	LL	LL	LL	—	—	—	—	—	—

三、实证结果及分析

（一）普通面板模型

对经济增长的空间自相关检验表明，云南省县域经济增长存在显著的空间自相关，因此不能用传统计量方法估计模型，需要引入空间计量方法。根据前面所述计量理论，利用传统线性回归模型检验合适的空间计量模型设定形式。传统线性模型的解释和被解释变量已在变量选取部分说明，除城市化率外，模型中其余变量均取对数。还需要补充的一点是，考虑到现有研究普遍发现城市化率与经济增长存在"倒U型"关系，模型中同时加入了城市化率的一次项和二次项，以便和现有理论符合。

本节将检验单变量回归（仅城市化率和经济增长）以及加入控制变量后城镇化率与经济增长之间的定量关系，并在下一节结合空间面板模型进行综合比较。在回归之前，首先要确定使用混合模型还是面板个体模型，然后再确定选择个体固定效应还是个体随机效应。计算结果显示，F 检验和 Hausman 检验均在 0.1% 的显著性水平上拒绝原假设，因此最终确定使用面板个体固定效应模型估计。

表 7-7 和表 7-8 分别是城市化率单独与经济增长做回归的结果以及加入控制变量后的回归结果，两次估计的所有系数都在 1% 的显著性水平上显著。加入控制变量以后，城市化率的系数估计结果明显变小，这说明控制变量对城市化影响经济增长的作用机制产生了挤出效应。由于二次项的存在，使边际效应达到最大的城市化率也不是 100%，而是由一次项和二次项共同决定。在单变量模型中，城市化率在 90% 左右时其边际效应最大，加入控制变量后该值降低到大约 68%。

表 7-7　单变量普通面板模型估计结果

变量	系数	标准差	t 值	P 值	95%置信区间	
Urb	6.86	0.38	18.12	0.0000	6.1314	7.6191
Urb^2	-3.79	0.39	-9.67	0.0000	-4.5527	-3.0183
c	7.98	0.09	91.22	0.0000	7.8056	8.1484

表 7-8　加入控制变量后的普通面板模型估计结果

变量	系数	标准差	t 值	P 值	95%置信区间	
Urb	1.41	0.44	3.19	0.001	0.54	2.28
Urb^2	-1.03	0.42	-2.44	0.0151	-1.86	-0.20

变量	系数	标准差	t 值	P 值	95%置信区间	
Con	0.28	0.03	8.11	0.0000	0.21	0.35
Inv	0.10	0.01	6.66	0.0000	0.07	0.13
Gov	0.22	0.03	6.91	0.0000	0.16	0.29
c	7.70	0.07	104.04	0.0000	7.56	7.85

（二）空间面板模型

表 7-8 中的估计结果确定了模型的非空间部分，下面将用 LM 检验确定模型的空间部分设定，从而确定最终的模型形式。LM 检验结果如表 7-9 所示。

观察 LM 检验结果发现，四个检验都高度显著，这是 LM 检验失效的情形，但从另一个角度来说，这也表明空间滞后模型或空间误差模型很可能不是合适的模型设定。因此，决定先选择空间杜宾模型，根据回归结果的显著性和 AIC 综合考虑，结合似然比检验确定最终的模型。

表 7-9　LM 检验结果

	LMerr	LMlag	LMerr-robust	LMlag-robust
LM 统计量	96.62	98.95	36.14	71.47
P 值	0.0000	0.0000	0.0000	0.0000

设定模型：

$$Y_{it} = \rho WY_{it} + \beta_1 Urb + \beta_2 Urb^2 + \alpha W^q Urb + \beta X_{it} + \theta WX_{it} + \delta_{it} \tag{7-2}$$

式中，W^q 代表 1 阶 K 近邻矩阵，ρ 为 W 的系数；β_1，β_2 和 α 是城市化率的一次项、二次项和空间项系数，β 和 θ 是控制变量自身以及空间项的系数向量。在式（7-2）中，经济增长和城市化的空间项将验证城市化的集聚效应，而控制变量的空间项则是对城市化的溢出效应的检验。

根据上述讨论，表 7-10 显示了不同类型的模型估计结果。

表 7-10　云南省城市化的经济增长效应参数估计

	模型（1）	模型（2）	模型（3）	模型（4）
Urb	1.23 *** (2.83)	1.04 ** (2.33)	1.04 ** (2.38)	1.06 ** (2.43)
Urb^2	-0.90 ** (-2.18)	-0.83 ** (-1.98)	-0.82 ** (-2.00)	-0.83 ** (-2.02)
Con	0.24 *** (6.92)	0.19 *** (4.69)	0.19 *** (4.69)	0.20 *** (4.86)
Inv	0.089 *** (6.21)	0.085 *** (5.41)	0.08 *** (5.71)	0.08 *** (5.71)
Gov	0.20 *** (6.17)	0.18 *** (5.47)	0.19 *** (5.87)	0.19 *** (5.96)
$W^1 Y$	0.12 *** (4.03)	0.10 *** (3.03)	0.10 *** (3.24)	0.10 *** (3.32)
$W^1 Urb$	—	0.14 (0.75)	0.16 (0.87)	—
$W^1 Con$	—	0.09 ** (1.99)	0.09 ** (2.09)	0.10 ** (2.37)
$W^1 Inv$	—	-0.01 (-0.36)	—	—
$W^1 Gov$	—	0.02 (0.66)	—	—
c	0.07 *** (32.02)	0.07 *** (32.04)	0.07 *** (32.05)	0.07 *** (32.04)
χ^2	-1223.29	-1222.14	-1225.63	-1226.87
AIC	2095.7	2100.8	2098.9	2073.4

注：*** 、** 、* 分别表示统计量在1%、5%和10%水平下显著。

　　四个模型都使用极大似然估计，其中模型（1）是空间自回归模型，模型（2）是包含所有控制变量空间项的空间杜宾模型，模型（3）和模型（4）是只加入部分控制变量空间项的空间杜宾模型。可以看出，模型（4）不仅所有的系数都显著，AIC 也是所有模型里最小的，因此选取模型（4）

作为最终模型。

（三）实证结果分析

实证结果显示，城市化对区域内的经济增长效应为显著的倒"U"型结构，根据城市化率的一次项和二次项系数计算可得城市化对经济增长的边际效应在64%左右最高，与加入控制变量的普通面板模型相比进一步下降，这说明空间项的加入也对城市化影响经济增长的机制产生了一定的挤出效应。经济增长对城市化率的导数也为正，这说明城市化的确对区域内经济增长有正向影响。但是，城市化的空间项，也就是地区间溢出效应虽然也为正，但却不显著，这说明云南省县级城市化率水平的变化可能不会对周边地区的经济增长产生影响，城市化没有产生应有的集聚效应。

在控制变量方面，消费每增长1%，可以使区域内地区生产总值预期增长0.2%，说明消费对经济增长有显著的积极作用。消费的空间项也得到了显著的结果，系数估计大约为0.1。最近几年云南省消费总量及其在生产总值中所占的比例都在不断上升，这实证结果验证了消费对经济增长的贡献，并且发现消费不仅有区域内效应，还有一定的区域间空间溢出效应，也就是说一个地区的消费也会对其相邻地区产生正向影响。在投资对经济增长的拉动作用日益减弱的今天，消费的重要性不言而喻，这样的实证结果说明云南省正在向消费拉动经济增长的模式转型，是经济长远健康发展的表现。

投资对区域内经济增长依然有显著的正向影响，每增长1%预期大约使区域内地区生产总值增长0.08%，绝对大小并不高，而且明显低于消费对区域内经济增长的影响，说明投资已经不像以前那样是驱动区域内的经济增长的重要力量。云南省固定资产投资的主要投入地区比较集中，投资行业也多集中在钢铁、水泥、有色金属等行业，而这些行业在最近几年都不同程度地出现了产能过剩等问题，加上整体经济环境的转变，投资对经济增长的驱动作用还可能会进一步降低。

政府财政支出也对经济增长有显著的正向影响，政府支出每增加1个百分点预期将使地区生产总值增长0.19%，其影响程度几乎不亚于消费。政府支出对经济增长的作用如此之大，可能与政府近年来对交通基础设施的投入有关。云南省大部分地方都是山地，交通条件天然不如东部平原地区，相对落后的交通成了云南省经济增长的重大阻碍。为了响应国家"一带一路"倡议，以及云南自身经济发展的需要，过去几年云南省投入巨额资金建设省内交通基础设施；经过几年的建设，省内整体的交通条件已经大大改善，这对经济增长有利。2017年云南省又提出"能通则通"工程，只要不会造成生态环境破坏，所有地区要通高速，铁路、航空等其他交通基础设施也在大力建设中，这将进一步促进云南省的经济增长。

第二节　云南地州经济增长与城市化研究

本节先从总体上对云南省和全国的经济增长和城市化的现状进行分析，再利用象限图法对我国各地区和云南省各地州经济增长与城市化关系进行研究，以此定位云南经济增长和城市化水平匹配度的水平，最后运用2000~2013年中国和云南的城市化率和人均生产总值数据，建立经济增长与城市化的面板模型和时间序列模型，得到经济增长与城市化存在长期均衡关系。

一、数据说明及特征事实

（一）云南经济增长现状

自改革开放以来，云南整体的人均生产总值（人均GDP）由226元增加到2013年的25038元，35年增加了24812元，2013年的人均GDP是1978年的110.79倍，虽然云南经济增长较1978年以前有了很大的提高，但云南16个地州的经济发展水平并不平衡，存在严重失衡。其中，昆明和玉溪的人均GDP的值一直高于云南整体平均水平，且是云南经济发展较好的两个地区，2005年以后，曲靖和迪庆的人均GDP达到云南平均水平，并呈现出高于平均值的趋势，大多数地州的人均生产总值都低于云南平均水平。直到2013年末，云南16个地州中，还有12个地州的人均GDP低于平均水平。严重的经济发展不平衡趋势，将不利于经济增长和发展。

根据《云南统计年鉴》（2014）和《中国统计年鉴》（2014）的国民经济核算部分，得到图7-2。

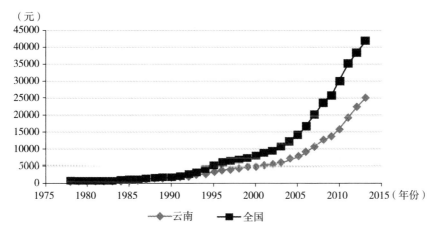

图7-2　1978~2013年云南与全国的人均GDP趋势

由图7-2可知，随着时间的推移，云南经济增长速度在不断加快，特别是2005年以后。但是与全国经济增长相比，云南经济增长步伐还是太慢。

2013年，全国人均GDP的值是41908元，与之相比，云南的人均GDP只有全国的3/5。不同的年份里，全国人均生产总值和云南人均生产总值的比例是不一样的，但总的来说，全国人均生产总值是云南的1.67倍，而云南人均生产总值只有全国的0.6倍。1979年，全国人均生产总值为419元，云南人均生产总值达到416元时是在1984年，改革开放初期，云南经济滞后全国5年；1988年云南人均生产总值为845元，云南经济滞后全国（858元，1985年）3年；1997年云南人均生产总值为4121元，云南经济滞后全国（4044元，1994年）3年；2007年云南人均生产总值首次达到万元以上，为10609元，而2003年时，全国的人均生产总值就达到了10542元，也是首次实现人均生产总值上万元；到2013年云南人均生产总值是25038元，而2009年全国的人均生产总值就达到了25608元，云南经济滞后全国4年。按照目前云南与全国的经济发展规律，云南经济发展滞后于全国4年左右。

表 7-11　云南与全国人均 GDP 对比

年份	1978	1983	1988	1993	1998	2003	2008	2013
人均 GDP（全国）（元）	381	583	1366	2998	6796	10542	23708	41908
人均 GDP（云南）（元）	226	363	845	2030	4446	5870	12570	25038
比例（全国/云南）	1.69	1.61	1.62	1.48	1.53	1.80	1.89	1.67
比例（云南/全国）	0.59	0.62	0.62	0.68	0.65	0.56	0.53	0.60

党的十八大报告中指出到 2020 年，要实现人均收入比 2010 年翻一番，2010 年全国人均生产总值为 30015 元，则 2020 年的人均生产总值的目标值将是 60030 元。云南省第九届人民代表大会第四次会议根据党的十八大会议报告，提出更高的经济增长目标——"增 3 倍"，即到 2020 年实现人均生产总值比 2010 年增长 3 倍，按照此目标到 2020 年云南人均生产总值是 63008 元。比较全国倍增（翻一番）与云南 3 倍增目标，到 2020 年云南的经济发展将达到全国的平均水平。

（二）云南城市化现状

改革开放初期，云南城市化率为 12.15%，到 2013 年，云南城市化率达到 40.48%，云南城市化率年均增长量为 0.81 个百分点。但通过《云南统计年鉴》我们可以发现，1978~2013 年，云南城市化率的数据存在严重失真现象：首先，2000 年以前的城市化率被明显放大，第四次人口普查数据显示，截至 1990 年 7 月 1 日，云南城市化率为 14.72%，但是《云南统计年鉴》数据却显示，1990 年云南城市化率为 40.47%，这明显放大了云南城市化水平。其次，1999 年数据和 2000 年数据出现了明显的跳跃性。《云南统计年鉴》的数据显示，1999 年云南城市化率为 47.50%，但 2000 年城市化率仅为 21.36%，这是不符合逻辑的。最后，由于城镇人口统计口径的变化，使得云南 1978~1999 年的数据与 2000~2013 年的数据无法衔接。因此，在实证部分选取 2000 年以后的数据做样本。

2000~2013 年，云南的城市化率由 23.36% 增加至 40.48%，城市化率每年增长量为 1.32 个百分点。全国由 2000 年的 36.22% 到 2013 年的 53.73%，年均增长 1.35 个百分点，与全国城市化率相比较，云南城市化率的年增长量低于全国。

云南城市化一直滞后于全国（见图 7-3）。2000 年，云南城市化率与全国城市化率相比存在 12.86 个百分点的缺口，且在 1985 年全国的城市化率就达到了 23.71%，可以说，2000 年云南城市化滞后于全国 15 年。2011 年云南城市化率达到 36.8%，这是全国 2000 年（36.22%）就能达到的水平，所以说，到 2011 年，云南城市化滞后全国的时间为 11 年，比 2000 年前进了 4 年。2013 年，全国城市化率是 53.73%，而云南为 40.48%，存在 13.25% 的缺口，滞后于全国 10 年。由此可以得出，虽然云南城市化发展滞后了全国，但随着时间的推移，云南与全国的城市化差距会逐渐缩小。为了早日缩小差距，与全国平均城市化水平靠近，云南需要加快城市化进程。

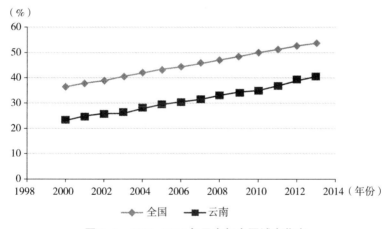

图 7-3 1998~2014 年云南与全国城市化率

（三）云南经济增长与城市化关系现状

云南和全国的人均 GDP 与城市化率均呈正的线性关系（见图 7-4），说明其经济增长与城市化存在着长期均衡匹配关系，但云南经济增长对城市化的影响大于全国经济增长对城市化的影响。城市化发展落后的地区，增长空间大，经济增长对城市化的作用更加显著。由云南和全国人均 GDP 和城市化率的单方面比较，目前，云南经济增长滞后全国 4 年，而城市化率滞后全国 10 年，由于经济增长和城市化存在着均衡关系，按照这一规律，云南城市化率应该同经济增长一致，滞后全国 4 年，这一现象说明，以全国的经济增长与城市化匹配关系为标准，云南城市化滞后于经济增长。但是，云南经济增长与城市化呈线性关系是匹配的，这说明云南的经济增长与城市化的匹配度低于全国经济增长与城市化的匹配度。云南要实现与全国同步全面建成小康社会，需要加快城市化进程，提高经济增长与城市化的匹配度。

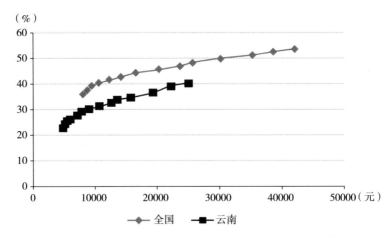

图 7-4　2000~2013 年云南与全国人均 GDP 和城市化率的关系

二、经济增长与城市化关系统计分析

（一）象限图法

笛卡儿提出用象限来判断两个变量之间的关系——高级协调、低级协调、滞后、过度，这种方法被叫作象限图法。笛卡儿将由横（X）纵（Y）坐标形成的平面直角坐标系划分为四个象限，以交点为原点。第一象限（X>0，Y>0），第二象限（X<0，Y>0），第三象限（X<0，Y<0），第四象限（X>0，Y<0）。我们假定，横坐标代表人均生产总值，纵坐标代表城市化率，则在四个象限中对应的经济增长与城市化关系为：第一象限是高级协调型，表示经济增长与城市化同步，且均处于快速发展阶段；第二象限是城市过渡型，表示经济发展水平不高，但城市化水平相对较高；第三象

限是低级协调型，表示经济增长与城市化均较低；第四象限是城市滞后型，表示经济增长较快，但城市化水平较低。

象限图法的基本步骤：

步骤一，选择目标年份各个地区的变量指标（面板数据），通常选择两个变量。

步骤二，对选择的数据进行标准化，主要目的在于消除量纲的影响，将坐标原点平移到样本中心位置。标准化公式：

$$z = (x_i - \bar{x}) / s \tag{7-3}$$

式中，x_i 表示第 i 个样本的观测值，$\bar{x}$ 为 x_i 的平均值，$\bar{x} = \sum x_i / n$，s 为样本标准差，$s = \sqrt{\sum (x_i - \bar{x})^2 / (n-1)}$。

步骤三：利用处理后的标准化数据，作为新的数据序列，在坐标轴中绘出双变量关系散点图。

（二）经济增长与城市化关系象限图

1. 中国各地区的经济增长与城市化关系象限图

根据绘制象限图的步骤，选择 2000 年、2005 年、2009 年和 2013 年全国 31 个省、自治区和直辖市（不包括香港、澳门、台湾）的人均生产总值和城市化率为变量，建立经济增长与城市化关系象限图。其中，横轴代表人均生产总值，纵轴代表城市化率。对相关变量数据进行标准处理。

由图 7-5 可知，中国 31 个省、自治区和直辖市（不包括香港、澳门、台湾）的经济增长与城市化的关系并不相同，云南经济增长与城市化呈低级协调关系，且西部大部分地区的经济增长与城市化均为低级协调关系，落在象限图的第三象限，而东部沿海省份的经济增长与城市化呈高级协调关系，落在象限图的第一象限。

以 2013 年中国 31 个省、自治区和直辖市（不包括香港、澳门、台湾）的经济增长与城市化关系象限图为例，分析目前全国经济增长与城市化关系。31 个省、自治区和直辖市（不包括香港、澳门、台湾）中呈高级协调的省、自治区和直辖市（不包括香港、澳门、台湾）有 9 个（东部占 8 个），分别为：北京、天津、内蒙古自治区、辽宁、上海、江苏、浙江、福建和广东；城市化过度的有 3 个，分别为：黑龙江、湖北和重庆；城市化滞后于经济增长的有 2 个，分别为：吉林和山东；低级协调型的共有 17 个，其中西部地区占 10 个（除内蒙古自治区和重庆），中部地区占 5 个，分别为山西、安徽、江西、河南和湖南，东部地区占 2 个，分别为河北和海南。由此可以看出，东部沿海大部分地区的经济增长与城市化分布在第一象限呈高级协调关系，除了河北、山东和海南。分析其原因有很多，对于河北和山东而言，主要是这两个省人口众多，在全中国排名前五，根据相关文献研究，人口在一定程度上会抵消经济增长带来的正效应，且人口规模也一定程度上影响着地区的城市化水平。一般来说，某一国家或地区人口规模越大，从事农业的人口可能也就越多，致使该地区城市化终点值越低。西部地区除了内蒙古自治区和重庆外，其他地区的经济增长与城市化均呈低级协调关系，西部经济发展缓慢，城市化水平低，致使经济增长与城市化呈低级匹配关系。其中，内蒙古自治区的经济增长与城市化呈高级协调关系，可能是由于内蒙古自治区所处地区偏僻，人口基数小。重庆的城市化较经济增长而言，存在过度趋势，主要原因为重庆作为新设立的直辖市，经济发展迅速，为保证与经济增长相适应，引进大批相关人员到城市从事相关职业，从而使城市化水平较高。中部 8 个省的经济增长与城市化大部分呈低级协调关系，也有个别地区呈现出城市化滞后或过度现象。湖北和黑龙江呈城市化过渡型，而吉林的城市化与经济增长呈滞后关系。

通过对全国 31 个省、自治区和直辖市（不包括香港、澳门、台湾）经济增长与城市化关系比较，发现全国东部、中部和西部三大地区的经济增长与城市化发展存在严重不均衡现象，东部沿海地区经济发展快，城市化水平高，在双高水平下，经济增长与城市化呈高匹配关系，中部、西部地区经济发展较慢，城市化水平相对较低，致使经济增长与城市化呈低匹配关系或者城市化滞后、超前于经济增长现象。

2. 云南各地州经济增长与城市化关系象限图

选择 2000 年、2005 年、2009 年和 2013 年云南 16 个地州的人均生产总值和城市化率数据，并对数据进行标准化处理，根据标准化后的数据，绘制象限图。

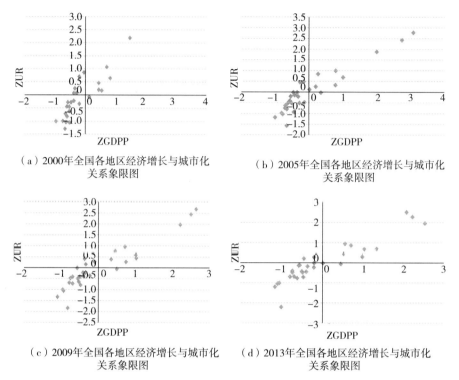

（a）2000年全国各地区经济增长与城市化
关系象限图

（b）2005年全国各地区经济增长与城市化
关系象限图

（c）2009年全国各地区经济增长与城市化
关系象限图

（d）2013年全国各地区经济增长与城市化
关系象限图

图7-5 不同时段全国各地区经济增长与城市化关系象限图

由图7-6可以知道，2000年和2005年云南有相同的3个地州经济增长与城市化关系点落在第一象限，分别是昆明、玉溪和西双版纳州；2009年和2013年也有3个地区的数据落在第一象限，分别为昆明、曲靖和玉溪，而西双版纳州的数据点移到了第二象限；云南大部分地州的数据点位于第三象限，说明这些地区的经济增长与城市化呈低级协调关系；也有少数地区的经济增长与城市化数据点落在第四象限；还有一些经济增长与城市化关系象限图随着时间推移而发生变化。

以2013年云南各地州经济增长与城市化关系象限图结果来分析云南经济增长与城市化关系现状。2013年，昆明、曲靖和玉溪3个地州的经济增长与城市化呈高级协调关系。楚雄、红河、西双版纳、大理和德宏这5个州的城市化呈过度趋势，而迪庆州的城市化滞后于经济增长，其余7个地州的经济增长与城市化呈低级协调关系。昆明是云南的省会，集经济、政治和文化于一体，其经济发展和城市化水平是云南最好的，呈高级协调关系。曲靖和玉溪相对于云南其他地州而言，距离省会城市近，具有较好的区位优势，能够得到昆明经济发展的辐射，是云南第二和第三大城市，经济增长与城市化也呈高级协调关系。大部分地区的经济增长与城市化是协调的，但是呈低级协调关系，也有些地州的城市化滞后于经济发展或超前经济增长。总的来说，云南经济增长与城市化呈低级协调关系。

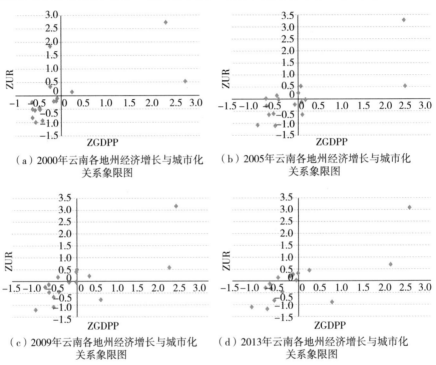

（a）2000年云南各地州经济增长与城市化
关系象限图

（b）2005年云南各地州经济增长与城市化
关系象限图

（c）2009年云南各地州经济增长与城市化
关系象限图

（d）2013年云南各地州经济增长与城市化
关系象限图

图7-6　不同时段云南各地州经济增长与城市化关系象限图

三、实证结果及分析

（一）中国实证结果及分析

1. 中国经济增长与城市化的面板模型

选取2000~2013年中国31个省、自治区和直辖市（不包括香港、澳门、台湾）的人均生产总值和城市化率，建立经济增长与城市化的双对数面板模型。其中，解释变量是人均生产总值，被解释变量为城市化率。建立对数模型可以排除价格因素对结论的影响，以保证分析结果不受物价波动的影响，对所有数据而言，还可以消除时间序列引起的异方差。

（1）平稳性检验

全国31个省、自治区和直辖市（不包括香港、澳门、台湾），包含14年的数据，样本量共有434个，对其进行平稳性检验。对中国31个省、自治区和直辖市（不包括香港、澳门、台湾）的人均生产总值和城市化率的对数进行平稳性检验（见表7-12）。

出原序列平稳性检验结果可知，所有检验方法的结果都接受原假设，说明该原序列是不平稳的。需要进一步通过差分来检验其平稳性，一阶差分平稳性检验结果为出现小概率事件，应该拒绝原假设，接受备择假设：该序列的一阶差分是平稳的即人均生产总值对数数据为一阶平稳序列。

表7-12 人均 GDP 对数的平稳性检验结果

平稳性检验方法	原序列平稳性检验		一阶差分平稳性检验	
	统计量	P 值	统计量	P 值
LLC	−0.31642	0.3758	−9.7088	0.0000
IPS	7.78138	1.0000	−6.75131	0.0000
ADF−Fisher	21.9129	1.0000	148.18	0.0000
PP−Fisher	37.0849	0.9950	172.954	0.0197

同理，对城市化率的对数进行平稳性检验（见表7-13）。

根据表7-13结果可知，虽然原序列的 LLC 检验结果为拒绝原假设，其他所有检验结果均接受原假设，只有所有检验方法都拒绝原假设，我们才可以认为序列是平稳的，因此，城市化率对数是不平稳的，需要进行一阶差分检验，经过一阶差分之后，发现所有检验都拒绝原假设，则城市化率对数的一阶差分是平稳的。

根据平稳性检验结果可知，被解释变量城市化率对数和解释变量人均生产总值对数均为一阶差分。对于非平稳序列变量，要建立相关计量模型，还需要对其进行协整检验。

表 7-13 城市化率对数的平稳性检验结果

平稳性检验方法	原序列平稳性检验		一阶差分平稳性检验	
	统计量	P 值	统计量	P 值
LLC	-10.2101	0.0375	-13.9277	0.0000
IPS	0.3588	1.0000	-10.5067	0.0000
ADF-Fisher	96.6754	1.0000	215.59	0.0000
PP-Fisher	83.4659	0.8453	237.713	0.0000

（2）协整检验

利用 Kao 和 Pedroni 检验方法对城市化率对数和人均生产总值对数这两个变量进行协整检验（见表 7-14）。

表 7-14 Kao 检验和 Pedroni 检验结果

检验方法	原假设	统计量名	统计量（P 值）
Kao 检验	不存在协整关系	ADF	-3.7694（0.0001）
Pedroni 检验		Panel v-Statistic	-1.7353（0.0413）
		Panel rho-Statistic	-0.4805（0.3154）
		Panel PP-Statistic	-1.8263（0.0339）
		Panel ADF-Statistic	-3.5708（0.0002）
		Group rho-Statistic	1.307（0.9044）
		Group PP-Statistic	-2.6915（0.0036）
		Group ADF-Statistic	-4.3438（0.0000）

利用 Johansen 协整检验方法对城市化率对数和人均生产总值对数这两个变量进行协整检验（见表 7-15）。

表 7-15 Johansen 协整检验结果

原假设	Fisher 联合迹统计量（P 值）	Fisher 联合最大迹统计量（P 值）
0 个协整向量	232.2（0.0000）	232.8（0.0000）
至少存在 1 个协整向量	61.48（0.4946）	61.48（0.4946）

由上述协整检验结果可以知道，中国 31 个省、自治区和直辖市（不

包括香港、澳门和台湾）的城市化率对数和人均生产总值对数之间存在协整关系，可以建立相关面板数据计量模型。

（3）建立模型

利用 Hausman 检验法对模型的形式进行选择，Hausman 检验结果中 P 值为零，出现了小概率事件，应该拒绝建立随机效应模型的原假设，接受建立固定效应模型的备择假设。得到的固定效应模型为：

$$Lnur_{it} = 1.8463 + 0.1987LnGDPP_{it} + u_{it}$$

$$(77.4602)(81.6436) \tag{7-4}$$

$$R^2 = 0.9871, \overline{R}^2 = 0.9861, DW = 0.3955$$

由式（7-4）可知，人均生产总值变化1%，引起城市化率变化0.1987%。

2. 中国经济增长与城市化的时间序列模型

建立时间序列模型的步骤和面板模型是一致的，需要对时间序列数据进行平稳性检验，如果序列是平稳的，则可以直接建立模型。当变量的序列数据不平稳，但各个变量之间的不平稳阶数是一样的，则需进一步进行协整检验，通过协整检验，则可以建立相应模型，否则不可以建立模型。

（1）平稳性检验

利用 2000~2013 年中国人均生产总值和城市化率数据，建立双对数时间序列模型。首先，对变量的平稳性进行检验，常用 ADF 单位根检验法对时间序列数据的平稳性进行检验。

由平稳性检验结果可知，两个变量的原序列均不平稳，对原序列进行一阶差分，其一阶差分序列是平稳的，且两个变量均是一平稳序列，可以进行协整检验。

表 7-16 2000~2013 年中国城市化率对数与人均生产总值对数的平稳性检验

变量	检验形式	ADF 检验	临界值（1%）	临界值（5%）	临界值（10%）	结论
LnGDPP	(C, T, 1)	-2.2253	-4.9923	-3.8753	-3.3883	不平稳
ΔLnGDPP	(C, 0, 2)	-3.4345	-4.5826	-3.3201	-2.8014	平稳
Lnur	(C, T, 0)	-1.3866	-4.8864	-3.8290	-3.3630	不平稳
ΔLnur	(C, T, 0)	-4.8498	-4.0579	-3.1199	-2.7011	平稳

（2）协整检验

时间序列数据的协整检验方法有两种：一种是由 Engle 和 Granger 提出的基于回归残差的协整检验，主要检验两变量之间的协整关系，通常称为 E-G 检验。另一种是前面提到过的 Johansen 协整检验，存在 2 个以上变量时多采用 Johansen 检验方法对变量进行协整检验。由于前面面板模型利用了 Johansen 协整检验法，因此，这里也用同样的协整检验方法。

由协整检验结果可知，中国经济增长与城市化也存在着长期均衡关系，可以建立匹配关系模型。

表 7-17　Johansen 协整检验结果

原假设	Fisher 联合迹统计量（P 值）	Fisher 联合最大迹统计量（P 值）
0 个协整向量	38. 25773（0. 0001）	31. 2871（0. 0001）
至少存在 1 个协整向量	6. 9707（0. 1280）	6. 9707（0. 1280）

（3）建立模型

对中国人均生产总值和城市化率建立模型，得到：

$$Lnur_t = 1.6707 + 0.2173LnGDPP_t + u_t$$
$$(26.8827)(34.3383) \tag{7-5}$$

$$R^2 = 0.9899, \ \overline{R^2} = 0.9891, \ DW = 0.63$$

模型结果表明，参数估计显著不为零，可决系数和调整后的可决系数均达到 0.9891 以上，但是 DW 值很小。对于时间序列模型，当 DW 值较小时，模型可能存在序列相关，需要消除序列相关。

常用 ARMA 模型来消除时间序列的相关性。ARMA 模型包括 AR 模型（只含 AR 项）、MA 模型（只含 MA 项）和 ARMA 模型（既有 AR 项，又有 MA 项）。AR 项是通过引入滞后项来消除自相关，通常会对模型结果产生显著的影响，而 MA 项却能够避免。选择 MA 模型对上述模型进行修正，来消除其序列相关性。最终确定的含 MA 项的模型，是根据 AIC 值，选择 AIC 值最小的。经过选择，得到如下模型：

$$Lnur_t = 1.7196 + 0.2126 LnGDPP_t + [MA(1) = 0.9782] + u_t$$

$$(27.0434)(33.033) \qquad (29.70) \qquad\qquad (7-6)$$

$$R^2 = 0.9976, \overline{R}^2 = 0.9971, DW = 1.7762$$

修正后的模型的可决系数和调整的可决系数明显增大了，且 DW 值达到了 1.7762，消除模型存在的序列自相关。由式（7-6）可知，中国经济增长与城市化呈正相关关系，人均生产总值每变化 1 个百分点，城市化率变化 0.2126 个百分点。

（二）云南实证结果及分析

1. 云南经济增长与城市化的面板模型

（1）平稳性检验

利用 2000~2013 年云南 16 个地州的城市化率和人均生产总值数据，建立云南经济增长与城市化双对数关系模型。首先，对相关数据进行平稳性检验（具体见表 7-18 和表 7-19）。

根据表 7-18 可知，云南 16 个地州的人均生产总值原序列并不平稳，一阶差分后序列变为平稳序列。

表 7-18　云南 16 个地州人均生产总值对数平稳性检验结果

平稳性检验方法	原序列平稳性检验		一阶差分平稳性检验	
	统计量	P 值	统计量	P 值
LLC	8.2851	1.0000	−8.5306	0.0000
IPS	12.4332	1.0000	−5.403	0.0000
ADF-Fisher	0.9208	1.0000	82.9004	0.0000
PP-Fisher	0.6847	1.0000	107.67	0.0000

由表 7-18 可知，在原序列平稳性检验中，PP-Fisher 检验法拒绝原假设，但其他检验法的结果都接受原假设，因此，该序列的原序列是不平稳的。由一阶差分结果可知，该序列属于一阶差分平稳序列。

表 7-19　云南 16 个地州城市化率对数平稳性检验结果

平稳性检验方法	原序列平稳性检验		一阶差分平稳性检验	
	统计量	P 值	统计量	P 值
LLC	3.2056	0.9993	−46.5006	0.0000
IPS	4.4103	1.0000	−23.9125	0.0000
ADF-Fisher	7.4959	1.0000	212.484	0.0000
PP-Fisher	68.1713	0.0002	248.687	0.0000

（2）协整检验

由于云南 16 个地州的人均生产总值和城市化率均为一阶平稳序列，可以对其进行协整检验。利用 Pedroni 等协整检验方法对云南人均生产总值和城市化率进行协整检验（具体见表 7-20 和表 7-21）。

表 7-20　Kao 检验和 Pedroni 检验结果

检验方法	原假设	统计量名	统计量（P 值）
Kao 检验	不存在协整关系	ADF	−1.856（0.0317）
Pedroni 检验		Panel v-Statistic	3.381（0.0004）
		Panel rho-Statistic	−5.209（0.0000）
		Panel PP-Statistic	−11.4782（0.0000）
		Panel ADF-Statistic	−12.8161（0.0000）
		Group rho-Statistic	−2.07208（0.0191）
		Group PP-Statistic	−10.8148（0.0000）
		Group ADF-Statistic	−10.882（0.0000）

表 7-21　Johansen 协整检验结果

原假设	Fisher 联合迹统计量（P 值）	Fisher 联合最大迹统计量（P 值）
0 个协整向量	92.50（0.0000）	95.07（0.0000）
至少存在 1 个协整向量	28.08（0.6655）	28.08（0.6655）

由表 7-20 和表 7-21 的协整检验结果可知，云南城市化率和人均生产总值两个变量之间存在协整关系，因此，可以建立经济增长与城市化模型。

（3）建立模型

利用 Hausman 检验法，选择模型的形式，Hausman 检验结果的 P 值是 0.0103，小于 0.05，拒绝原假设，应该建立固定效应模型。

$$Lnur_{it} = 0.6324 + 0.3LnGDPP_{it} + u_{it}$$

$$\quad (10.3978)(44.0717) \tag{7-7}$$

$$R^2 = 0.9506,\ \overline{R^2} = 0.9468,\ DW = 0.7376$$

由式（7-7）可知，云南经济增长与城市化呈正相关关系，且人均生产总值每变化 1%，城市化率变化 0.3%。

2. 云南经济增长与城市化的时间序列模型

（1）平稳性检验

利用 ADF 单位根检验法对云南人均生产总值和城市化率数据进行平稳性检验。

由表 7-22 可知，解释变量和被解释变量的原序列均不平稳，经过一阶差分后，两变量均变为平稳序列，说明云南人均生产总值和城市化率这两个变量之间可能存在协整关系，进而可以建立经济增长与城市化模型，但需要先对其进行协整检验。

表 7-22　2000~2013 年云南城市化率对数与人均生产总值对数的平稳性检验

变量	检验形式	ADF 检验	临界值（1%）	临界值（5%）	临界值（10%）	结论
LnGDPP	（C，0，0）	1.6276	-4.0579	-3.1199	-2.7011	不平稳
ΔLnGDPP	（C，0，1）	-3.2419	-4.20	-3.1754	-2.729	平稳
Lnur	（C，T，1）	-3.2829	-4.9923	-3.8753	-3.3883	不平稳
ΔLnur	（C，0，1）	-5.2553	-4.20	-3.1754	-2.729	平稳

（2）协整检验

对云南人均生产总值和城市化率这两个变量进行协整检验（见表 7-23）。

表 7-23　Johansen 协整检验结果

原假设	Fisher 联合迹统计量（P 值）	Fisher 联合最大迹统计量（P 值）
0 个协整向量	24.7933（0.0015）	24.1317（0.0010）
至少存在 1 个协整向量	0.6617（0.4160）	0.6617（0.4160）

表 7-23 结果说明，云南城市化率和人均生产总值之间存在协整关系。

（3）建立模型

根据云南 2000~2013 年的人均生产总值和城市化率的平稳性和协整检验结果，可以建立回归模型。

$$Lnur_t = 0.6716 + 0.2994LnGDPP_t + u_t$$
$$\quad\quad (6.6757)\quad (27.4866) \quad\quad\quad\quad\quad\quad (7-8)$$

$R^2 = 0.9843, \overline{R^2} = 0.983173, DW = 0.7883$

模型结果表明，参数估计显著不为零，可决系数和调整后的可决系数均达到 0.98 以上，但是 DW 值很小。上述时间序列模型存在序列相关，需要对其进行修正：

$$Lnur_t = 0.6822 + 0.298LnGDPP_t + [MA（1）= 0.9967] + u_t$$
$$\quad\quad (8.4526)\quad (35.6836)\quad\quad\quad (5.8093) \quad\quad\quad (7-9)$$

$R^2 = 0.9957, \overline{R^2} = 0.9949, DW = 1.8894$

修正后，模型的可决系数和调整的可决系数明显增大了，且 DW 值达到了 1.8894，消除模型存在的序列自相关。由式（7-9）可知，云南经济增长与城市化呈正相关关系，人均生产总值每变化 1 个百分点，城市化率变化 0.298 个百分点。

3. 比较云南面板模型和时间序列模型的结果

与面板模型相比，时间序列模型中人均生产总值的变化对城市化率的影响较小。面板模型通过云南各地州的数据来拟合云南经济增长与城市化关系模型，利用云南 16 个地州的数据来分析得到云南整体的城市化率与人均生产总值关系式，由于各个地州存在差异，且大部分地州的数据远小于云南整体平均水平，所以其城市化率基数值就比较小，从而人均生产总值的变化对城市化率的影响就会比较显著。然而时间序列模型从云南自身的经济增长和城市化角度出发，利用的是云南整体平均的数值，不受个别地州较小数据的影响，说明的是云南的整体情况，其城市化率基数比面板模型的要大，人均生产总值对城市化率的影响也就相应变小。面板和时间序列模型从两个不同的角度来分析经济增长与城市化的关系，整体由个体组成，离不开个体，运用个体分析总体是科学的，同时整体的人均 GDP 和城市化率并不是将各个个体简单求均值得到的，整体数据也有其自身内在的统计路径，但无论是运用哪种方法，其结果应该趋于一致。因此，两者方法结合起来，能够使结果更科学、更具有说服力。

第三节 云南 GDP 倍增与城市化的匹配性研究

经济增长是每个国家或地区发展的最终目标，而城市化是促进经济增长的重要因素之一，要实现经济增长目标，需要有与之匹配的城市化水平，城市化不足，将使经济增长率低，不能达到预期的经济增长目标。因此，经济增长与城市化的匹配关系如何，是一个国家或地区发展中具有重要的理论和现实意义的问题。

一、云南省 GDP 倍增对城市化率的需求

通过建立的面板和时间序列模型，得到了经济增长与城市化存在长期均衡关系，经济增长需要与之相匹配的城市化。运用已经建立的模型，计算云南 GDP 倍增所需要的城市化率。

2010 年，云南的人均生产总值为 15752 元，到 2020 年实现人均生产总值比 2010 年增长 3 倍，则 2020 年实现人均生产总值 63008 元。将 63008 代入第二节中国经济增长与城市化关系模型中，得到：

$$Lnur = 1.8463 + 0.1987Ln(63008) = 4.0421 \tag{7-10}$$

$$Lnur = 1.7196 + 0.2126Ln(63008) = 4.069 \tag{7-11}$$

由式（7-10）和式（7-11）的结果可知，云南要实现经济倍增目标所需的城市化率为 56.95%～58.5%，平均值为 57.73%。

将云南 GDP 倍增目标值代入云南经济增长与城市化关系模型中得到：

$$Lnur = 0.6324 + 0.3Ln(63008) = 3.9477 \tag{7-12}$$

$$Lnur = 0.6822 + 0.298Ln(63008) = 3.9754 \tag{7-13}$$

由式（7-12）和式（7-13）的结果可知，云南要实现 GDP 倍增目标所需匹配的城市化率在 51.82%～53.27%，则最可能的取值是两个模型的

中间值需要的城市化率52.55%。

前面分析已经知道，云南经济增长与城市化匹配度低于中国经济增长与城市化的匹配度，即以中国经济增长与城市化匹配关系为标准，云南的经济增长与城市化属于低匹配关系。同一经济水平条件下，低匹配关系的城市化率低于高匹配所需的城市化率，即以高匹配模型为标准，低匹配模型的城市化滞后于经济增长。云南实现GDP倍增目标，在低匹配的云南模型和高匹配的中国模型中，对城市化率的需求不同，存在着5.18个百分点的缺口。

二、云南省城市化率的预测

城市化率的增长离不开其自身的发展水平，城市化率的基数越大，城市化率增长就越快。同时，城市化率会随着时间而发生变化，一般情况下，随着时间的推移，城市化率的绝对值会逐渐增大，相对值也会上升，出现城市化快速发展趋势。城市化率的增长很大程度上取决于自身内在增长机制和时间趋势，将根据城市化率自身增长和时间增长趋势，对云南城市化率进行预测。对于自身内在增长机制选择 ARMA 模型，而时间趋势则选择多次时间拟合模型。

（一）ARMA 模型预测

ARMA 模型进行预测的基本思想是将预测对象视为由一个随机过程生成的时间序列，用一定的数学模型将该过程描述出来。如果过去和现在的数据能够识别这个模型，就可以预测未来值。ARMA 模型的表达式为：

$$Y_t = c + \phi_1 Y_{t-1} + \phi_2 Y_{t-2} + \cdots + \phi_2 Y_{t-p} + \varphi_1 \varepsilon_{t-1} + \varphi_2 \varepsilon_{t-2} + \cdots + \varphi_q \varepsilon_{t-q} + u_t \qquad (7-14)$$

式中，Y_t 是时间序列在 t 时刻的观测值，Y_{t-1}，Y_{t-2}，$\cdots$，Y_{t-p} 分别是时间序列在 t-1，t-2，$\cdots$，t-p 时刻的观测值，是 Y_t 的 1，2，$\cdots$，p 阶滞后项，也可以是 p 阶 AR 模型，ε_{t-1}，ε_{t-2}，$\cdots$，ε_{t-q} 是滞后 q 期的 MA 模型，式（7-14）就是 ARMA（p，q）模型。其中滞后项数的确定，根据 AIC 值，值越小越好。

利用 2000~2013 年云南城市化率数据，建立 ARMA 模型，得到表7-24。

表 7-24　云南城市化水平 ARMA 模型的参数估计表

变量	模型（1）		模型（2）		模型（3）		模型（4）	
	参数	t 值	参数	t 值	参数	t 值	参数	t 值
AR（1）	1.0122	879.2907	1.0117	4545.551	1.0114	2598.657	0.9099	0.0155
AR（2）	—	—	—	—	—	—	0.1032	0.751
MA（1）	—	—	−0.9968	−11.1678	—	—	—	—
MA（2）	—	—	—	—	−0.8886	−16.8634	—	—
u_t	u_{t1}		u_{t2}		u_{t3}		u_{t4}	
Adj. R^2	0.9918		0.995		0.9965		0.9900	
DW	1.9883		1.5711		1.9302		2.1606	
AIC	−5.601		−6.0235		−6.3737		−5.4806	
样本数	13		13		13		12	

由表 7-24 可知，应该选择模型（3）。作为云南城市化率的 ARMA 模型。

$$Lnur_t = 1.0114 Lnur_t(-1) + [MA（2）= -0.8886] + u_{t3}$$
$$(2598.657) \qquad\qquad (-16.8634) \qquad\qquad\qquad (7-15)$$

$$R^2 = 0.9968, \overline{R^2} = 0.9965, DW = 1.9302$$

由上述 ARMA 模型的结果可知：云南城市化率的 ARMA 模型结果较好，可以对云南城市化率的未来值进行预测（见图 7-7）。

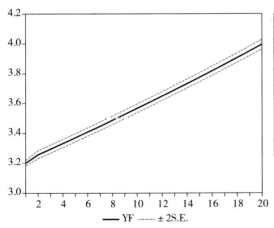

图 7-7　云南城市化率的 ARMA 模型预测图

(二) 多次时间拟合模型预测

时间拟合模型将变量与时间结合起来，建立变量和时间的模型来探索变量随着时间的变化规律。多次时间拟合模型的表达式为：

$$Y_t = c+\beta_1 t+\beta_2 t^2+\cdots+\beta_k t^k+u_t \tag{7-16}$$

式中，t 为时间变量，c 为截距项，β_1，β_2，$\cdots$，β_k 分别为时间的一次方，二次方，$\cdots$，k 次方的参数。当 $k=1$ 时，为线性时间拟合模型，当 $k>2$ 时，是非线性拟合。

由表 7-25 结果可知，模型 (7) 应该为云南城市化率时间趋势模型。即：

$$Lnur_t = 3.1758+0.0397t+ \left[MA (2) = -0.9949 \right]+u_{t3}$$

$$\quad (729.7339) \quad (75.2921) \quad (-9.7282) \tag{7-17}$$

$$R^2=0.9981, \overline{R}^2=0.9978, DW=1.561$$

云南城市化率的时间拟合模型预测图见图 7-8。

表 7-25　云南城市化水平时间趋势模型的参数估计表

	模型 (5)		模型 (6)		模型 (7)		模型 (8)	
	参数	t 值	参数	t 值	参数	t 值	参数	t 值
c	3.167257	519.2893	3.1695	314.9730	3.1758	729.7339	3.165280	361.9636
t	0.040700	51.03837	0.04	32.0233	0.0397	75.2921	0.041688	13.34578
t^2	—	—	—	—	—	—	-7.60E-05	-0.328109
MA (1)	—	—	0.8942	7.4923	—	—	—	—
MA (2)	—	—	—	—	-0.9949	-9.7282	—	—
u_t	u_{t1}		u_{t2}		u_{t3}		u_{t4}	
Adj. R^2	0.9950		0.9966		0.9978		0.9946	
DW	1.4818		2.2146		1.561		1.4842	
AIC	-5.8716		-6.1921		-6.6225		-5.7385	
样本数	14		14		14		14	

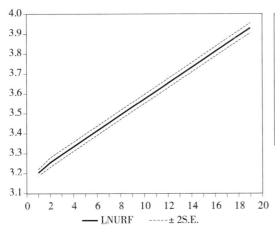

图 7-8　云南城市化率的时间拟合模型预测图

（三）云南城市化率的预测值

根据 ARMA 模型和时间拟合模型对云南城市化率的预测，得到云南的城市化率（见表 7-26）。

表 7-26　云南城市化率的预测值

年份	ARMA 模型的城市化率（%）	时间模型的城市化率（%）	平均综合结果（%）
2013	40.15	40.13	40.14
2014	41.77	41.76	41.76
2015	43.59	43.45	43.52
2016	45.50	45.21	45.36
2017	47.53	47.04	47.28
2018	49.66	48.95	49.31
2019	51.92	50.93	51.43
2020	54.32	53.00	53.66

三、云南省城市化率的缺口

将预测得到的城市化率值与 GDP 倍增所需要的城市化率进行比较，发现云南自身城市化率能够满足 GDP 倍增对城市化率的需求，实现低匹配的经济增长与城市化关系，但与全国的高匹配关系相比，云南城市化率存在着一定的缺口。高匹配关系对城市化率的需求是 57.73%，而 2020 年云南城市率为 53.66%，存在 4.07 个百分点的缺口。

由预测得到的城市化率可知，到 2020 年，云南的城市化率将达到 53.66%，而全国城市化率在 2013 年已经达到了 53.77%，按照云南目前城市化发展趋势，到 2020 年云南城市化滞后全国 7 年。虽然与 2013 年相比，云南与全国的城市化率差距缩小了 3 年，但为了进一步缩小云南城市化同全国平均水平，需要加快云南城市化进程。

云南的城市化率不仅需要满足自身低匹配的需求，还需要满足全国高匹配关系对城市化率的需求，只有这样云南才能够实现与全国同步建成小康社会的目标。因此，在现有的城市化水平下，云南需要加快城市化进程。

第四节　小结

本章首先是利用 2012~2016 年云南省县域面板数据，通过构建空间计量模型，研究了云南省城市化的经济增长效应以及经济增长的空间动力机制。得到如下结论：云南省县域经济倾向于集聚成团发展，县域经济暂时形成了稳定的高经济增长集聚区和相对落后的低经济增长集聚区。尽管落后地区和发达地区有趋同趋势，但最发达地区和最落后地区的差距在逐渐增大。在研究期内，发达地区和落后地区各自形成"空间俱乐部"的现象不仅十分稳定，而且随着时间的推移变得越来越明显。同时，城市化对经济增长有显著的区域内正向效应，但没有区域间溢出效应。以昆明为中心的滇中城市群在为云南省经济增长做出巨大贡献的同时，对西部和西南部相对落后地区的辐射效应不足，中心—外围结构没有发挥其应有的作用，这可能会拉大滇中城市群与其他地区的差距。

其次用云南省地州数据对云南经济增长与城市化关系进行了实证分析，得到以下结论：云南经济增长与城市化存在着长期均衡关系，但其经济增长与城市化的关系是低匹配的关系。云南 16 个地州的经济增长与城市化的关系随着地区的不同而存在差异。其中昆明、曲靖和玉溪这三个城市的经济增长与城市化已经达到高级协调关系，在今后发展过程中，需要在保持现状的条件下，进一步优化经济增长与城市化的关系；云南大部分地州的经济增长与城市化呈低级协调关系，在今后发展过程中，需要加快城市化进程，提高经济增长速度，提高经济增长与城市化的匹配度；也有一些地州的经济增长与城市化并不协调，对于城市化滞后经济增长的地区，要加快城市化进程，对那些城市化发展超前于经济增长的，需要注重城市化发展的质量，加快经济增长速度，实现经济增长与城市化的协调发展。实现经济增长与城市化协调并处于高级协调关系，是云南今后的发展方向。

最后通过模型计算得到了云南 GDP 倍增对城市化率的需求值，对云南的城市化率进行了预测，云南的城市化率能够满足云南省委、省政府提出的 GDP 倍增对城市化率的需求，说明制定的经济倍增目标是可行的。云南GDP 倍增与城市化是匹配的，但这种匹配关系是一种低的匹配关系。同云南经济增长与城市化匹配关系相比，全国的经济增长与城市化呈现出的是高匹配关系，对于同一经济水平而言，匹配度越高城市化率也就越大。云南要实现与全国同步建成小康社会，其经济增长与城市化的匹配关系要和全国同步。云南要实现经济增长与城市化的高匹配关系，需要加快城市化进程。

第八章

云南经济增长 3M 动力系统及对新动力的响应

目前，我国经济已进入转型的关键时期，国内外经济环境复杂多变也给我国经济发展带来了较大影响。应对如此复杂的经济环境，云南省想要有效实现经济的持续增长，保持一个良好的经济环境，显然离不开各经济增长动力的配合。如何使经济平稳增长，其根本在于弄清各增长动力与经济增长之间的关系，运用动力系统建模方法发现云南经济新常态下微观、中观和宏观发展动力机制及对新动力响应。

第一节　M³NLDS 模型与均衡解

一、一般动力系统模型

经济系统内部变量的相互作用基本都是以复杂的非线性作用关系为主，所以变量之间会存在相互促进或相互抑制等复杂关系。昌忠泽（2006）认为非线性动力学在经济学领域的应用是非常有效的。三变量自我演化机制模型：

$$\begin{cases} dx/dt = f_1(x) \\ dy/dt = f_2(y) \\ dz/dt = f_3(z) \end{cases} \tag{8-1}$$

式中，x 代表宏观系统（Macro），以国民生产总值（GDP）为序参量，表示宏观运动；y 代表中观系统（Meso），以非农比（FNB）表示工业及第三产业动力；z 代表微观要素系统（Micro），以外商直接投资（FDI）表示要素投入的微观动力；$f_1(\cdot)$，$f_2(\cdot)$，$f_3(\cdot)$ 分别代表每个变量各自的演化机制。对式（8-1）进行扩展，考虑其变量相互之间的耦合作用，其非线性动力系统可以写成如下形式：

$$\begin{cases} dx/dt = f_1(x) + g_1(xy,\ yz,\ zx) \\ dy/dt = f_2(y) + g_2(xy,\ yz,\ zx) \\ dz/dt = f_3(z) + g_3(xy,\ yz,\ zx) \end{cases} \tag{8-2}$$

式中，$g_1(\cdot)$，$g_2(\cdot)$，$g_3(\cdot)$ 分别表示 x 获得耦合效应、y 获得耦合效应、z 获得耦合效应，描述的是变量之间的交互效应对整个系统的影响。进一步对模型（8-2）进行扩展，在系统中加入各变量的溢出效应，得：

$$\begin{cases} dx/dt = f_1(x) + g_1(xy,\ yz,\ zx) + h_1(y) + h_1(z) \\ dy/dt = f_2(y) + g_2(xy,\ yz,\ zx) + h_2(x) + h_2(z) \\ dz/dt = f_3(z) + g_3(xy,\ yz,\ zx) + h_3(x) + h_3(y) \end{cases} \tag{8-3}$$

式中，$h_1(\cdot)$，$h_2(\cdot)$，$h_3(\cdot)$ 分别表示 x 获得除自身以外所有变量的溢出效应、y 获得除自身以外所有变量的溢出效应、z 获得除自身以外所有变量的溢出效应。

二、三元非线性动力系统模型（M³NLDS）

将式（8-3）写成具体的三元动力系统模型（M³NLDS）：

$$\begin{cases} dx/dt = a_{10} + a_{11}x + a_{12}y + a_{13}z + a_{14}xy + a_{15}xz + a_{16}yz + a_{17}x^2 + a_{18}y^2 + a_{19}z^2 \\ dy/dt = a_{20} + a_{21}x + a_{22}y + a_{23}z + a_{24}xy + a_{25}xz + a_{26}yz + a_{27}x^2 + a_{28}y^2 + a_{29}z^2 \\ dz/dt = a_{30} + a_{31}x + a_{32}y + a_{33}z + a_{34}xy + a_{35}xz + a_{36}yz + a_{37}x^2 + a_{38}y^2 + a_{39}z^2 \end{cases} \tag{8-4}$$

式中，a_{ij} 是待估计的参数，其计量模型为：

$$
\begin{cases}
x_{t+1} = a_{10}+(a_{11}+1)\ x_t+a_{12}y_t+a_{13}z_t+a_{14}x_ty_t+a_{15}x_tz_t+a_{16}y_tz_t+ \\
\qquad a_{17}x_t^2+a_{18}y_t^2+a_{19}z_t^2+u_x \\
y_{t+1} = a_{20}+a_{21}x_t+(a_{22}+1)\ y_t+a_{23}z_t+a_{24}x_ty_t+a_{25}x_tz_t+a_{26}y_tz_t+ \\
\qquad a_{27}x_t^2+a_{28}y_t^2+a_{29}z_t^2+u_y \\
z_{t+1} = a_{30}+a_{31}x_t+a_{32}y_t+(a_{33}+1)\ z_t+a_{34}x_ty_t+a_{35}x_tz_t+a_{36}y_tz_t+ \\
\qquad a_{37}x_t^2+a_{38}y_t^2+a_{39}z_t^2+u_y
\end{cases}
$$

$$(8-5)$$

当式（8-5）中的每个非线性项的系数全为零时，模型（8-5）就简化成了一个三变量的一阶向量自回归模型，所以式（8-5）可以看成是向量自回归模型的一种非线性扩展。这个系统要求所有变量具有协整关系，不然此系统不具有任何意义。作为三维非线性动力系统，只能运用数值模拟进行求解，它的解是图形解，且当初始值不同时，微分方程系统解的路径可能会完全不同。如果此系统有稳定均衡点，当初始值在均衡点附近时，用迭代的方式求解一般都会是其均衡点。

三、均衡点

亚当·斯密在 2000 年前就提出了"看不见的手"的原理，在经济系统中，如一种商品的需求在完全竞争的市场中会通过价格自动地调整，使人们的需求数量与供给数量相等，即达到均衡。在经济学中，均衡是指经济事物中有关经济变量在一定条件下所达到的一种相对静止的状态。由于在这样的状态中有关的经济变量的力量能够相互制约和相互抵消，所以，经济学家认为经济学研究的本质是寻找在一定条件下经济变量所趋于的均衡点。当经济变量处于某一稳定均衡点时，由于经济系统本身会存在一种减少各种干扰对国民收入冲击的机制，即自动稳定器。只要经济变量之间的关系不变，经济的任何失衡都会被自动稳定，并趋于动态均衡。

第二节　数据说明及特征事实

一、数据说明

为了能够同时探讨宏观、中观和微观增长的动力机制，将生产总值GDP、非农比FNB、外商直接投资FDI同时加入模型。选取的样本为1986~2016年的数据，其中，生产总值GDP和外商直接投资FDI的原始数据来源于历年《云南统计年鉴》，非农比通过第二、第三产业产值比GDP得到。为了方便数据的建模，将生产总值GDP和外商直接投资FDI的所有数据都经过了人民币对美元的汇率折算，折算的汇率标准来自于国家统计局，其单位都为万美元，同时对GDP和FDI数据进行取对数处理。

二、特征事实

1986~2016年云南省GDP，FNB，FDI的描述性统计如表8-1所示。进一步计算云南省GDP，FNB，FDI的变异系数，分别为：1.141，0.094，1.488，其中，FNB的变异度最小，GDP和FDI的变异度都比FNB大，且FDI的变异度大于GDP。

表8-1　1986~2016年云南省GDP，FNB和FDI的描述性统计

	平均值	标准差	最小值	最大值	偏度	峰度	JB值	样本
GDP（万美元）	6141885	7007806	527919	22160924	1.30	3.22	7.27	31
FNB（%）	77.1948	7.2750	60.8700	85.0900	-0.9	2.65	4.63	31
FDI（万美元）	68677.1	102211.4	260.00	343361.0	1.52	3.85	12.8	31

云南省1986~2016年GDP，FDI，FNB的趋势见图8-1。

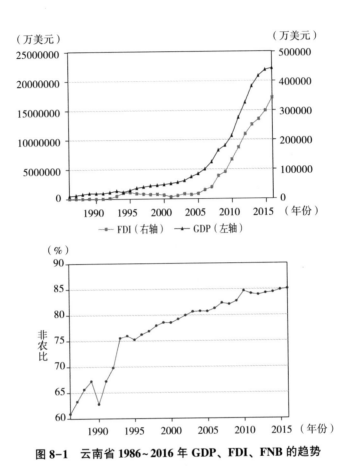

图 8-1　云南省 1986~2016 年 GDP、FDI、FNB 的趋势

第三节　云南 M³NLDS 非线性动力系统模型

一、变量的平稳性检验

首先对 GDP 和 FDI 数据进行取对数处理（x 代表 LnGDP、y 代表 FNB、z 代表 LnFDI）。变量的单整阶数不同，代表变量的变化速度是不同的，所以式（8-5）的计量模型要求所有变量都具有相同的单整阶数。变

量的单位根检验结果见表8-2，关于式（8-5）中的所有变量原序列都是非平稳的，对其一阶差分后都是一阶单整。

表8-2　变量的单位根检验

阶数	变量	ADF形式 (c, t, k)	ADF 统计量	临界值 (5%)	结果	阶数	变量	ADF形式 (c, t, k)	ADF 统计量	临界值 (5%)	结果
原变量	x_t	$(c, t, 0)$	-1.511	-3.568	有单位根	一阶	Δx_t	$(c, 0, 0)$	-4.651	-2.968	无单位根
	y_t	$(c, t, 2)$	-1.615	-3.581			Δy_t	$(c, 0, 1)$	-3.985	-2.972	
	z_t	$(c, t, 1)$	-2.476	-3.574			Δz_t	$(c, 0, 0)$	-3.858	-1.953	
	x_t^2	$(c, t, 0)$	-1.276	-3.568			Δx_t^2	$(c, 0, 0)$	-4.361	-2.968	
	y_t^2	$(c, t, 2)$	-1.618	-3.581			Δy_t^2	$(c, 0, 1)$	-4.015	-2.972	
	z_t^2	$(c, t, 1)$	-2.523	-3.574			Δz_t^2	$(0, 0, 0)$	-3.341	-1.953	
	$x_t y_t$	$(c, t, 0)$	-2.889	-3.568			$\Delta x_t y_t$	$(c, 0, 0)$	-5.878	-2.978	
	$x_t z_t$	$(c, t, 1)$	-2.449	-3.574			$\Delta x_t z_t$	$(c, 0, 0)$	-4.212	-2.968	
	$y_t z_t$	$(c, t, 1)$	-2.638	-3.574			$\Delta y_t z_t$	$(c, 0, 0)$	-3.956	-2.968	

注：(c, t, k) 中的 c 代表 ADF 方程中常数项，t 代表常数项，k 代表滞后阶数，由 AIC 值自动确定；临界值指 MacKinnon 临界值。

二、M³NLDS 模型

根据式（8-5）变量建模的要求，所有变量均可进入方程。虽然 x（LnGDP），y（FNB）和 z（LnFDI）之间可能存在线性和各种非线性关系，但有的变量并不显著，因此，剔除"t"值在5%的显著性水平下的不显著的变量，得到确定性的 M³NLDS 模型（见表8-3）。

表8-3中，M³NLDS 的三个系统方程的 Adj. R^2 系数都在0.95以上，且模型（9）、模型（10）、模型（11）的残差都不存在序列自相关，线性项和各种非线性项在5%的水平下显著，这表明所建的非线性模型（9）、模型（10）、模型（11）显著。为了验证 M³NLDS 模型是否显著，还必须证明模型（9）、模型（10）、模型（11）之间具有协整关系。

表 8-3　参数估计

变量	M³NLDS					
	x_{t+1}		y_{t+1}		z_{t+1}	
	模型（9）		模型（10）		模型（11）	
	参数估计	t 统计量	参数估计	t 统计量	参数估计	t 统计量
C	7.2859	25.5578	—	—	—	—
x_t	—	—	1.8432	4.7990	—	—
y_t	—	—	—	—	—	—
z_t	—	—	5.8620	4.6166	0.8204	8.4352
x_t^2	—	—	—	—	0.0086	2.0691
y_t^2	−0.0034	−3.8141	0.0087	8.0668	—	—
z_t^2	—	—	—	—	—	—
$x_t y_t$	0.0243	5.1793	—	—	—	—
$x_t z_t$	−0.1035	−2.5947	—	—	—	—
$y_t z_t$	0.0201	2.5688	−0.077	−6.0268	—	—
u	u 1		u 2		u 3	
Adj. R^2	0.9938		0.9502		0.9340	
DW	2.0746		2.1991		1.5014	
AIC	−1.7383		3.8816		1.7395	

表 8-4 为模型（9）、模型（10）、模型（11）残差的 EG 平稳性检验，可以看到在 MacKinnon 5% 临界值的水平下，其方程组的残差全部通过检验，u1，u2，u3 为平稳的变量。这说明 M³NLDS 模型是非线性协整系统，经济变量 LnGDP，FNB 和 LnFDI 之间存在着长期非线性均衡关系。

表 8-4　M³NLDS 计量模型残差检验

变量	ADF 形式 (c, t, k)	Adj R^2	DW	AIC	ADF	MacKinnon 临界值 (5%)
u 1	(0, 0, 1)	0.52	1.91	−1.98	−5.52	−3.57
u 2	(0, 0, 1)	0.55	2.07	3.81	−4.16	−3.58

续表

变量	ADF 形式 （c，t，k）	Adj R^2	DW	AIC	ADF	MacKinnon 临界值 （5%）
u3	（c，0，0）	0.38	1.88	1.71	-4.04	-3.57

将计量模型（9）、模型（10）、模型（11）转换成微分方程动力系统模型，经过数学变式后的 M^3NLDS 模型为：

$$\begin{cases} dx/dt = 7.286-x-0.003y^2+0.024xy-0.104xz+0.02yz \\ dy/dt = 1.843x-y+5.862z+0.009y^2-0.076yz \\ dz/dt = -0.180z+0.009x^2 \end{cases} \quad (8-6)$$

如式（8-6）所示的 M^3NLDS 模型为一个非常复杂的非线性动力系统，dz/dt 方程式不含有 FNB，表明 FNB 对 LnFDI 的影响是间接的，在此系统中是通过 LnGDP 作为中间机制来传导的；FNB 对 LnGDP 的影响比较复杂，它对 LnGDP 既具有负向的耦合作用，又具有线性与非线性的溢出作用。dx/dt 和 dy/dt 式表明，FNB 对 LnGDP 有正向的非线性溢出效应和负向的耦合作用，而 LnFDI 对 GDP 有负向耦合作用；LnFDI 对 FNB 存在正向线性溢出效应和负向耦合作用。

三、M^3NLDS 图形解

对于 M^3NLDS 模型，不同的初始值可能会有不同的图形解，关键在于系统中不同的均衡点对于初始值的吸引力大小或模型是否是混沌系统。当 M^3NLDS 模型是混沌系统时，不同的初始值会有不同的图形解；当 M^3NLDS 模型为一个确定性模型时，对初始值吸引力越强的均衡点，其图形解会收敛到此均衡点，且吸引力越强，收敛速度越快。选取了三个初始点，分别为：A(19，86，15)，B(14，80，11)，C(13，60，5)。通过数值模拟得到的图形解见图8-2。可以看到，虽然初始值不一样，但变量 LnGDP，FNB 和 LnFDI 都趋于相同的值，这个值就是这个系统的一个均衡点；其收敛的速度也比较快，属于一个强吸引子。同时也表明 M^3NLDS 模型是一个确定性系统，它对初始值不敏感，具有一个内稳定机制。

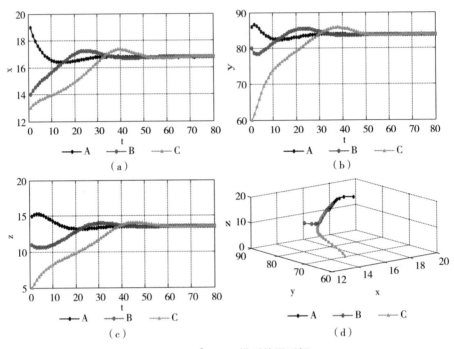

图 8-2　M³NLDS 模型的图形解

四、M³NLDS 模型均衡解与稳定性

对式（8-6）微分动力方程系统求解，可以得到均衡点 E（16.78，83.87，13.55）。根据式（8-6）可得其雅可比矩阵为：

$$J = \begin{bmatrix} \partial(dx/dt)/\partial x & \partial(dx/dt)/\partial y & \partial(dx/dt)/\partial z \\ \partial(dy/dt)/\partial x & \partial(dy/dt)/\partial y & \partial(dy/dt)/\partial z \\ \partial(dz/dt)/\partial x & \partial(dz/dt)/\partial y & \partial(dz/dt)/\partial z \end{bmatrix} \tag{8-7}$$

将 E 分别代入 M³NLDS 模型的雅可比矩阵，求得 E 的雅可比矩阵及其特征值（见表8-5）。均衡点 E 是 M³NLDS 模型的焦点，均衡点 E 有三个实部为负的根，为稳定均衡点。在求解数值解时，变量 LnGDP，FNB 和 LnFDI 趋于的点就是 E 点。E 点作为 M³NLDS 模型的一个强吸引力的均衡点，它的 LnGDP，FNB，LnFDI 与 2016 年云南省实际值存在一定差值：LnGDP 的实际值是 16.91，均衡值为 16.78；FNB 的实际值为 85.09，均衡值为 83.87；LnFDI 的实际值是 12.75，均衡值为 13.55。这表明云南省现阶段的经济增长出现了很强的阻力，也论证了云南省现阶段经济增长疲软和低效的现状。但由于经济变量 FDI 的实际值和经济系统均衡值还存在很大差值，所以现在的 FDI 还有很大的提升空间。由于 E 点是一个强吸引点，对不同的初始值，经济系统都能很快回到均衡点，所以云南省现阶段的经济运行状态将不断达到均衡点，且经济变量还有很大的提升空间。

表 8-5　M³NLDS 模型均衡解稳定性的判别

均衡点	E
J	$\begin{bmatrix} -0.3567 & 0.1055 & -0.0482 \\ 1.8433 & -0.5811 & -0.6416 \\ 0.2900 & 0 & -0.1796 \end{bmatrix}$
特征值	$\lambda_1 = -0.9444 + 0.0000i$
	$\lambda_2 = -0.0865 + 0.1560i$
	$\lambda_3 = -0.0865 - 0.1560i$
奇点类型	焦点
稳定性	稳定

第四节　云南 M³NLDS 模型对新动力的响应

在没有外部环境干扰的情况下，M³NLDS 微分系统会从不同的初始值趋向于 E 均衡点。但宏观经济系统是一个开放的系统，会受到各方面的影响，所以微分系统的均衡点并不是不变的，它会随着外部环境的干扰而发生改变。外部干扰的力度越大，均衡点发生偏移的可能会越大，干扰持续的时间越长，均衡点可能就不再是一点，而是一条均衡路径；事实上，政府实施的政策既有暂时的，又有永久的，想要对当前的经济情形做出准确的判断，就需要明白暂时性的政策和永久性的政策对经济的影响是怎样的。以 2016 年 LnGDP，FNB，LnFDI 的实际值 S（16.91，85.09，12.75）

为初始点，对 M^3NLDS 微分系统进行不同的冲击实验，既有单点脉冲响应，又有连续递变的脉冲响应，还有一些特殊冲击如随机信号、周期信号和小概率极端事件。然后通过响应来揭示变量 LnGDP，FNB，LnFDI 之间的内在动力机制，进而明确促进经济发展的方向。

一、恒定脉冲实验

单点冲击响应是指系统中的某个变量受到外界的暂时性干扰而发生变动时，系统中的其他经济变量会受到什么样的影响。在模型中将分别对 u1，u2，u3 即 dx/dt，dy/dt，dz/dt 进行一个新动力冲击，以此来考察 M^3 NLDS 系统的动力传导变化。

对 u1，u2，u3 分别施加正的 0.1 新动力冲击，变量 x，y，z 的响应有相似性，也有明显的差异（见图 8-3）。根据实验可知，当对 dx/dt 施加一个正 0.1 进行冲击实验时，x1，y1 和 z1 值都会冲高回落，移动到原线（无冲击，x0，y0，z0）上方，其中，x1 和 z1 较明显。当对 dy/dt 施加一个正 0.1 进行冲击实验时，x2，y2 和 z2 值也都会移动到原线上方，以 y2 最明显。当对 dz/dt 施加一个正 0.1 进行冲击实验时，除自生的响应 z3 高于原线外，x3，y2 短暂上升后会出现大幅度的下降。

至于对 u1，u2，u3 分别施加负 0.1 的冲击时的情况正好与对其施加正 0.1 的冲击相反（见图 8-4）。根据实验可知，当对 u1，u2 分别施加负 0.1 进行冲击实验时，x1，y1，z1，x2，y2，z2 值都在原线（无冲击，x0，y0t，z0）下方，其中，x1，y1，x2，y2 较为明显（见图 8-4）。当对 dz/dt 施加一个负 0.1 进行冲击时，z3 在原线下方，而 x3，y3 反而移动到原线上方。

从恒力冲击实验看出，当 M^3NLDS 受到外部恒力的干扰时，均衡点将会发生改变，响应明显不同。总体上，M^3NLDS 不是一个理想的 3M 均衡系统，宏观、中观和微观之间不是一个共赢协同系统，主要表现在当给微观注入新动力反而有损于宏观、中观增长；相反，当给微观注入反动力却有助于宏观、中观增长。这说明，若云南省 M^3NLDS 的宏观、中观和微观之间存在挤出效应和替代效应，则存在机制上的缺陷。

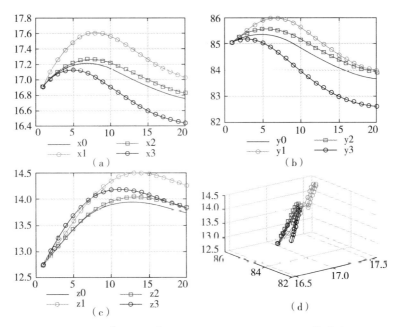

图8-3 M³NLDS 对 u 1+0.1，u 2+0.1，u 3+0.1 的响应

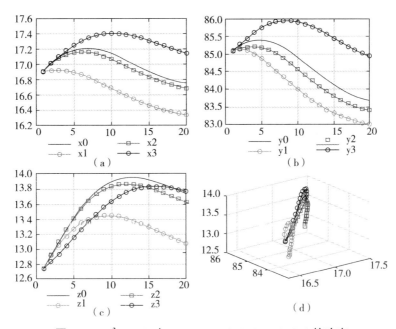

图8-4 M³NLDS 对 u 1-0.1，u 2-0.1，u 3-0.1 的响应

二、渐变冲击实验

渐变冲击是指对系统中的某个变量进行的持续性递增或递减新息冲击。这里，渐变冲击实验就是对 u1, u2, u3 分别施加正的或负 0.01t 的持续性冲击时，根据 M^3NLDS 的响应变化判断渐变新动力对系统的影响。

当对 dx/dt 施加一个持续正 0.01t 新动力冲击时，x1, y1, z1 都明显上升到原线上方，x1 和 y1 冲高回落，而 z1 持续上升（见图 8-5）。当对 dy/dt 施加一个持续正 0.01t 新动力冲击时，x2, y2, z2 值也都会移动到原线上方，以 y2 最明显。当对 dz/dt 施加一个持续正 0.01t 新动力冲击时，z3 在原线上方，x3, y3 反而移动到原线下方。可以看出，M^3NLDS 对 dx/dt 的持续向上的冲击响应最明显，且具有同向性，对 dy/dt 的冲击响应次之，对 dz/dt 的冲击响应发生分歧，然而总体上 M^3NLDS 的新动力冲击具有正效应。

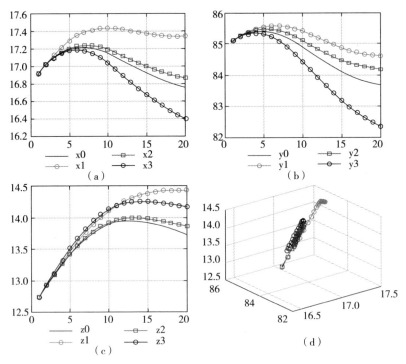

图 8-5　M^3NLDS 对 u 1+0.01t, u 2+0.01t, u 3+0.01t 的响应

当对 dx/dt、dy/dt 分别施加一个持续负 0.01t 新息冲击时，x1，y1，z1，x2，y2 和 z2 都明显上升到原线上方，x1，y1，z1 冲高回落的幅度最大（见图 8-6）。当对 dz/dt 施加一个持续负 0.01t 新息冲击时，z3 在原线下方，x3，y3 反而移动到原线上方。很明显，M^3NLDS 对 dx/dt 和 dy/dt 的持续向下的冲击响应具有同向性，而对 dz/dt 的冲击响应发生分歧，然而总体上 M^3NLDS 的新动力冲击具有正效应。

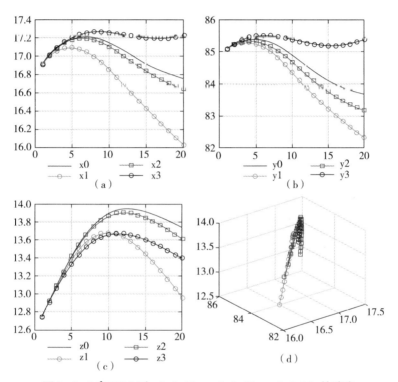

图 8-6　M^3NLDS 对 u1-0.01t，u2-0.01t，u3-0.01t 的响应

M^3NLDS 对 3M 持续冲击的响应具有明显的差异，其中宏观变化对 M^3NLDS 的影响最明显，对微观变化具有明显的分歧，总体 M^3NLDS 都具有短期冲高向上的特点。这就决定了 M^3NLDS 对不同方向、不同层次的短期冲击难以识别，对短期促进都具有正向响应。此时，为保证云南省经济动力系统的持续发展，应对 GDP 施加持续性的积极措施，才能保证云南省宏观、中观和微观经济齐发展。

三、持续冲击实验

1. 随机冲击

当对 dx/dt、dy/dt 和 dz/dt 同时进行随机新息三次（见图 8-7 子图（a））冲击时，三次冲击的响应极其相似，但 x，y，z 响应明显不同（见图 8-7）。主要表现在 x 响应线（x1，x2 和 x3）与 y 响应线（y1，y2 和 y3）具有相似的行为特征，5 个时间单位冲至高点，然后回落，只不过 x 响应线比 y 响应线下降更快、更深；而 z 响应线（z1，z2 和 z3）却在原线上方，冲高微落。显然，这种随机冲击短期对 x 和 y 有利，而对 z 长期有利。

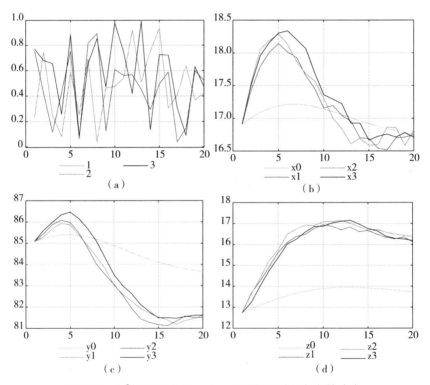

图 8-7　M³NLDS 对 u1，u2，u3 进行正随机新息的响应

2. 周期冲击

当对 dx/dt, dy/dt 和 dz/dt 同时进行以 cos（t）表示的周期新息冲击时，x，y，z 响应线围绕其零线周期波动，其响应图更明显地表现周期运行的特征（见图 8-8）。M^3NLDS 的解不具有周期性，但其不改变周期信号冲击的周期特点，也就是说，周期信号进，周期信号出，周期信号使 M^3NLDS 变成周期运动。因此，云南 M^3NLDS 的周期性来自外部周期性因素的冲击。

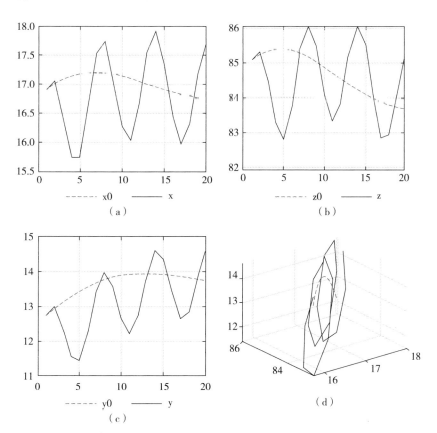

图 8-8　M^3NLDS 对 u1+cos（t），u2+cos（t），u3+cos（t）的响应

3. 极端事件

M^3NLDS 可能会受到突发事件的冲击。如图 8-9 所示，当对 M^3NLDS 进行突发不利事件冲击时，无论以 5 倍还是以 10 倍力度冲击 M^3NLDS，其

x，y，z 响应线均与零线重合，没有变化。这表明，突发事件的冲击对 M³ NLDS 没有影响。

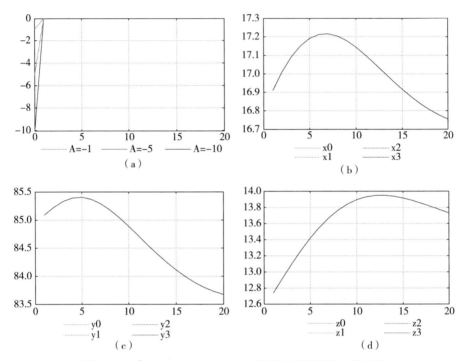

图 8-9　M³NLDS 对 u1，u2，u3 进行突发事件冲击的响应

第五节　小结

实证结果表明，云南宏观 GDP、中观 FNB 和微观 FDI 系统的内循环不是理想的良性循环，仍有调整改进的空间。云南省政府从宏观 GDP、中观 FNB 和微观 FDI 进行调整，从而进一步促进云南省经济可持续发展。重点在于发挥政府导向作用，提高外资吸收利用效率。随着对外开放水平的不断提高，地处西部的云南也迎来了国民经济和各项社会事业快速发展的黄金时期，但与其他发达省市相比较，虽然这几年云南省利用外资数量的总体趋势在增加，但显然外商直接投资的数量仍然偏少。从历年来外商投资

行业分布情况看，外资进入云南省制造业相对较多，其他依次为服务业、房地产、农林牧渔业、采矿业及其他行业。因此，云南省要加大整体吸引FDI的规模，积极创造稳定良好的投资环境，包括地区的政策制度、技术创新水平和人力资本素质、基础设施建设、产业集聚程度、金融体系的完善程度等，增强外商对云南的信心。同时，进一步结合自身优势，制定有利于发挥云南比较优势的、有层次的FDI优惠政策，选择云南的重点产业和重点区域（如经济基础好、有特色经济的区域或边境县市），加大区域合作力度，鼓励外商投资。但在引进外资时也不能盲目，为了经济的持续稳定发展，要兼顾短期利益与长远利益，应该在扩大引资规模时，更加注重引进的海外资本质量，只有提高引资质量，才能更好地实现经济的可持续发展。在保持FDI数量增长的同时优化FDI结构，提升云南省利用FDI的质量，削弱外资引入的挤出效应，获得利用外资最大收益。

与此同时对云南省产业结构进行调整，云南省产业结构依然是以第二产业为主导力量，第三产业的发展滞后，服务性不强将会影响工业经济的发展，而且会制约和阻碍产业结构的升级和经济的可持续发展。基于"云南省第一产业不够用，第二产业不够强，第三产业不够快"的现实缺陷，对产业结构进行调整，必须加大第三产业投入，例如，进一步加强能源化工发展，加强光学电子、生物资源、旅游文化等低耗能、高产值的产业，积极引导第三产业迅速发展；加强第二产业的发展，加强制造业的发展，在已有产业的基础上将第二产业做大做强，增加工业产品的增加值，优先发展高科技企业；同时对第一产业进行改造，加大第一产业的现代化速度，提高第一产业的科技水平，增加农牧产品的科技投入，结合农产品深加工技术，建立农产品深加工企业链条，既迎合了市场需求，又为农牧产品找到了销售市场。

第九章
结论及政策建议

第一节 主要结论

改革开放以来，持续发展动力助推云南实现了发展阶段的历史性跨越，取得了辉煌的历史性成就。云南已取得跨越阶段性的发展成果，但无论是在规模、增速还是在质量方面，云南经济发展与东部、中部地区仍存在较大差距。云南工业结构化水平低、结构不合理、增长粗放、产业集群不足、创新能力低，走出的是一条低端资源依赖型粗放式增长发展路子，其发展路径与模式存在动力短板，发展动力不足的潜在风险日益凸显。

（1）经济总量实现阶梯式跨越，而人均 GDP 滞后。1995 年地区生产总值跃上 1000 亿元台阶。2012 年经济总量跨上 1 万亿元台阶。2019 年地区生产总值突破 2 万亿元。"十三五"以来，GDP 总量在全国排名前进了 6 位，居第 18 位；人均 GDP 在全国排名前进了 6 位。2018 年城镇居民人均收入达 3.35 万元，农村居民人均收入达万元以上，人民群众较实惠地分享到发展成果。然而，云南经济发展水平与经济发展规模反差较大。2019 年云南 GDP 总量排在第 18 位，紧追重庆，为重庆 GDP 的 98.38%，还有望赶超排在第 15 位的辽宁，为辽宁 GDP 的 93.23%。然而，云南人均 GDP 仅为重庆的 56.32%，辽宁的 64.01%。

（2）产业结构实现历史性转变，但高度化不足。云南三次产业结构由一、二、三向二、三、一转变，实现了由农业主导向工业和服务业主导的历史性转变，服务业已支撑起经济发展的"半壁江山"。但现阶段云南产业结构仍被低端产业锁定，创新能力不足，缺乏具有竞争力的优势产业及集群。云南的内循环表现出区域间大出而小进，严重逆差。以 2015 年云南省投入产出表计算，云南三次产业 42 个部门的国内省外流出占总产出的13.12%，国内省外流入占总产出的 39.02%，逆差 8322.45 亿元，占总产出的 25.89%。顺差前四个部门依次为食品和烟草（3.89%）、金属冶炼和压延加工品（2.78%）、租赁和商务服务（1.54%）及电力生产和供应（0.58%）。逆差前五个部门依次为建筑（-11.52%）、交通运输设备（-3.81%）、电气机械和器材（-3.05%）、石油和炼焦产品（-2.20%）、电子设备（-1.92%）。

同时，由于云南历年经济的快速增长是以牺牲资源为代价，是一种不可持续的发展方式，在能源双控约束的条件下难以保持持续高速的增长。下一步，需要云南加快产业结构调整升级，抑制高能耗产业发展，淘汰落后产能，着力发展战略性新兴产业和高端制造业，实现产业结构高度化与合理化，在产业结构转变中获得新的发展动力。

（3）从微观视角来看，劳动、资本、产业结构、财政收支、贫困化和外资都是影响地区经济发展的重要因素；同时，地区经济本身发展及相邻地区的发展也是影响地区经济发展的重要因素。云南受空间分割较为突出，空间城市发育不足，空间增长极单一，除昆明外，没有大城市，也没有形成大城市群，对经济增长的空间集聚效应不足，增长极动力效应不充分。经济增长受时间与空间双重动力驱动，通过经济地理重构是实现云南发展新动力的重要路径。

（4）从宏观视角来看，就业人员、全社会固定资产投资、消费、资本形成和净出口都会对云南经济增长产生显著的影响。与全国平均水平和上海相比，云南主要还是以传统的劳动和消费来带动地区经济增长，其全社会固定资产投资、资本形成和净出口因素对经济的作用还有待提高。与贵州相比，虽然劳动和资本形成对云南经济增长的影响大于贵州，但全社会固定资产投资、消费和净出口对云南经济增长的影响小于贵州。这就决定了云南在进行供给侧改革的同时更需要注重需求侧改革，吸引资本，加大消费，扩大出口，以改革释放增长动能，获取新发展动力。

（5）从城市化视角来看，云南处于城镇化加速发展时期，城镇化进程落后于全国。无论是县域、地州还是省域样本，城市化均会对地区经济增长产生积极的正向影响，但现阶段云南城市化水平滞后于其经济增长，这表明云南需要进一步加快城市化进程，以提高城市化的经济增长效应。同时，城市化水平较低也导致高端资源与要素集聚不足，集群研究开发、技术服务、信息、计算机和软件服务、现代物流等现代生产性服务业发展滞后，严重制约空间效率和生产力的提高。目前，我国已进入以城市化推进经济发展的阶段，云南需要促进滇中城市群发展，以及小城市群发展，空间集聚效应与溢出效应作为新动力，推进经济发展。

（6）从三元动力系统来看，云南宏观、中观和微观形成了一个具有内稳态的超循环体系，但表现出内循环与外循环都不协调，一方面微观的FDI与中观非农化和GDP增长不协调，另一方面内外循环都不协调，严重失衡。一是国际循环体量小，且动力较小。2018年云南进出口总额占全国的比重为0.64%，远低于重庆1.70%的水平。云南GDP占全国比重为1.95%，重庆为2.22%，显然，云南处在进出口的比较劣势地位。1993年以来，除2013年及2017年到2019年外其他年份都处于国际贸易逆差状态，总的逆差占进出口总额的比重为−16.86%，总的来说是"进得多，出得少"。近三年，云南外循环处于顺差状态，顺差值占进出口总额比重为9.07%，有力地支持了云南经济的增长。二是内循环体量大，且动力较小。云南的内循环表现出区域间大出而小进，存在严重逆差。以2015年云南省投入产出表计算，云南三次产业42个部门的国内省外流出占总产出的13.12%，国内省外流入占总产出的39.02%，逆差8322.45亿元，占总产出的25.89%。顺差前四个部门依次为食品和烟草（3.89%）、金属冶炼和压延加工品（2.78%）、租赁和商务服务（1.54%）及电力生产和供应（0.58%）。逆差前五个部门依次为建筑（−11.52%）、交通运输设备（−3.81%）、电气机械和器材（−3.05%）、石油和炼焦产品（−2.20%）、电子设备（−1.92%）。

实验表明，恒定新动力会打破系统的均衡，极端事件冲击对云南经济系统影响较小，不改变趋势，而只有渐强的新动力才会对云南经济系统产生较大改变。值得注意的是，云南省短期暂时性地扩大FDI会对云南省的GDP产生较大的挤出效应，FDI将对国内资本产生消极影响。FDI的结构性失衡，第一产业的外商直接投资比重偏低，最主要的原因是农业风险大，利润不稳定，投资回收期长，对外资吸引力小，云南省 FDI 集中在第二、第三产业。FDI 控制了一些产业和市场，对省内资本产生了一定的冲击，同时也加剧了高端人才的流失。但在长期持续性的引资下，从效率方面来看，FDI 的挤出效应可能代表着帕累托改进的方向，符合经济市场"优胜劣汰"的趋势，使没有竞争能力的企业退出市场，促进企业提升竞争力，同时也为云南省企业"走出去"创造了条件。长期来看，FDI 将会成为云南省经济增长的持续动力。

第二节 结论含义

一、调整优化产业结构

(一) 推进云南产业结构高度化

产业结构高度化主要是指产业结构从低水平状态向高水平状态的发展。这是一个动态的过程。产业结构高度化的一般规律是产业结构的发展顺着劳动密集型产业、资本密集型产业、技术（知识）密集型产业分别占优势地位的方向演进。由低附加价值产业占主导的产业结构向高附加价值产业占主导的产业结构演进。由低加工度产业占优势地位的产业结构向高加工度产业占优势地位的产业结构演进。按波特资源划分，产业结构高度化是产业结构由低等资源密集型产业占主导向高等资源密集型产业占主导的方向演化。显然，产业结构的高度化是通过产业间优势地位的更迭来实现的。

目前，云南地区产业结构中石油加工、炼焦及核燃料加工业、化学原料及化学制品制造业、非金属矿物制品业、金属冶炼及压延加工业占优势，高端制造业比重小。从支柱产业群可看出，资源密集型产业所占比重较大，产业结构层次不高，走的是依靠发展采掘、能源和原料产业，输出能源与原料的路子。云南地区的资源加工产业仅仅停留在以初级加工为主的阶段，还没有形成一条从资源开发到粗加工再到深加工的完整的产业链。调整云南地区的产业结构，就是要充分发挥云南地区的资源优势，变潜在的资源优势为现实的优势产业集群竞争优势，关键是拓展资源综合利用和精深加工增值环节，实现资源的工业化向集群制造化转变。

1. 集中力量扶持资源型优势产业发展

云南地区具有丰富的电力、石油、天然气、煤炭、有色金属、化学矿产、中药材等资源，应集中力量支持这些优势产业尽快做大做强，建设全国重要的糖业、有色金属、石化、钢铁、生物医药、民族医药基地。大力发展糖制品、乳制品、石化、有色金属和钢铁为主的冶金业，壮藏药为重点的民族医药产业集聚发展，使之成为云南地区重要的集群型优势产业。

2. 促进产业链向精深加工延伸

以产业集群方式发展云南优势产业，就是要依靠科技进步，重视加强科学技术的应用和推广，提高科技成果的转化率，不断增强优势产业产品加工生产中的科技含量，增强深加工能力，拓展产业链，提高资源的深加工系数，增加产品的附加值，实现经济增长方式由粗放型向集约型转变。为此，应建立优势产业深加工技术管理与推广服务体系，加快新产品的研发、培育和推广，形成具有云南地区优势产业的名优产品，加快实施名牌带动战略。要利用昆明、成都、重庆等优势区位，整合当地现有的科教资源，使目前的科研院所与优势产业升级紧密结合，把人才和科技优势转化为云南资源深加工的现实生产力。重要的是在资源的深加工中，要把新材料和精细加工作为主攻方向。

3. 大力发展高端制造业集群

高端制造业具有技术含量高、附加值高、信息密集度高和关联性强，以及产业控制力较高、带动力较强和产品可分性高的特点。高端制造业集群成为产业结构高度化的重要标志。一是大力发展云南地区高端装备制造产业。要立足于云南地区的优势，优先发展高档数控机床、现代轨道交通装备、精准农业机械，以及重大的节能环保装备等，实现自主化和本土化。重点支持大型成套装备制造企业的系统集成产品。二是发展有优势的重型工程机械，加快培育具有国际竞争力的大企业、大集团。三是整合云南力量，发展汽车与摩托车集群，着力推进新能源汽车开发与研制。四是加快家用电器、电子信息产业集群发展。

4. 对传统产业进行改造和提升

现阶段传统产业仍然是云南工业经济的主体，要抓住信息化带动工业化这个机遇，通过微电子、计算机、网络技术的应用，紧紧围绕增加品种、提升质量、清洁生产、节能降耗、安全生产等方面鼓励云南企业广泛采用新技术、新工艺、新设备、新材料，大力加强传统产业技术改造，推动传统产业研究开发、设计、制造及工艺技术的变革，提高传统产业的技术水平，推动产品从低端集群走向高端集群。注意把传统产业的改造与培育发展战略性新兴产业结合起来，准确把握当前世界科技发展动态，着力突破制约云南优势产业集群发展的关键环节，积极培育新的集聚增长点。

5. 有选择性地发展高新技术产业和战略性新兴产业

高新技术产业发展水平是衡量产业结构优化的一个重要标志。云南要充分利用资源优势，把医药产业包括生物药业、民族药业放在突出位置加以发展，发展适宜的战略性新兴产业，带动产业结构优化，为发展注入新动力。

(二) 推进云南地区产业结构合理化

产业结构的合理化是云南优势产业集群发展的关键因素。只有云南地区各类产业间具有相互协调的比例，各类产业之间的关联效应才可以合理展开，优势产业的集群发展才能带动其他产业的发展，从而提升整个云南地区优势产业的聚合质量。产业结构的合理性在很大程度上决定了资源尤其是稀缺资源的配置效果。如果产业结构扭曲，则会严重降低资源配置的效果，导致劣势产业占有优势资源、优势产业资源不足而难以发展，制约产业高度化提升。

云南地区产业结构合理化要根据消费需求和资源条件，对目前不合理的产业结构进行有关变量的调整与理顺，使资源在各产业间得到合理配置、有效利用。按四分类产业结构，从纵向上，产业结构合理化就是大幅度退出劣势产业资源和适度退出支柱产业资源，扶持先导产业，强化主导产业发展；从横向上，就是大幅退出比较优势减弱型劣势产业资源，适度退出比较优势减弱型优势产业资源，扶持比较优势增强型劣势产业，大力强化比较优势增强型优势产业发展。也就是说，云南产业结构合理化关键是处理好优势产业和非优势产业关系。在积极发展优势产业，推进集群发展的同时，还要稳健地、有序地退出劣势产业，把资源重新配置到优势产业上。

1. 稳健地退出劣势产业的能力

对不具备较好发展条件的劣势产业，要下决心退出。主要是要加大劣势产业企业的退出力度，尤其对于那些不符合国家产业政策、技术水平低、产品质量差、浪费资源、污染严重、不具备安全生产条件、产品没有市场的企业，以及因生产能力过剩而纳入全国总量控制范围的企业，尽量依据《破产法》，坚决予以淘汰。

2. 具有发展前景的劣势产业，要拓宽渠道进行振兴

云南劣势产业的退出也并非一概而论。对于高端制造业的重要配套产业中的衰退企业，还要采取振兴的策略与对策。这种退出产业振兴，可以是优势产业企业对劣势产业企业进行兼并，也可通过劣势产业企业重组、改造等方式进行，这两方面都要给予资金、技术等支持，使云南高端衰退产业重现活力。

（三）鼓励劣势产业向外转移

云南地区劣势产业是其地区的边际产业。因此，云南若要加速优势产业集群发展、促进产业结构调整及推动产业结构升级，就要向周边国家转移落后和过剩产能，实施"走出去"战略。目前，尼泊尔、缅甸、柬埔寨、老挝、越南、孟加拉国、印度、巴基斯坦、印度尼西亚的直接投资与发展还处在较低的阶段，其中，尼泊尔、缅甸和柬埔寨还处在工业化前的准备阶段，只能进行初级品生产，其他国家处在工业化初期阶段（赵果庆，2004），但云南地区的工业化水平远超其周边国家，因而就具备了向周边国家进行边际产业转移的基本条件。另外，从地缘位置看，产业转移的第一站是周边国家。云南与缅甸、柬埔寨等国家都毗邻，因此各国的投资产业为云南地区转移劣势产业提供了空间，此外，云南也可以建立优势产业境外基地，壮大部分优势产业。

二、培育优势产业集群

(一) 强化政府在产业集群发展中的作用

产业集群的发展离不开相关政府部门的支持和扶持。首先,政府在集群政策方针战略的制定方面扮演着重要的角色。政府作为产业相关政策的制定者,制定相应的产业发展政策,并对市场的缺陷进行纠正,以推动相关产业的发展。其次,政府作为企业和高校研究机构的中介者,起着桥梁纽带的作用。由政府出面,将企业和研究者联系在一起,将相关专业知识运用到实际产业发展中,同时研究者也可以通过与企业的合作,来提升专业知识,形成专业的指导理论。

云南省现有的优势产业有很多,但各产业之间的联系并不紧密,政府应该创造环境、出台相关的政策,以促进各产业之间的联系,对于处于优势地位的主导产业,要加强产业之间的关联性,使得主导产业更好地发挥主导作用,并通过溢出效应带动其他产业的发展。另外,政府作为产业集群的参与者和促进者,还要加强自身的服务意识,规范市场秩序,营造良好的环境,促进云南省产业集群的形成和发展。

(二) 在调整产业结构中拓展产业链

传统的产业政策理论中,政府制定相关政策的重心是扶持和保护重点产业。对产业集群的发展政策鲜为考虑。因此,制定产业集群的发展战略首先需要考虑怎样调整产业组织结构。新的产业集群发展政策的核心是促进产业集群内协调和联系机制,增强集群自身的动力机制。形成有利于集群发展的产业组织结构就是政府建立促进一般和弱势产业发展的政策体系,提高一般和弱势产业的竞争力,逐渐形成以主导产业为主,并带动一般和弱势产业联合发展的产业组织格局。

现阶段云南省各产业之间的联系度还不高,要促进云南省整体经济的发展,必须要改变这种现状,通过拓展产业链,不断加强各产业之间的联系。虽然云南省的烟草制品业、农产品产业等都具有很强的竞争优势,但与其他产业的紧密联系程度不够，不能有效地带动整个地区产业的发展，因此必须要不断加强产业链的完善，发挥优势产业的溢出效应和带动作用，加强相关产业之间的联系，共同促进产业集群早日形成，并逐渐壮大，为云南省的经济发展做贡献。

（三）再造产业集群的发展环境

产业集群的形成及区域内产业的发展离不开良好的环境，而区域创新网络能够为区域内行为主体提供一个良好的交流和协作平台。从历史上看，云南高端制造业衰退的重要原因就是空间分散分布，没有形成集群。云南省政府可以通过实施一些积极的相关措施，来引领产业集群创新环境的形成。创造适宜集群发展的良好创新环境，要努力消除区域产业的制度壁垒，整合区域产业资源，加强各产业之间的交流和合作。创新障碍的消除，可以有效保证整个区域持续的创新活力。同时，政府还应该在税收、公共支出等方面对促进产业集群提供合理的政策扶持，加快信息技术在产业间的流动和传递。

（四）充分利用和发挥市场机制作用

由于产业集群主要还是在市场机制的条件下形成的。缺乏高难度等要素基础和创新的社会文化区域，不可能在很短的时间内人为地创造出产业集群来；另外，由于市场存在一些缺陷，只依靠市场的力量形成的产业集群也存在很多的不足。因此，云南需要以市场为主导，政府和企业为辅，来促进产业集群发展。

产业集群的初始阶段往往是一家或几家企业，在市场机制的作用下，通过技术扩散和模仿相似的企业而建立起来的，并自发地形成相应的专业化市场。但这种自发形成的专业化市场往往规模比较小，不能满足产业集群进一步发展的要求，这就需要政府出面，进行大规模的市场建设，促进专业化市场的不断完善和升级，即产业集群能够促进专业化市场的形成，而专业化市场的建设又会进一步促进产业集群的发展。云南产业的主导产业和支柱产业以传统低产业为主，产业制造过程和产品的不可分性导致空间分割，未能形成集聚发展；然而云南高端制造业也受空间分割较为明显，溢出效应与协同创新能力严重不足，导致高端制造业大面积衰退。云南在产业集群集聚方面吃亏不少，未能形成集群发展的优势，因此政府要进行专业化的市场建设，完善市场体制，引导产业集群的形成，使企业成为创新的主体，形成集群集聚新动力。

三、合理利用能源

面对云南省高能耗产业占比较大且不断增加的现状，应加大对落后产能和高耗低效产业的淘汰与整合，充分鼓励企业开展能源综合回收利用，支持企业节能降耗技术改造；同时加大产业结构调整力度，鼓励发展高新技术产业，延长产业链条，提高产品附加值；还要加大节能宣传力度，增强节能行动效果，切实提高能源使用效率。

科学布局产业发展，按照主体功能区规划要求，本着科学发展、和谐发展、可持续发展的理念，从不挑选的盲目招商转向有要求的选商、择商。对新上高能耗项目严格筛选、严格准入，以能耗总量目标控制作为新上项目不可或缺的判断标准之一，确保在有能源消费量指标的前提下，批准新上项目的开工或投产。

云南省经济的快速健康发展，是与全国同步全面建成小康社会的客观要求，也是云南省人民的殷切期盼。云南省经济社会的跨越发展，离不开能源的保障供应。为此，必须全力争取国家支持，在国家下达能源消费总量控制目标上给予倾斜，并对云南省能源生产结构改善和清洁可再生能源发展加快的现实情况给予充分考虑，有利于云南省经济社会的全面发展，更有利于云南省风能、水能等可再生清洁能源的发展和利用。大力开发水电、风能、太阳能、生物质能等可再生能源，优化能源结构；以清洁电力和天然气强化燃煤替代，严格控制二氧化硫的排放，采取先进技术降低二氧化碳排放；实施节能调度，优先调度清洁可再生能源电力，优化能源生产和消费。

四、加快城市化进程

中国已进入城市化综合发展的阶段。云南省地处西南山区，自然地理条件决定了云南省先天的城市发展条件不如平原省份。另外，云南又有着许多其他省份无法比拟的区位优势，不仅和多个国家接壤或相邻，交通上也处于重要地位，只要抓住机遇，城市化发展会有巨大的潜在空间。目前，云南各地州的城市化与经济发展并不平衡，存在严重的失衡现象。要实现云南全面发展的目标，需要加快城市化水平落后地区的城市化建设，提高经济增长速度；对于昆明和玉溪等经济发展水平较高的地区，应该注重城市化发展的质量，进一步提高经济增长和城市化的匹配度。各个地区应该根据自身的实际情况，因地制宜，优化经济增长与城市化的匹配关系，最终实现与全国平均水平同步。具体可以从以下几个方面着手：

（一）以滇中城市群促进外围城市发展

作为国家级城市化战略"两横三纵"格局的重点培育对象，以及其他各种国家战略规划中的重要角色，滇中城市群对云南的重要性不言而喻。因此，滇中城市群在云南发展中应该始终放在最重要的位置。在保证滇中城市群的经济增长核心地位的同时，要解决其辐射效应不足的问题：

第一，允许要素集聚以及工人追求高工资等造成的暂时的区域发展不平衡。只有中心城市或城市群有足够的经济发展水平，才能吸引足够多的外来人口，同时在其周围产生建立外围城市的潜力，发展到一定程度，新的城市生成，中心城市的影响力得以扩大。

第二，尊重市场规律下的逆城市化。某些产业不适合布局在竞争激烈的核心城市，就应该让它们迁往中心城市周边的外围城市，同时加强外围城市的基础设施建设，这样既提高了效率又能扩大中心城市的辐射能力。如果为了追求经济增长强行把不适合的产业留在中心城市，只会降低经济效率。

（二）加强中小城市与滇中地区的联系

除个别地区（如香格里拉市）以外，云南省腹地和边境地区的经济发展普遍较为落后，空间相邻溢出不足，交通不便又阻碍了外界对其的促进影响。因此，可以因地制宜，利用当地的资源，发展特色产业或者旅游业等，不仅解决当地的就业问题，还能切实促进城市化带动经济增长。

在发展自身、缩小与滇中地区的差距的同时，还应主动加强与滇中地区的联系。加强联系的重要方式是完善交通设施建设，交通不便是云南省经济发展的一大软肋，云南省也意识到了这个问题。最近几年大力推进交通设施建设，目的就是尽快消除地理障碍。随着高铁、高速公路和一般铁路公路网的覆盖，人口和要素的流动将会更加便利，落后地区将有更多机会与外界进行经济交流，也有望从滇中经济发达地区的发展中获得更多好处。

(三) 加强滇中城市群与外围城市之间的信息流动

信息产业对经济的影响可以分为两方面，一方面是信息产业的高附加值产品和产业链对经济增长的直接促进，另一方面是信息产业的高新技术创新提升整个经济体的运行效率。就前者而言，利用得天独厚的地理条件和自然资源非常适合发展信息产业，云南省目前正在大力发展信息产业，包括高端制造、软件服务、大数据和人工智能等，并已经取得了一定成效。但是对于后者，似乎并没有看到明显的迹象。云南多山的地形导致交通不便，物流成本高，所以比其他省份更加需要多种途径来提升信息不对称和信息流通效率，以信息流带动物流，与滇中城市群以及外部发生充分的物质与能量交换。因此，云南信息产业尤其是互联网的发展为克服信息不对称提供了有效的解决途径，以前几乎不可能匹配成功的信息，通过互联网也能获得对外展示的机会；通过算法的改进，信息甚至可以精准地从供给端匹配到需求端，这无疑促进发展新动力。

(四) 以教育增强城市化微观综合素质

教育对于一个地区的经济发展起着至关重要的作用。提高人们的受教育水平，不仅能够使他们胜任一些难度较高的工作，同时还能够解放他们的传统思想，增强其综合素质，让他们向城市集聚。云南省大部分地州地理环境相对恶劣，很多老师不愿意到此任教，一些特别偏僻的地方严重缺老师，老师的需求大于供给。

云南必须加强少数民族地区人们的受教育程度，相关部门要进一步减轻贫困地区适龄孩子接受教育的成本，加强教师队伍的建设，完善地区学校的基础设施建设，为孩子和老师提供良好的教学环境。教育是根本，只有提高人们受教育水平、增强综合素质能力，才能适合时代的需求，在社会上站住脚，成为有用人才，从而加速城市化人力资本形成，为云南经济发展注入新的微观动力。

（五）在经济新常态下走出云南特色城市化道路

当全国经济进入新常态的情况下，云南更要采取措施，探索适合云南的城市化道路，加速城市化进程，发挥城市集聚效应，有力地推动经济增长，提升经济增长与城市化的匹配度，缩小与全国平均水平差距，增加云南经济持续发展新动力。

新常态下，云南不仅需要关注城市经济增长的数量还需要注重增长的质量。为了顺应新常态这一主题，云南需要拓展城市化空间，开启提质增效升级的城市化发展新阶段。城市化对经济发展起着至关重要的作用。云南作为农业大省、旅游大省，在新常态条件下，要引领产业结构升级，改善人民基本生活条件，缩小城乡收入差距，加快基础设施建设，加快城市群形成，促进城市化规模的壮大，实现云南经济增长与城市化低匹配向高匹配转换，实现新旧动力转换。

五、积极引进外资

资本是云南经济增长最重要的动力要素，其中 FDI 首当其冲。国际直接投资是技术、管理、资本等微观要素集成的一体化资源。从东部发展经验看，FDI 流入与集聚有效地推动了经济发展与城市化。云南 FDI 入驻较少，未能有效地带动产业结构集聚与升级，促进城市化与经济发展。FDI成为驱动云南经济宏观、中观与微观以及内循环与外循环协同发展的最宝贵资源。

（一）完善基础设施建设

完善基础设施建设，加快市场开发水平，深入发掘市场潜力，这是云南吸引 FDI 的重要因素。基础设施的完善显著影响着外商在云南的投资。

政府要加强对云南地区环境能源的开发、交通及通信设备的建设，并且要避免基础设施的垄断经营。市场化程度的差别是云南及中西部地区在投资环境方面所面对的根本问题。因此，要加大加快云南开放力度，尤其加大对东南亚、南亚开放力度，加快 GMS 合作，有效推动亚洲铁路网建设，以此来增强对外资的吸引力。云南地区经济基础薄弱，招商引资能力有限，经济总量与东部地区相比较小，政府在进一步开放市场的过程中，不仅要对外商开放，而且也要对民营资本开放，结合云南的特点和优势制定长远有效的经济发展计划。健全云南地区的基础设施建设，努力疏通并扩展各个流通渠道，不断完善并建立完整的市场体系，政府需要搞好有关利用和吸引外商直接投资的相关服务和宣传，减少外商直接投资在该地区所产生的外部不确定性和降低信息成本，争取为外商直接投资创造一个良好的市场环境。

（二）营造宽松的吸引人才环境

云南要积极与当地的资源优势相结合，大力推进对人力资源的开发，争取达到以人力资本优势和资源优势来吸引外商企业的投资；大力提高公民的受教育程度，完善公共教育体系，扩大受教育群体，并善于运用一定的奖励机制鼓励科技创新，发展高端科技产业，实现各个层级产业的全面发展。同时，云南要善于吸引人才、留住人才，建立健全区域研究网络，充分利用资源，提高人才的有效利用率。并且对劳动力的教育要从基础加强，提高这些劳动者的素质，有助于吸引更多先进的企业来中国投资，改善地区的产业结构。

（三）重视发挥 FDI 的"技术溢出"效应

鉴于 FDI 对云南经济增长有明显的促进作用，相关政府应一如既往地鼓励外商来华投资，不断改善投资环境，但引资政策应关注如何最大限度地发挥 FDI 的"技术溢出"效应。在这方面，云南要优化利用外资结构，加强对 FDI 技术含量的要求，鼓励外资投向高端制造业、高新技术产业、现代服务业、新能源和节能环保产业；通过人力资本的"流动性"特征，使"溢出"效应发挥最大，提升本土人力资本水平。当然，云南还应注意加强知识产权保护力度，让跨国公司放心地在国内进行技术研发，这是对技术溢出效应长时期持续发挥的有力保障。同时云南应重视与本地产业关联性高的外资企业，通过完善人才培养机制，奖励外资企业创新，加强与本土上下游企业关联等方式，提高本地企业的参与程度，使外商投资企业整体本地化经营成为可能。只有这样，才能在政策上最大限度发挥 FDI 的"技术外溢"作用，进而发挥 FDI 对云南经济增长的有力推动作用。

六、加强空间集聚

任何事物的发展都不是独立的，都会受到相邻空间单元地区的影响。因此，要促进地区经济增长和缩小地区经济差距，仅仅依靠本地的力量是不够的，还需要加强空间单元之间的联系和合作。通过加强与其他空间单元之间的合作，能够更好地吸引其他空间单元先进的发展经验，吸取不利于经济发展的教训，获取更多集聚带来的空间效应，使地区经济发展更好。然而云南 129 个县域单元受空间分割较为明显，彼此分散，密集度小，且县域单元经济规模普遍较小，经济辐射半径小，点状特征较为明显。这就决定了县域单元联系不紧密，空间相邻效应较弱。

为了实现西部大开发战略，国家出台了很多优惠政策来促进西部地区的经济发展。"桥头堡战略"是云南推进"兴边富民"的大工程，目的是促进沿境地区的经济发展，实现边疆少数民族脱贫致富奔小康的愿望。云南作为国家西部大开发的对象，应该充分利用国家的相关政策优惠，加强与周边西部地区的合作，实现云南经济增长。

云南各级相关部门应该充分领会三个定位的战略意义，利用其地理优势，加强同周边省内地州和东南亚国家的合作，相互进行投资贸易，实现经济快速增长，提高人们的生活水平。首先，云南要通过加强与毗邻地区的合作，形成以某一个地区为中心，周围地区为外围的"中心—外围"模式来发展地区经济，实现区域经济协调发展。特别是与周边地区贵州、重庆、四川的合作；还要与东部沿海发达地区加强合作交流，学习先进的发展经验。同时，云南地处西南边界，应该继续实施"桥头堡"战略，充分发挥云南在全面开放新格局和"一带一路"倡议中的区位优势，促进云南加强与周边国家互利合作支持，加强与东盟国家的合作交流。

当前，云南首先是加强滇中城市群和昆明城市圈建设。滇中城市群是国家重点培育的 19 个城市群之一，国土面积占全省 29%（114600 平方千米），人口占全省 44.02%，是全国"两横三纵"城镇化战略格局的重要组成部分，是西部大开发的重点地带，是我国依托长江建设中国经济新支撑带的重要增长极。建设以昆明为中心的一小时经济圈，以节点城市为中心的半小时经济圈，是滇中城市群的核心，不仅可以提高滇中城市群综合承载能力，而且是加快农业转移人口市民化、带动全省城市化率提高的重要推动力。

其次，加快推进滇中新区建设和个旧、蒙自、开远小城市群建设，加快以大理为中心的滇西北经济区建设。云南滇中新区是打造我国面向南亚、东南亚辐射中心的重要支点、云南桥头堡建设重要经济增长极、西部地区新型城镇化综合试验区和改革创新先行区。作为中国—东盟两大市场的接合部和昆明、越南河内两大城市辐射的交汇点，个旧、开远、蒙自小城市群，通过优势互补，打造滇南城市群，形成经济发展动力的助推器。以大滇西旅游环线，加快发展以大理为中心，以祥云、隆阳、龙陵、腾冲、芒市、瑞丽、盈江为重点的滇西次级城市群，将滇西城市群建设成为国际著名休闲旅游目的地。

最后，加快边境口岸城市经济带建设，以此形成沿边口岸型城市多增长极。沿边开放经济带包括保山市、红河州、文山州、普洱市、西双版纳州、德宏州、怒江州、临沧市 8 个州 25 个沿边县、市。优化沿边城镇空间发展布局，加强口岸城镇建设，全面提升城镇综合承载能力，形成外围沿边经济增长带。

总体上，大力发展空间集聚，形成以昆明城市圈为中心，滇中城市群为主体，多元化的小城市群为支撑的城镇地理体系，在空间关联效应与集聚效应中获取空间发展新动力。

第三节　对策建议

新常态是经济发展方式的转变，更是经济增长动力的切换。云南粗放的发展模式很难有持续动力。在前期云南经济发展基础上，摆脱老路径，探寻新动力，就是要进一步围绕产业结构、城市化与经济地理重塑、强化基础设施，努力创新，扩大开放以重构七维新动力体系，有效参与国际大循环和国内循环，强力助推云南经济新发展。

一、产业转型新动力

产业是云南经济发展的重要因素，产业结构调整升级是推动云南经济发展的新动力。加快现代生物医药产业、信息化和信息产业、先进装备制造业等八大产业发展，成为全省经济发展新动力产业。大力发展数字产业，培育上1000亿物流产业，突出产业新业态，培育经济增长点，加快壮大新动力。坚定不移走高端化、信息化、绿色化和数字化的产业发展新路子，加快建设现代化产业体系，提升产业结构高度化。优化升级烟草、电力、有色等传统产业，进行信息化和数字改造，用高新技术和先进适用技术改造和提升主导产业和支柱产业中的传统产业，坚决淘汰落后产能和僵尸企业，紧紧围绕面向南亚、东南亚辐射中心建设，启动实施低端产业产能转移，融入全球产业链，推动产业合理化发展，构建结构转型新动力。

二、空间重塑新动力

大力推进滇中城市群建设，推动以昆明为中心的城市圈建设，加快滇西城市群，滇东南个旧、蒙自、开远城市群建设，构建多群多极协同支撑、良性互动的城市化发展新格局。以城聚产、以产兴城、产城联动，促进产城融合发展，放开城镇户口迁移政策，推动基本公共服务全覆盖，加快推进新型城镇化，实现人口向城镇集聚，城市化率赶上全国水平。重点打造昆明呈贡信息产业核心聚集区，推动滇中城市群因地制宜培育新一代信息技术及配套产业集群，依托沿边对外开放经济带建设信息产品出口加工集散基地。打造一批具有竞争力的先进制造业集群和特色产业集聚区。加快推进云南南北经济带、沿边开放经济带、澜沧江经济带和昆保芒瑞经济带建设，构建多空间增长极。努力进行昆明、红河和德宏国家级自由贸易区试点与建设，充分发挥示范、窗口和集聚功能，吸引高端产业和外商投资聚集，驱动云南国际循环。

三、基础设施催化新动力

全面加快高速公路建设，加速推进"能通全通""互联互通"工程。推进铁路网建设，加快渝昆高铁、玉磨铁路、大瑞铁路等项目建设，力争大临铁路通车，建成丽香铁路，开展昆楚大丽高速铁路前期工作。强化空港建设，加密省内城市之间航空网络。全面加快乌东德、白鹤滩水电站能源基础设施建设。全面加快物流基础设施建设。推进五个国家级物流枢纽建设，加快省级物流产业园和口岸物流配套设施建设，发展跨境物流。围绕重点产业布局，加快补齐重要物流节点区域基础设施短板。

四、开放再造新动力

对内加强与长江流域、泛珠三角区域、京津冀、成渝经济区和周边省区的交流合作，有选择性地承接国内产业转移，提升云南产业参与全国产业分工的优势，扩大产业与国内产业的投入产出关联，提高关联动力。对外主动服务和融入国家发展战略，全面融入"一带一路"倡议，充分利用中国—中南半岛经济走廊、孟中印缅经济走廊在云南交汇叠加的优势，积极参与"一带一路"倡议沿线国家重要港口、园区建设，努力把昆明建设成面向南亚、东南亚集聚辐射中心，以昆保芒瑞、昆磨、昆河三条大通道为主线，构建滇缅、滇老、滇越三个国际经济合作圈，扩大沿边地区开放，构建滇中与沿边地区优势互补、资源共享、产业对接，全方位创新开放格局。

五、微观激活新动力

坚持以经济体制改革为主轴，在行政审批、财税、国企、教育、科技、开放等方面推出一系列重大改革措施，进一步为企业发展释放市场活力、发展动力。建设区域创新体系，大力推动"科技入滇"，不断增加全社会研发投入，攻克了一批重大核心技术，并实现科技成果产业化，提升科技进步对经济的贡献率，有力支撑了产业转型发展，为适应和引领经济发展新常态提供了新动力。建立企业培育动态扶持机制和激励约束机制，强化企业创新精神。加快在各产业领域形成一批龙头骨干企业、一批专业化小企业、一批规模化企业集群。建立企业家队伍培养和保护机制，保护企业家的合法权益，造就一批具有全球战略眼光、管理创新能力和社会责任感的优秀企业家。深入实施人才优先发展战略，创新培育人才和凝聚人才，尊重创新创造的价值，激发各类人才的积极性和创造性，增强新动力。

六、创新驱动新动力

深化科技体制改革，建立政府、企业、科研机构多元化研究与实验经费（R&D）投入机制，R&D 支出占 GDP 比重超过全国平均水平。完善和落实科技成果转化激励政策，加强知识产权保护和运用。实现科技创新、制度创新、开放创新的有机统一和协同发展，激发全社会创新活力和创造潜能。全面修订促进民营经济和小微企业发展的各项政策措施，更加注重对市场主体的平等保护，营造有利于中小企业发展的政策环境和法治环境，激活中小企业创新创业活力。在高端制造领域，重点突破共生性核心技术，重点培育一批具有主导作用的龙头企业，增强溢出效应，构建云南产业结构优化的新动力。完善科技成果转化收益分配机制，激发大众创业、万众创新活力。建成具有云南特色的区域性创新中心和体系，全面提高云南省自主创新能力和发展新动力，科技进步贡献率提高到60%以上。

七、改革释放新动力

深化行政体制改革，把简政放权、放管结合的行政审批制度改革推向深入。制定市场准入负面清单，推行政府权力清单、责任清单制度，推进政府向社会购买服务。推进制约发展的国资国企、投融资、财税金融、电力体制和资源性产品价格等重要领域改革。抓紧完善水、电、气价格形成机制。落实重点领域投融资机制改革措施，与简政放权改革形成"组合拳"。推进国有资本公司改组，积极有序发展混合所有制经济。着力构建更加完善的市场配置资源的体制机制，激发各类要素潜能活力。加快金融体制机制改革，深入推进沿边金融综合改革试验区。要主动服务和融入国家发展战略，坚持向改革要动力，高标准推进三个自由贸易区试点建设，建设面向南亚、东南亚辐射中心，以大改革、大红利产生大动力，促进大发展。

参考文献

［1］ Adam C S, Bevan D L. Fiscal Deficits and Growth in Developing Countries ［J］. Journal of Public Economics, 2005, 89 (4): 571-597.

［2］ Altug S. Time-to-Bulid and Aggregate Fluctuations: Some New Evidence ［J］. International Economic Review, 1989, 30 (4): 889-920.

［3］ Anderson G, Y Ge. The Size Distribution of Chinese Cities ［J］. Regional Science & Urban Economics, 2005, 35 (6): 756-776.

［4］ Anderson J, Sutherland D. Developed Economy Investment Promotion Agencies and Emerging Market Foreign Direct Investment: The Case of Chinese FDI in Canada ［J］. Journal of World Business, 2015, 50 (4) : 815-825.

［5］ André, Grimaud, et al. Non-Renewable Resources and Growth with Vertical Innovations: Optimum, Equilibrium and Economic Policies-Science Direct ［J］. Journal of Environmental Economics and Management, 2003 (45): 433-453.

［6］ Anselin L. Spatial Econometrics: Methods and Models ［M］. Springer Netherlands: Kluwer Academic Pubilishers, 1988.

［7］ Apergis N, Katrakilidis C P, Tabakis N M. Dynamic Linkages between FDI Inflows and Domestic Investment: A Panel Cointegration Approach ［J］. Atlantic Economic Journal, 2006, 34 (4): 385-394.

［8］ Au C-C, Henderson J V. Are Chinese Cities Too Small? ［J］. The Review of Economic Studies, 2006, 73 (3): 549-576.

［9］ Bertinelli L, Black D. Urbanization and Growth ［J］. Journal of Urban Economics, 2004, 56 (1): 80-96.

［10］ Bezemer D, Gill I, Kharas H, et al. An East Asian Renaissance:

Ideas for Economic Growth [J]. World Bank Publications, 2007, 22 (2): 57.

[11] Bloom, Williamson. Demographic Transitions and Economic Miracles in Emerging Asia [J]. World Bank Economic Review, 1998, 12 (13): 419-455.

[12] Boschma R A. The Rise of Clusters of Innovative Industries in Belgium during the Industrial Epoch [J]. Research Policy, 1999, 28 (8): 853-871.

[13] Bovenberg A L, Smulders J A. Transitional Impacts of Environmental Policy in an Endogenous Growth Model [J]. International Economic Review, 1996 (37): 861-893. .

[14] Brülhart, Marius, Trionfetti, Federico. A Test of Trade Theories When Expenditure is Home Biased [J]. European Economic Review, 2009, 53 (7): 830-845.

[15] Bruelhart M, Sbergami F. Agglomeration and Growth: Cross-Country Evidence [J]. Journal of Urban Economics, 2009, 65 (1): 48-63.

[16] Buckley P J, Clegg J, Wang C, et al. FDI, Regional Differences and Economic Growth: Panel Data Evidence from China [J]. Transnational Corporations, 2002, 11 (1): 1-28.

[17] Campbell J. Application of Graph Theoretic Analysis to Inter-Industry Relationships the Example of Washington State [J]. Regional Science and Urban Economics, 1975, 5 (1): 91-106.

[18] Chintrakarn P, Herzer D, Nunnenkamp P. FDI and Income Inequality: Evidence from a Panel of US States [J]. Economic Inquiry, 2012, 50 (3): 788-801.

[19] Christiano L, Eichenbaum M, Evans C, et al. Nominal Rigidities and the Dynamic Effects of a Shock to Monetary Policy [J]. Journal of Political Economy, 2005, 113 (1): 1-45.

[20] Christiano L J, EichenbaumM. Liquidity Effects and the Monetary Transmission Mechanism [J]. American Economic Review, 1992, 82 (2): 346-353.

[21] Christiano L J. On the Fit of New Keynesian Models [J]. Journal of

Business and Economic Statistics, 2007, 25 (2): 123-143.

[22] Chyau Tuan, Linda F Y, Bo Zhao. China's Post-economic Reform Growth: The Role of FDI and Productivity Progress [J]. Journal of Asian Economics, 2009, 20 (3): 280-293.

[23] Czamanski S. Some Empirical Evidence of the Strengths of Linkages between Groups of Related Industries in Urban - Regional Complexes [J]. Papers of the Regional Science Association, 1971, 27 (1): 136-150.

[24] DeJong D N, Ingram B F, Whiteman C H. A Bayesian Approach to Dynamic Macroeconomics [J]. Journal of Econometircs, 2000, 98 (2): 203-223.

[25] Del N M, Schorfheide F. Priors from General Equilibrium Models for VARs [J]. Social Science Electionic Publishing, 2004, 45 (2): 643-673.

[26] Dolezal V. Optimization of General Nonlinear Input-Output Systems [J]. Nonlinear Analysis, 1995, 24 (4): 441-468.

[27] Dorfman R, Samuelson P A, Solow R M. Linear Programming and Economic Analysis [J]. Economica, 1958, 27 (105): 1-513.

[28] Dridi R, Guay A, Renault E. Indirect Inference and Calibration of Dynamic Stochastic General Equilibrium Models [J]. Journal of the Ecomometrics, 2007, 136 (2): 397-430.

[29] Duranton G, D Puga. Chapter 48 Micro-Foundations of Urban Agglomeration Economies [J]. Handbook of Regional and Urban Economics, 2004 (4): 2063-2117.

[30] Fay M, Opal C. Urbanization without Growth: A Not-So-Uncommon Phenomenon [M]. Washington, D. C: The World Bank, 1999.

[31] Fernandez Villaverde J, Rubio-Ramirez J F. Two Books on the New Macroeconometrics [J]. Econometric Reviews, 2010, 28 (4): 376-387.

[32] Feser E, Bergman E. National Industry Cluster Templates: A Frame Work for Applied Regional Cluster Analysis [J]. Regional Studies, 2000 (34): 1-19.

[33] Fisher-Vanden K, Jefferson G H, Tao Q, et al. What is Driving China's Decline in Energy Intensity? [J]. Resourse and Energy Economics,

2004, 26（1）：77-97.

［34］ Frank S, Raf W. An Estimated Dynamic Stochastic General Equilibrium Model of the Euro Area ［J］. Journal of the European Economic Association, 2003（1）：1123-1175.

［35］ Fredrich Kahrl, David Roland-Holst. Growth and Structural Change in China's Energy Economy ［J］. Energy, 2009, 34（7）：894-903.

［36］ Fujita M. Urban Economic Theory ［M］. Cambridge：Cambridge University Press, 1991.

［37］ Ghali K H, El-Sakka M. Energy Use and Output Growth in Canada：A Multivariate Cointegration Analysis ［J］. Energy Economics, 2004, 26（2）：225-238.

［38］ G L Rougé. Polluting Non-Renewable Resources, Innovation and Growth：Welfare and Environmental Policy ［J］. Resource and Energy Economics, 2005, 27（2）：109-129.

［39］ Guerron Quintana P A. What You Match Does Matter：The Effects of data on DSGE Estimation ［J］. Journal of Applied Econometrics, 2010, 25（5）：774-804.

［40］ Haberl K H. The Process of Industrialization from the Perspective of Energetic Metabolism：Socioeconomics Energy Flows in Austria 1830~1995 ［J］. Ecological Economics, 2002, 41（2）：177-201.

［41］ Hall G J. Overtime, Effort, and the Propagation of Business Cycle Shocks ［J］. Journal of Monetary Economics, 1996, 38（1）：139-160.

［42］ Hang L, Tu M. The Impacts of Energy Prices on Energy Intensity：Evidence from China ［J］. Energy Policy, 2006, 35（5）：2978-2988.

［43］ Hansen N. Impacts of Small and Intermediate-Sized Cities on Population Distribution：Issues and Responses ［J］. Regional Development Dialogue, 1990, 11（1）：60-79.

［44］ Henderson J V. How Urban Concentration Affects Economic Growth ［J］. Social Science Electronic Publishing, 2000（4）：1-42.

［45］ Henderson V. The Urbanization Process and Economic Growth：The

So-What Question [J]. Journal of Economic Growth, 2003, 8 (1): 47-71.

[46] Henderson V. Urbanization in Developing Countries [J]. World Bank Research Observer, 2002, 17 (1): 89-112.

[47] Ireland P N. Interest Rates, Inflation and Federal Reserve Policy Since 1980 [J]. Boston College Working Papers in Economics, 2000, 32 (3): 417-434.

[48] Jie Z. Urbanization, Population Transition and Growth [J]. Oxford Economic Papers, 2002, 54 (1): 91-117.

[49] Jimmy Ran, Jan P Voon, Guang Zhong Li. How does FDI Affect China? Evidence from Industries and Provinces [J]. Journal of Comparative Economics, 2007 (35): 774-779.

[50] John Andersona, Dylan Sutherland. Developed Economy Investment Promotion Agencies and Emerging Market Foreign Direct Investment: The Case of Chinese FDI in Canada [J]. World Business, 2015 (5): 1-11.

[51] Jote N, Kitaw D, Stolfa J, et al. Application of FUZZY-AHP for Industrial Cluster Identification [C]. Springer Cham: International Conference on Innovations in Bio-Inspired Computing and Applications Ibica, 2014.

[52] Jung T, Park T S. Structural Change of the Manufacturing Sector in Korea : Measurement of Real Energy Intensity and CO_2 Emissions [J]. Mitigation and Adaptation Strategies for Global Change, 2000, 5 (3): 221-238.

[53] J Williamson. Regional Inequality and the Process of National Development: A Description of the Parterns [J]. Economic Development and Cultural Change, 1965, 13 (4): 1-84.

[54] Kalmbach P, Kurz H D. Micro-Electronics and Employment: A Dynamic Input-Output Study of the West German Economy [J]. Structural Change and Economic Dynamics, 1990, 1 (2): 371-386.

[55] Karen F V, Gary H, Ma J, et al. Technology Development and Energy Productivity in China [J]. Energy Economics, 2006, 28 (5): 690-705.

[56] Kim J. Constructing and Estimating a Realistic Optimizing Model of Monetary Policy [J]. Journal of Monetary Economics, 2000, 45 (2): 329-359.

[57] Krausmann, Helmut Haberl. The Process of Industrialization from the Perspective of Energetic Metabolism: Socioeconomics Energy Flows in Austria 1983–1995 [J]. Ecological Economics, 2002, 41 (2): 177–201.

[58] Krugman P. Increasing Returns and Economic Geography [J]. Journal of Political Economy, 1991, 99 (3): 483–499.

[59] Kui-Yin C, Ping L. Spillover Effects of FDI on Innovation in China: Evidence from the Provincial Data [J]. China Economic Review, 2004, 15 (1): 25–44.

[60] Kuznets S. Quantitative Aspects of the Economic Growth of Nations: Industrial Distribution of National Product and Labor Force [J]. Economic Development and Cultural Change, 1957, 5 (4): 1–111.

[61] Kydland F E, Prescott E C. Time to Bulid and Aggregate Fluctuations [J]. Journal of the Ecomometric: Society, 1982, 50 (6): 1345–1370.

[62] Lampard E E. The History of Cities in the Economically Advanced Areas [J]. Economic Development and Cultural Change, 1955, 3 (2): 81–136.

[63] Landon-Lane J S. Bayesian Comparison of Dynamic Macroeconomic Models [D]. University of Minnesota, the United States, 1998.

[64] Leontief. Quantitative Input and Output Relations in the Economic Systems of the United States [J]. The Review of Economics and Statistics, 1936, 18 (3): 105–125.

[65] Leontief. Studies in the Structure of the American Economy [M]. Oxford: Oxford University Press, 1953.

[66] Levin M. John Stuart Mill: A Liberal Looks at Utopian Socialism in the Years of Revolution 1848–1849 [J]. Utopian Studies, 2003, 2 (14): 68–82.

[67] Malthus T. An Essay on the Principle of Population [M]. Lonton: Cambridge University Press, 2008.

[68] Martin P. Can Regional Policies Affect Growth and Geography in Europe? [J]. World Economy, 1998, 21 (6): 757–774.

[69] Masron T A, Zulkafli A H, Ibrahim H. Spillover Effects of FDI within Manufacturing Sector in Malaysia [J]. Procedia-Social and Behavioral Sciences,

2012（58）：1204-1211.

［70］Mccoskey S，Kao C. A Panel Data Investigation of the Relationship between Urbanization and Growth ［J］. Urban and Regional，1998（1）：1-24.

［71］Mencinger J. Does FDI Always Enhance Economic Growth？ ［J］. Kyklos，2003，56（4）：493-510.

［72］Michael A，Ram D. The Deficit-growth Connection：Some Recent Evidence from Developing Countries ［J］. Economic Development and Culture Change，1994，43（2）：167-191.

［73］Michael Peneder. Industrial Structure and Aggregate Growth ［J］. Structural Change and Economic Dynamics，2003（14）：427-448.

［74］Miguel D Ramirez. Is Foreign Direct Investment Productive in the Latin America Case？ A Panel Co-integration Analysis，1980～2002 ［J］. The International Trade Journal，2010，25（1）：35-73.

［75］Nelson M A，Singh R D. The Deficit-Growth Connection：Some Recent Evidence from Developing Countries ［J］. Economic Development and Cultural Change，1994，43（1）：167-191.

［76］Nicholas Apergis，Costantinos P，Nikolaos M. Dynamic Linkages between FDI Inflows and Domestic Investment：A Panel Cointegration Approach ［J］. Atlantic Economic Journal，2006（34）：385-394.

［77］Nordhaus W D. An Optimal Transition Path for Controlling Greenhouse Gases ［J］. Science，1992（258）：1315-1319.

［78］Ogawa F H. Multiple Equilibria and Structural Transition of Non-Monocentric Urban Configurations ［J］. Regional Science and Urban Economics，1982，12（2）：161-196.

［79］Otrok C. On Measuring the Welfare Cost of Business Cycles ［J］. Journal of Monetary Economics，2002，47（1）：61-92.

［80］Peneder M. Industrial Structure and Aggregate Growth ［J］. Structural Change and Economic Dynamics，2003，14（4）：427-448.

［81］Poelhekke S. Urban Growth，Uninsured Risk，and the Rural Origins of Aggregate Volatility ［R］. European University Institute，2008.

[82] Qiao Yu. Capital Investment, International Trade and Economic Growth in China: Evidence in the 1980-90s [J]. China Economic Review, 1998, 9 (1): 73-84.

[83] Ran J, Van J P, Li G. How Does FDI affect China? Evidence from Industries and Provinces [J]. Journal of Comparative Economics, 2007, 35 (4): 774-799.

[84] Ravallion Martin, Datt Gaurav. When Is Growth Pro-Poor? Evidence from the Diverse Experiences of India's States [M]. New York: Social Science Electronic Publishing, 1999.

[85] Ronald E M, Peter D B. Input-Output Analysis: Foundations and Extensions [M]. Cambridge: University of Cambridge Press, 1985.

[86] Rosenthal S S, Strange W C. The Determinants of Agglomeration [J]. Journal of Urban Economics, 2001, 50 (2): 191-229.

[87] Roy A, Aggarwal S. A Demographic Perspective of Economic Growth [R]. Economics Research, 2009.

[88] Rybnikova N A, Portnov B A. Using Light-at-Night (LAN) Satellite Data for Identifying Clusters of Economic Activities in Europe [J]. Letters in Spatial and Resource Sciences, 2015, 8 (3): 307-334.

[89] Slater P B. The Determination of Groups of Functionally Integrated Industries in the United States Using a 1967 Interindustry Flow Table [J]. Empirical Economics, 1977, 2 (1): 1-9.

[90] Smets F R, Wouters R. Shocks and Frictions in US Business Cycles: A Bayesian DSGE Approach [J]. American Economic Review, 2007, 97 (3): 586-606.

[91] Steinle C, Schiele H. When do Industries Cluster? A Proposal on How to Assess an Industry's Propensity to Concentrate at a Aingle Region or Nation [J]. Research Policy, 2002, 31 (6): 849-858.

[92] Stern D I. A Multivariate Cointegration Analysis the Role of Energy in the US Macro Economy [J]. Energy Economics, 2000, 22 (2): 267-283.

[93] Stern D I. A Multivariate Cointegration Analysis the Role of Energy in

the US Macro Economy [J]. Energy Economies, 2000, 22 (2): 267-283.

[94] Stiglitz J E. Principles of Financial Regulation: A Dynamic Portfolio Approach [J]. The World Bank Research Observer, 2001, 16 (1): 1-18.

[95] Stone R, Tinbergen J, Bos H C. Mathematical Models of Economic Growth [J]. The Economic Journal, 1964, 74 (293): 176-188.

[96] Tae Yong Jung, Tae Sik Park. Structural Change of the Manufacturing Sector in Korea : Measurement of Real Energy Intensity and Emissions [J]. Mitigation and Adaptation Strategies for Global Change, 2000, 5 (3): 221-238.

[97] Tajul Ariffin Masron, Abdul Hadi Zulkaflia, Haslindar Ibrahima. Spillover Effects of FDI within Manufacturing Sector in Malaysia [J]. Procedia-Social and Behavioral Sciences, 2012 (58): 1204-1211.

[98] Tatsu Kambara. The Energy Situation in China [J]. The China Quarterly, 1992 (131): 608-636.

[99] Tuan C, Ng L, Boz. China's Post-Economic Reform Growth: The Role of FDI and Productivity Progress [J]. Journal of Asian Economics, 2009, 20 (3) : 280-293.

[100] Viitamo E. Cluster Analysis and the Forest Sector-Where Are We Now? [J]. International Institute for Applied Systems Analysis, 2001 (3): 1-40.

[101] Williamson B. Demographic Transitions and Economic Miracles in Emerging Asia [J]. World Bunk Ecinomic Review, 1998, 12 (3): 419-455.

[102] William Vogt. Road to Survival [J]. Soil Science, 1948, 67 (1): 75-90.

[103] Wright D J. Goods and Services: An Input-Output Analysis [J]. Energy Policy, 1974, 2 (4): 307-315.

[104] Yu Q. CapitalInvestment, International Trade and Economic Growth in China: Evidence in the 1980~1990s [J]. China Economic Review, 1998, 9 (1): 1-84.

[105] 曹裕, 陈晓红, 马跃如. 城市化、城乡收入差距与经济增长——基于我国省级面板数据的实证研究 [J]. 统计研究, 2010, 27 (3): 29-36.

［106］昌忠泽．非线性动力学在宏观经济学领域中的运用——文献综述［J］．经济研究，2006，41（9）：117-128．

［107］常进雄，朱帆，董非．劳动力转移就业对经济增长、投资率及劳动收入份额的影响［J］．世界经济，2019，42（7）：24-45．

［108］陈安平，李勋来．就业与经济增长关系的经验研究［J］．经济科学，2004，1（1）：30．

［109］陈济冬，曹玉瑾，张也驰．在持续稳定增长中减贫：我国的减贫历程与经验启示［J］．改革，2020，316（6）：114-124．

［110］陈家清，陈伟，张智敏等．三大需求对我国GDP贡献率的波动特征分析［J］．统计与决策，2017（18）：132-135．

［111］陈昆亭，龚六堂，邹恒甫．基本RBC方法模拟中国经济的数值试验［J］．世界经济文汇，2004（2）：41-52．

［112］陈绍华，王燕，王威等．中国经济的增长和贫困的减少——1990～1999年的趋势研究［J］．财经研究，2001（9）：3-11．

［113］陈书通．我国未来经济增长与能源消费关系分析［J］．中国工业经济，1996（9）：21-26．

［114］陈迅，高远东．中国产业结构变动和FDI间的动态关系研究［J］．科研管理，2006（5）：137-142．

［115］陈桢．经济增长与就业增长关系的实证研究［J］．经济学家，2008（2）：90-95．

［116］仇保兴．小企业集群研究［M］．上海：复旦大学出版社，1999．

［117］丁守海．中国城镇发展中的就业问题［J］．中国社会科学，2014（1）：30-47．

［118］范剑勇．产业结构失衡、空间集聚与中国地区差距变化［J］．上海经济研究，2008（2）：3-13．

［119］方燕，高静．外商直接投资对产业结构的影响分析——基于向量误差修正模型的实证研究［J］．北京工商大学学报（社会科学版），2010，25（1）：49-52．

［120］冯俊．中国城市化与经济发展协调性研究［J］．城市发展研究，2002，9（2）：24-35．

[121] 冯宗宪，张羚广，成巧. 中国能源基地经济区产业结构变化趋势、发展模式和主导产业的选择 [J]. 数量经济技术经济研究，1991 (1)：51-57.

[122] 干春晖，郑若谷，余典范. 中国产业结构变迁对经济增长和波动的影响 [J]. 经济研究，2011，46 (5)：4-16+31.

[123] 甘星，印贇. 外商直接投资对我国经济增长影响的研究——基于动态分布滞后模型 [J]. 湖北社会科学，2016 (3)：83-88.

[124] 冈本信广. 中日国际投入产出线性规划模型及其应用 [J]. 预测，1998，17 (3)：33-36+41.

[125] 高珊珊. 北京地区 FDI 与 GDP 增长关系分析 [J]. 商场现代化，2009 (6)：243.

[126] 宫清华，杨蕾，黄光庆. 基于线性规划理论的资源约束条件下产业结构优化模型研究 [J]. 科技管理研究，2011，31 (12)：26-28+39.

[127] 郭立伟，沈满洪. 基于区位熵和 NESS 模型的新能源产业集群水平识别与评价——以浙江省为例 [J]. 科学学与科学技术管理，2013，34 (5)：70-79.

[128] 韩永文. 经济增长要向依靠消费、投资、出口协调拉动转变 [J]. 宏观经济研究，2007 (11)：3-8.

[129] 何镇宇. 云南城市化与经济增长的动态计量分析 [J]. 云南电大学报，2010，12 (1)：70-74.

[130] 贺灿飞，梁进社，张华. 区域制造业集群的辨识——以北京市制造业为例 [J]. 地理科学，2005，20 (5)：521-528.

[131] 胡志高，曹建华. 再述城市化与经济增长：理论脉络、现实拓展及问题指向 [J]. 经济问题探索，2018 (6)：182-190.

[132] 黄璟莉. 我国地方政府财政赤字与经济增长——基于 Granger 因果检验 [J]. 地方财政研究，2012 (10)：43-45+55.

[133] 黄日福. 我国中部地区 FDI 与产业结构升级的关系研究 [D]. 长沙：中南大学，2007.

[134] 江锦凡，韩廷春. 外国直接投资与中国经济增长关系的实证研究 [J]. 公共管理评论，2004 (1)：145-157.

［135］凯伦·R.普兰斯基．美国多地区投入产出核算与模型技术［M］．沈阳：辽宁人民出版社，1991.

［136］康云海，黄亚勤．云南城市化水平对经济发展的影响分析［J］．云南社会科学，2003（6）：61-65.

［137］李广志，李同升，孙文文等．产业集群的识别与选择分析——基于陕西省产业集群的研究［J］．人文地理，2007，22（6）：57-60.

［138］李浩，胡永刚，马知遥．国际贸易与中国的实际经济周期——基于封闭与开放经济的 RBC 模型比较分析［J］经济研究，2007（5）：17-26+41.

［139］李金叶，徐俊．我国省区经济增长动力时空演变研究——基于投资和消费的双重视角［J］．工业技术经济，2019，38（4）：144-153.

［140］李倩，李红云．广东省产业结构与经济增长关系的实证分析［J］．安徽农业科学，2009，37（19）：9177-9179.

［141］李卫华．我国消费、投资和出口的变动及其对经济增长的贡献［J］．经济地理，2019，39（9）：31-38.

［142］李雪．外商直接投资的产业结构效应［J］．经济与管理研究，2005（1）：15-18.

［143］李占风，袁知英．我国消费、投资、净出口与经济增长［J］．统计研究，2009，26（2）：39-42.

［144］廖明球．基于"节能减排"的投入产出模型研究［J］．中国工业经济，2011（7）：26-34.

［145］廖颖波，赵敏敏．昆明市城市化对经济增长影响的实证分析［J］．江苏科技信息：学术研究，2012（2）：19-20.

［146］刘彬，陈圻．关于产业集群界定识别的研究方法综述［J］．科技进步与对策，2006，23（9）：190-192.

［147］刘建民，欧阳玲，毛军．财政分权、经济增长与政府减贫行为［J］．中国软科学，2018（6）：139-150.

［148］刘伟，李绍荣．产业结构与经济增长［J］．中国工业经济，2002（5）：14-21.

［149］刘振涛．就业预期、失业预期对宏观经济的影响与对策［J］．

对外经贸，2017（12）：91-93.

[150] 陆铭. 建设用地使用权跨区域再配置：中国经济增长的新动力[J]. 世界经济，2011，34（1）：107-125.

[151] 马国霞，田玉军. 京津冀都市圈经济增长时空变化的动力机制[J]. 中国科学院大学学报，2012，29（3）：339-345.

[152] 马剑，邢亚楠. 基于投入产出模型的我国产业结构与就业关系分析[J]. 河北工业大学学报，2011，40（3）：56-61.

[153] 欧向军，顾雯娟. 江苏省经济增长动力的时空分析[J]. 地理研究，2016，35（5）：966-976.

[154] 潘明清，张俊英. 消费、投资及出口需求对中国经济增长的动态冲击效应研究[J]. 消费经济，2010，26（4）：6-9.

[155] 潘文卿. 地区间经济影响的反馈与溢出效应[J]. 系统工程理论与实践，2006，26（7）：86-91.

[156] 潘文卿，李子奈. 中国沿海与内陆间经济影响的反馈与溢出效应[J]. 经济研究，2007，42（5）：68-77.

[157] 潘文卿. 一个基于可持续发展的产业结构优化模型[J]. 系统工程理论与实践，2002，22（7）：23-29+58.

[158] 沈坤荣，蒋锐. 中国城市化对经济增长影响机制的实证研究[J]. 统计研究，2007，24（6）：9-15.

[159] 施建刚，王哲. 中国城市化与经济增长关系实证分析[J]. 城市问题，2011（9）：8-13.

[160] 史丹. 产业结构变动对能源消费需求的影响[J]. 数量经济技术经济研究，1999（12）：50-52.

[161] 史丹，张金隆. 产业结构变动对能源消费的影响[J]. 经济理论与经济管理，2003（8）：30-32.

[162] 史丰铭. 城镇化进程中人力资本与经济增长关系的研究[D]. 北京：首都经济贸易大学，2019.

[163] 苏莉. 外商直接投资、技术市场活跃度与新常态经济增长[J]. 首都经济贸易大学学报，2016，18（1）：16-25.

[164] 唐志鹏，刘卫东，付承伟等. 能源约束视角下北京市产业结构

的优化模拟与演进分析 [J]. 资源科学，2012，34（1）：29-34.

[165] 陶伟. 财政赤字对中国经济增长的影响研究 [J]. 统计与决策，2013（7）：138-140.

[166] 万红飞，周德群，高亚平. 我国能源与经济关系分析 [J]. 连云港化工高等专科学校学报，2000（2）：38-41.

[167] 王锋，张芳，刘娟. 产业结构对经济增长作用路径的实证检验 [J]. 统计与决策，2018，34（10）：135-138.

[168] 王海鹏，田澎，靳萍. 基于变参数模型的中国能源消费经济增长关系研究 [J]. 数理统计与管理，2006，25（3）：253-258.

[169] 王缉慈. 创新的空间：企业集群与区域发展 [M]. 北京：北京大学出版社，2001.

[170] 王今. 产业集聚的识别理论与方法研究 [J]. 经济地理，2005，25（1）：9-11.

[171] 王今，侯岚，张颖. 产业集群的识别方法及实证研究 [J]. 科学学与科学技术管理，2004，25（11）：117-120.

[172] 王金营. 经济发展中人口城市化与经济增长相关分析比较研究 [J]. 中国人口·资源与环境，2003（5）：57-63.

[173] 王珺威，吴武清，陈暮紫. 财政收支和经济增长关系的实证分析 [J]. 新疆财经，2011（3）：50-58.

[174] 王腊芳，李细梦，王绍君. 中国高耗能行业产业集群的识别及测度 [J]. 统计与决策，2015（19）：125-128.

[175] 王琳. 产业结构与经济增长动态关系的实证研究——基于长江三角洲16城市的统计数据 [J]. 江淮论坛，2008（4）：18-23.

[176] 王荣森，吴涛. 基于省级面板数据的固定资产投资效率研究 [J]. 河南科技学院学报，2013（11）：1-6.

[177] 王士轩，孙慧，朱俏俏. 基于区位熵和 RIS 模型的资源产业集群识别与检验——以新疆为例 [J]. 生态经济，2016，32（1）：115-118.

[178] 王西琴，陈茜，张远等. 丽江市城市化与经济增长关系研究 [J]. 生态经济，2009（7）：142-145.

[179] 王小鲁，夏小林. 优化城市规模 推动经济增长 [J]. 经济研

究，1999（9）：22-29.

[180] 王小钱. 城市化与经济增长 [J]. 经济社会体制比较，2002（1）：23-32.

[181] 王宇昕，余兴厚，熊兴. 长江经济带外商直接投资对产业转型升级的影响效应分析 [J]. 统计与决策，2020，36（14）：107-111.

[182] 王智勇. 城市化对县域经济发展的影响——以云南省为例 [J]. 城市问题，2013（1）：62-68.

[183] 魏峰. 基于投入产出表的安徽省主导产业集群的识别与评价 [J]. 安徽农业大学学报（社会科学版），2011，20（3）：57-62.

[184] 魏后凯. 基础设施与制造业的区际差异分析 [J]. 经济研究参考，2002（13）：26-38.

[185] 吴福象，刘志彪. 城市化群落驱动经济增长的机制研究——来自长三角16个城市的经验证据 [J]. 经济研究，2008，43（11）：126-136.

[186] 吴华煜. 外商直接投资对北京市产业结构优化的影响 [J]. 企业导报，2010（9）：3-5.

[187] 吴敬琏. 注重经济增长方式转变，谨防结构调整中出现片面追求重型化的倾向——在十届全国政协第六次常委会专题组会议上的发言 [J]. 经济管理文摘，2004（21）：33-34.

[188] 肖冬荣，江莹，赵靖. 上海市能源消耗与经济增长的协整分析 [J]. 安徽农业科学，2007（18）：5602-5603.

[189] 肖琬君，冼国明，杨芸. 外资进入与产业结构升级：来自中国城市层面的经验证据 [J]. 世界经济研究，2020，313（3）：33-45+135-136.

[190] 谢霄亭，马子红. 云南省城镇化与经济发展水平关系研究 [J]. 佳木斯职业学院学报，2012（7）：431-432.

[191] 谢小平，王贤彬. 城市规模分布演进与经济增长 [J]. 南方经济，2012，30（6）：58-73.

[192] 徐贝贝，欧向军，王晓雨等. 淮海经济区县市经济增长不平衡的时空分析 [J]. 江苏师范大学学报（自然科学版），2018，36（3）：13-18.

[193] 徐博，刘芳. 产业结构变动对能源消费的影响 [J]. 辽宁工程

技术大学学报（社会科学版），2004，6（5）：499-501.

［194］徐雪梅，王燕．城市化对经济增长推动作用的经济学分析[J]．城市发展研究，2004，11（2）：48-52.

［195］许宏，周应恒．云南省城市化进程对经济增长影响的实证分析[J]．经济视角（下），2008（11）：13-15.

［196］薛声家．基于投入产出模型的产业结构优化［J]．暨南学报（哲学社会科学版），2003，25（1）：49-53.

［197］杨长汉．信贷投放、固定资产投资与经济增长［J]．宏观经济研究，2017（5）：21-28.

［198］杨念．能源要素变动对区域经济增长的影响——以珠三角为例的分析［J]．特区经济，2005（7）：81-83.

［199］杨洋．我国经济增长和三大需求的共同周期变化［J]．中国经济问题，2015（1）：15-25.

［200］姚云浩．农业产业集群识别及评价综述［J]．中国农学通报，2014，30（11）：67-71.

［201］余典范，干春晖，郑若谷．中国产业结构的关联特征分析——基于投入产出结构分解技术的实证研究［J]．中国工业经济，2011（11）：5-15.

［202］余娟，吴玉鸣．产业结构对经济增长贡献的计量分析——以河南省1978~2002年的统计数据为样本［J]．郑州轻工业学院学报（社会科学版），2006（2）：15-17.

［203］原毅军，董琨．节能减排约束下的中国产业结构优化问题研究［J]．工业技术经济，2008（8）：53-55.

［204］曾兆祥，朱玉林．我国固定资产投资对经济发展影响的区域性差异——基于省级面板数据［J]．经济数学，2019，36（4）：88-93.

［205］张会新，杜跃平，白嘉．陕北资源产业集群的区位熵和RIS模型分析［J]．资源科学，2009，31（7）：1205-1210.

［206］张腊凤．山西省固定资产投资对经济增长的影响［J]．山西大学学报（哲学社会科学版），2011，34（1）：131-135.

［207］张娜．农村固定资产投资与农民收入增长——基于中国1991~

2013 年省际面板数据的实证检验［J］. 安徽农业大学学报（社会科学版），2016，25（1）：16-20.

［208］张伟丽. 中部地市经济增长的时空滞后分析：1990～2008 年［J］. 统计与决策，2011（24）：120-122.

［209］张晓晖，张传娜. 地方政府债务、固定资产投资与经济增长关系研究——基于东北三省 111 个县（市）数据的分析［J］. 经济纵横，2020（8）：100-107.

［210］张兴平，高小钧，张帆. 北京市能源消费与经济增长关系分析［J］. 工业技术经济，2010，29（11）：57-61.

［211］张亚新，宿雪莲. 产业结构、全要素生产率与中国经济增长——新中国 70 年的历史考察［J］. 东北财经大学学报，2020（4）：30-38.

［212］张争妍. 外商直接投资对新疆产业结构调整的影响研究［J］. 新疆农垦经济，2014（12）：82-87.

［213］张政伟，吕子安，张英等. 能源与中国经济增长［J］. 工业技术经济，2006，25（1）：4-8.

［214］赵果庆. 为什么国际直接投资不集聚中国西部？——动态经济分析观点［J］. 管理世界，2004（11）：39-46.

［215］赵旭明. 基于计量模型经济增长与财政收支关系的实证分析［J］. 工业技术经济，2015，34（9）：154-160.

［216］郑丽琳，朱启贵. 技术冲击、二氧化碳排放与中国经济波动——基于 DSGE 模型的数值模拟［J］. 财经研究，2012，38（7）：37-48+100.

［217］郑若谷，干春晖，余典范. 转型期中国经济增长的产业结构和制度效应——基于一个随机前沿模型的研究［J］. 中国工业经济，2010（2）：58-67.

［218］郑鑫. 城市化对中国经济增长的贡献及其实现途径［J］. 中国农村经济，2014（6）：4-15.

［219］郑艳民，张言彩，韩玉启. 创新能力、贫穷和经济增长关系的协整分析［J］. 中国经贸导刊，2013（32）：57-59.

［220］中国经济增长前沿课题组，张平，刘霞辉. 城市化、财政扩张与经济增长［J］. 经济研究，2011，46（11）：4-20.

［221］中国经济增长前沿课题组，张平，刘霞辉等．中国经济长期增长路径、效率与潜在增长水平［J］．经济研究，2012，47（11）：4-17+75.

［222］周光霞，林乐芬，余吉祥．土地城市化、人口城市化与城市经济增长［J］．经济问题探索，2017（10）：97-105.

［223］周建军，孙倩倩，鞠方．产业结构变迁、房价波动及其经济增长效应［J］．中国软科学，2020（7）：157-168.

［224］周丽琦　我国财政赤字的经济增长效应实证分析［J］．沈阳航空工业学院学报，2006（1）：92-94.

［225］周雪峰．内蒙古固定资产投资对区域经济和财政收入增长影响的相关性分析［J］．北方金融，2011（5）：21-25.

［226］周一星．城市化与国民生产总值关系的规律性探讨［J］．人口与经济，1982（1）：28-33.

［227］周振华．增长轴心转移：中国进入城市化推动型经济增长阶段［J］．经济研究，1995（1）：3-10.

［228］庄丽娟，陈翠兰．FDI对广州服务业结构效应的实证分析［J］．国际经贸探索，2008（3）：24-28.

后 记

理论指导实践。一个地区的经济发展离不开理论支撑与科研人员的贡献。以前云南提出民族文化大省、绿色经济强省、大通道，简称为"大强道"，可以说是云南发展的系统概括。现在云南的发展宗旨转变为全力打造世界一流的"绿色能源""绿色食品""健康生活"目的地，简称为"三张牌"。云南正在实现从"大强道"到"三张牌"的转变，同时，在努力践行习近平同志提出的把云南建设成为我国民族团结进步示范区、生态文明建设排头兵、面向南亚东南亚辐射中心"三个定位""闯出一条跨越式发展的路子来"。

云南经济发展的路子很艰难，理论探索之路也很艰辛。学者们提出了云南"弯道超车""跨越发展"等新观点，但要寻求一种系统性理论仍任重而道远。本书是云南省院省校教育合作人文社科重大项目"经济新常态下云南增长新动力研究"（SYSX201703）的研究成果，更是多年来我们对云南经济增长关注的成果。参与本书研究的有张苌黎博士、吴雪萍博士、周林意博士、刘东盟博士以及赵磊硕士、资燕仙硕士，也是我们师门对云南经济增长研究的一孔之见。如果本书能对云南新动力增长体系构建有所作用，我们将感到十分欣慰与兴奋。

没有理论指导的发展还不如摸着石头过河，充满了运气和风险。理论之树是常青的，跨越式发展之路是长远的，无论如何，上下求索吧！

赵果庆
2020 年 11 月